少儿潜能开发

韩 诚　尹凤霞　李慧蓉　著

安徽师范大学出版社

责任编辑:何章艳
装帧设计:子　言

图书在版编目(CIP)数据

少儿潜能开发/韩诚,尹凤霞,李慧蓉著. —芜湖:安徽师范大学出版社,2017.1
ISBN 978-7-5676-2753-6

Ⅰ.①少… Ⅱ.①韩… ②尹… ③李… Ⅲ.①少年儿童-潜能-开发 Ⅳ.①C963

中国版本图书馆 CIP 数据核字(2017)第 034503 号

SHAO'ER QIANNENG KAIFA

少儿潜能开发

韩　诚　尹凤霞　李慧蓉　著

出版发行:安徽师范大学出版社
芜湖市九华南路 189 号安徽师范大学花津校区　　邮政编码:241002
网　　址:http://www.ahnupress.com/
发 行 部:0553-3883578　5910327　5910310(传真)　E-mail:asdcbsfxb@126.com
印　　刷:广州市本色印务有限公司
版　　次:2017 年 1 月第 1 版
印　　次:2017 年 1 月第 1 次印刷
规　　格:787 mm×1 092 mm　1/16
印　　张:13.75
字　　数:310 千
书　　号:ISBN 978-7-5676-2753-6
定　　价:48.00 元

PREFACE

前　言

因材施教，自提出以来已经几千年，历年来因难以施行而成为教育难题，由此吸引了心理学、教育学等专业人士对这个领域持续地、积极地研究。广东社会学学会潜能开发研究专业委员会（简称“潜专会”）是专门研究人的潜能及因材施教方法的学术团体，历经18年集体研发，找出了因材施教中的“材”，即每个人所蕴藏的巨大潜能：一是每个人都有的共性化潜能；二是个人区别于其他人所特有的个性化天赋优势。于是，潜专会专家以“人”为本，分别运用扬长补短或扬长避短的策略，在MQ（德）、IQ（智）、FQ（体）、EQ（群）、PQ（美）和AQ（劳）等模块基础上实施“6Q”精细化人才质量管理，开发出人的“共性化潜能开发方案”及“个性化潜能开发方案”，达成“人人有才，才有所用”的“6Q素质教育”目标。

“潜能开发”是以“每个人都有巨大潜能”为前提和基础的，用发展的眼光认真对待每一个人，有效地消除了人对人的歧视心理；同时，“潜能开发”认为每个人都是天才，但只是某些领域的天才，客观地说明了每个人都可能成为别人的老师，保持谦逊的治学态度对每个人都是必要的。因此，“潜能开发”可以真正做到“以人为本”，为“因材施教”开辟一条成功之路。

近三年来，潜专会专家团队在中山大学开设“潜能开发理论与方法”课程，帮助同学们解答“就业和创业”方面的诸多困惑，深受广大师生的喜爱和同行们的认同。为了进一步推动潜能开发向职业化发展，让更多人受益，潜专会组织专家团队，编写“潜能开发丛书”，开设潜能开发专业课程。

我们坚信，每一位学生都是一座宝藏，只要我们辛勤种下潜能开发的种子，并将这些种子播撒到社会各个领域，它们一定会生根发芽，开花结果，为社会和谐奉献力量。

《少儿潜能开发》运用任务驱动教学法，以教学情境为入口，设置教学情境、课堂提问、小组活动、教学评价、知识拓展和教育故事等栏目，利于潜能开发科学普及和具体训练，适合家长、幼儿教育专业学习者、小学教师、心理学从业者、社会服务工作者等阅读使用。本书设计新颖，内容创新，可作为潜能开发、青少年培训教材，也可供专业人员学习参考。

由于时间仓促，本书难免存在疏漏，期盼各位读者多提宝贵意见，以便我们修正，万分感谢！

CONTENTS

目　录

项目一

潜能开发概述

任务一　潜能开发的价值和内容

教学情境

小东刚满5岁，男孩，爸爸妈妈工作很忙，平时都是奶奶一个人带他。小东的性格很内向，平常不说话，喜欢看动画片，常发脾气。幼儿园老师多次反映小东不合群、脾气大、性格内向等情况。小东的妈妈很早就发现小东说话结巴，不喜欢表达，但奶奶说这没有关系，小东爸爸小时候也是这样，现在孩子还小，再长大点就会说话了。

一天，小东妈妈的同事大敏来家里做客。看到小东的情况，大敏把小东妈妈拉到阳台上，语重心长地告诉她："我邻居的孩子以前就是小东这样子，小的时候没有重视，现在8岁多了还上不了小学，去医院诊断说是自闭症，现在去了康复机构，可是医生说错过了最佳康复期。你可不能大意啊，快点带小东去医院检查。"

小东妈妈终于认识到问题的严重性，第二天就带小东去省儿童医院检查，结果是小东智力为76，发育迟缓。

课堂提问

1. 小东妈妈为什么没有听取幼儿园老师的建议，而是采纳了同事大敏的建议？

2. 你如何理解小东奶奶的这句话："现在孩子还小，再长大点就会说话了。"

3. 小东妈妈送小朋友来到幼儿园，把检查结果给你看，你作为小东的班主任，想对小东妈妈说点什么？

小组活动

1. 讨论潜能开发的价值和内容。

2. 角色扮演:扮演潜能开发老师,给幼儿园孩子的家长介绍科普知识。

教学评价

请同学们填写表 1－1。

表 1－1 教学评价表

评价者 扮演者	个人评价		小组评价		教师评价	
	效果	改进意见	效果	改进意见	效果	改进意见

知识拓展

一、潜能开发的价值

每个人都蕴藏着巨大的潜能。首先,人体最复杂的器官是大脑,有人统计,成人的大脑约有 140 亿个神经元细胞,每个神经元细胞可生长出约 2 万个突触,每天能记录约 8600 万条信息,人的一生可以储存约 1000 万亿信息单位;人脑可储存约 50 亿本书的信息,相当于世界上藏书最多(1000 万册)的美国国会图书馆的 500 倍;人脑神经细胞每秒可完成的信息传递和交换次数达 1000 亿次,处于激活状态的人脑每天可记住 4 本书的全部内容。其次,人的每只眼睛有 1.3 亿个光接收器,每个光接收器每秒可吸收 5 个光子(光能量束),可区分 1000 多万种颜色;人体的视觉、听觉、嗅觉、味觉和触觉等都蕴藏了巨大的潜能。最后,人体是一个巨大的内药库,具有自我免疫、自我防御、自我保护和自我修复等功能,事实上,现代医学科技仅仅起到了激活人体内药库的内在潜能、辅助人体疾病康复的作用。

潜能开发的价值,主要体现在以下几个方面:

(1) 每个人都能够通过潜能的激活实现自我价值,但每个人的潜能同时存在着结果的未知性(不确定性)和现实的可开发性等基本特征,这也是人接受教育和学习的最大意义。如果一个人已经被提前预设好未来,这样的人生其实是没有乐趣的。潜能开发的不确定性和可开发性,激发了人们对潜能开发最大化的渴望,以及渴望背后的恐惧情绪,这两种情绪交织出现。潜能开发事关每个人的健康、幸福和成功,而个体所获得健康、幸福与成功的程度,取决于其潜能开发的品质程度。马斯洛需求层次理论强调人的自我实现,实际上就是人在潜能开发过程中的价值实现。

(2) 个体通过社会互动、团体合作等方式,把个体巨大的潜能转化为社会无限的潜能,运用杠杆原理实现潜能价值的倍增效应。

(3) 潜能开发的经验能够被转化为知识,不断地复制和传播。教育潜能、学习潜能、艺术潜能、心理潜能、健康潜能和国学潜能等,都成功地实现了潜能的可持续发展和规模化效应。把复杂的潜能开发经验通过技术加工,转化为浅显易懂、方便传播的文字、视频等知识,是潜能开发科普的一大进步。

二、潜能开发的内容

要开发一个人的潜能,我们首先要了解人类具有哪些共性化的潜能,再分别对每个人设计出“个性化潜能开发方案”,有针对性地开发其职业优势潜能或专业优势潜能。

(一) 共性化潜能和十二种智能

人类具有的 12 种共性化潜能,统称为“6Q 潜能”:MQ——自然探索、空间智能;IQ——学习智能、专业探究;EQ——情绪智能、人际智能;FQ——时间智能、数理逻辑;PQ——语言智能、艺术智能;AQ——内省智能、综合实践。

共性化潜能是指每个人都具备的智能,通过扬长补短的方式,使每种智能都至少达到该智能的最低标准。

(二) 开发人的核心素养

核心素养是培养一个人的职业核心能力的基础, 12 种共性化潜能是其基础内容,包括自主发展、社会参与和文化基础三个大模块,然后分为六个小模块,分别是学会学习(乐学善学、勤于反思、信息意识),健康生活(珍爱生命、健全人格、自我管理),科学精神(理性思维、批判质疑、勇于探究),人文底蕴(人文积淀、人文情怀、审美情趣),责任担当(社会责任、国家认同、国际理解),实践创新(劳动意识、问题解决、技术运用)。

核心素养是潜能开发的综合素养,运用扬长补短的方法,至少达到该要求的最低标准。

(三) 培养人的职业核心能力

职业核心能力包含三个层面:一是基础核心能力,即职业沟通、团队合作、自我管理;二是拓展核心能力,即解决问题、信息处理、创新创业;三是延伸核心能力,即领导力、执行力、个人与团队管理、礼仪训练、五常管理、心理平衡等。

职业核心能力是就业与创业过程中必备的基本能力，每个人都必须具备这些能力，而且需要全面开发，至少达到最低的标准要求。

（四）开发个性化的职业技能

开发个性化的职业技能，最需要发现个体的职业天赋优势。如何发现一个人的职业天赋优势呢？科学的测评方法是发现职业天赋优势的最佳途径，然后通过扬长避短的方式进行专业技能培训，达到超越80%同龄人的目的，获得合格的就业或创业能力。个性化职业技能需要在具体的工作或生活中不断地重复实践、体验、总结经验和提升进步。

（五）及早开发潜能

潜能开发具有时效性，很多潜能早期开发有效，后期开发无效。开发个性化潜能的过程中，我们要善于发现职业天赋能够超越97%同龄人的天才少儿，合理培养，使其造福社会。

三、潜能开发与心理学的关系

心理学是一门研究人类的心理现象、精神功能和行为的科学，具有100多年的历史，包括基础心理学与应用心理学两大领域，是一门理论学科，也是一门应用学科。潜能学是一门新兴学科，广东社会学学会潜能开发研究专业委员会（简称“潜专会”）是我国成立最早，专门研究这门学科的学会，已有18年历史，包括潜能学和潜能开发两大领域，潜能学注重理论研究，潜能开发侧重于实践应用。

从神经系统的功能角度来探索心理学与潜能学的学科关系，潜能学包含了所有心理学的内涵和外延，以及部分医学康复学和部分教育学的内容，是医学康复学、心理学、教育学等学科的跨学科整合（参见图1－1）。

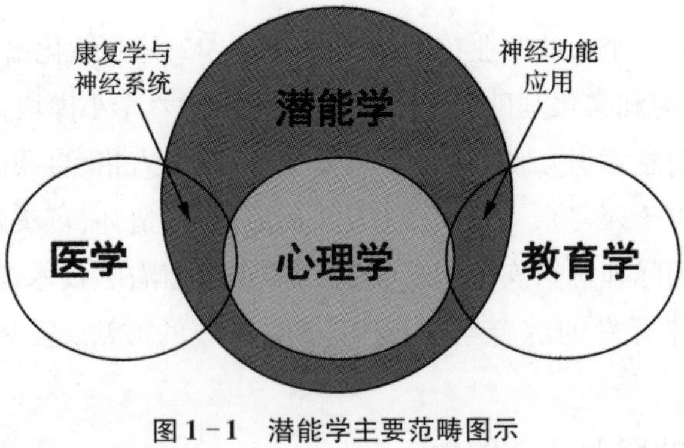

图1－1　潜能学主要范畴图示

潜能开发与心理学有如下区别：

（1）应用的立足点和出发点不同。

（2）心理学的发展经历了从消极心理学到积极心理学的巨大演变，第一代教练技术诞生了，于是，以西格蒙德·弗洛伊德等为首的心理学大师，更多地侧重于问题解决模式。他们花费2年、3年甚至5年以上时间为案主分析过去的创伤，把焦点集中在解决问题和疗愈过去上，不计时间成本、不计人力资源等等。可是，当之前的主要问题正在得到解决的时候，新的问题又涌现出来，这让心理工作者和案主都为之烦恼。第二代教练技术有了很大的发展，导师把焦点放在行为层面，探寻"如何做，怎样做才有效果"，强调合作过程中实际的步骤和策略，更多地运用认知心智。意识的认知只会知道如何去创造它已知的，或者是以前创造的模式，如客户的认知意识只会告诉你"我想多要一些我已经有过的东西"，更多的钱、更多的舒适或者更多他已经了解的东西，等等。在第二代教练技术的基础上，以塞利格曼、迪尔茨、吉利根等为代表的第三代生命教练技术，强调积极因素对开启人们心灵力量的作用，强调如何在人们心灵深处植入成功丰盛的种子，在潜意识层面帮助人们去提升个体身、心、灵指数，改变个体的不良行为和习惯，化解外界引发的焦虑、恐惧等，以帮助人们在轻松愉快的状态中获得健康幸福和更大的成功。

(3) 潜能开发首先强调每个人都有巨大的潜能，立足于当下，用发展的眼光来对待每一个人，做到真正的"以人为本"。其次，每个人都需要开发出综合素质能力，这些共性化潜能以12个多元智能为基础，通过训练获得核心素养和职业核心能力等共性化能力，每个人都可以做到。最后，潜能开发理论认为每个人都是天才，但每个人都只能是某些领域的天才，因此，我们不仅要为每个人制定"共性化潜能开发方案"，还要制定"个性化潜能开发方案"，达到真正"因材施教"的目标。

(4) 潜能学的技术和方法比较全面。潜能开发能够运用神经元匹配技术解决左右脑不平衡发展、躯体酸麻胀痛痒、天赋少儿的优势潜能培养等具体的问题。

教育故事

冯某，一个生下来不到一个月就口歪眼斜，听力有明显障碍，甚至左手和左脚都不能移动的孩子，18年后，不仅能说一口流利的英语，而且能用小提琴和钢琴演奏众多的世界名曲……

冯某的妈妈把他抱到中央音乐学院附中向专家求助。附中的俞校长跟哈佛大学的加德纳教授是好朋友。俞校长对加德纳提出的多元智能理论有所了解，认为这套理论有一定的道理，但他还不是特别相信和理解。加德纳的多元智能理论认为，人的智能是多方面的，每一个人的音乐智能是天赋的，主要看它有没有被挖掘出来。当冯某的母亲恳求俞校长"救救我的孩子"时，俞校长把孩子收下了，并训练冯某拉小提琴。经过14年的训练，冯某不但小提琴拉得好，而且考上了大学。他现在已经18岁了，是某大学心理学系的学生。

无独有偶，武汉有个舟舟，已经24岁了，但其智力仅相当于三四岁小孩的智力水平。

舟舟因遗传基因变异，第二十一对染色体多了一条，在医学上被认为是不可逆转的"先天愚型"。但是当有一天他站在人民大会堂舞台上，从容、潇洒、成功地指挥一个交响乐团时，人们震惊了。在这以前谁能相信，一首首有十几个声部、几十种乐器、节拍复杂的交响乐曲能在一位智障残疾少年的指挥棒下如此美妙地流淌着。中央电视台专门播放了60分钟的纪录片《舟舟的世界》，在全国引起了极大的反响，从此我们知道一个叫作舟舟的孩子，他创造了奇迹。

发生在1970年洛杉矶郊区女孩吉妮身上的悲剧(被其精神情况极不稳定的父亲绑在一个小房间的椅子上长达12年半，因为父母几乎没有跟她说过话，她的脑部负责语言的部分几乎没有受到刺激，导致终身受损。吉妮被解救出来后通过多年语言训练，至今仍无法学会说话，只能“像动物一样呜咽”)，证实了大脑神经科学家对人类大脑初期发育的理解：过了脑部发育的关键时期，人的大脑结构基本定型，之后的环境变化以及训练很难改变大脑的构造，也很难改变基于大脑结构的功能区特征。

任务二　潜能开发的原理与方法

教学情境

小南3岁了，上幼儿园小班。

幼儿园开学已经三个月了，又一个星期一早晨，7:30了，小南赖在床上不起床，他说不想去上学，任凭妈妈怎么哄，小南都赖在床上。

妈妈要去上班，很着急，一把抱起小南，帮他洗脸、穿衣，小南不停哭叫，一万个不愿意。妈妈无奈之下，背着哭叫的小南去了幼儿园。到了幼儿园，放下哭闹的小南，妈妈赶着去上班了。

课堂提问

1. 小南为什么不愿意去幼儿园？
2. 假如你是幼儿园老师，你有哪些方法可以让小南爱上幼儿园？
3. 你会给小南妈妈提供哪些合理的建议？

小组活动

1. 请用阳性强化法帮助小南改善他不愿意去幼儿园的状况。
2. 角色扮演：以小南为例，分小组演示阳性强化法。

教学评价

请同学们填写表1－2。

表1-2　教学评价表

评价者＼扮演者	个人评价		小组评价		教师评价	
	效果	改进意见	效果	改进意见	效果	改进意见

知识拓展

一、潜能开发的原理

每个人都有着巨大的潜能，这是潜能开发得以实施的基础。个体潜能开发的过程，是不断地把人体蕴藏的巨大潜能一步一步转化为能力，突破自我、实现自我价值和社会价值的呈现方式。潜能开发须遵守人体阴阳平衡，让内在的物质驱动力和精神驱动力不断获得满足、平衡并再生新的驱动力。当内在潜能对外在潜能产生巨大需求时，极端情绪也由此出现，贪婪和恐惧是两种最常见的不良情绪；适度的贪婪和恐惧是自我督促和征服欲望的基础，过度的贪婪和恐惧情绪将会损害自己或他人的健康、幸福。潜能开发的原理，便是在“平衡”中以最小的“恐惧”为代价，激发人们不断地探索“贪婪”的上线，收获最高品质的快乐、健康、幸福和成功。

（一）潜能的基本特征

（1）潜藏性。潜能是隐藏在人体内的尚未被开发的能量。人的潜能是巨大的，但这些潜能若没有被开发利用，就会一直潜藏直到过了时效期慢慢消失。

（2）可开发性。每个人所蕴藏着的巨大的潜能，都可以通过恰当的潜能开发训练获得提升，并且，可开发的潜能与开发者的经验和能力成正比，潜能开发老师越优秀，受开发者的潜能品质越高。这解释了家长为什么倾向于选择名校或名师来培养自己的孩子。

（3）不确定性。这是指潜能开发存在着无法预知具体结果的特性，比如2016年发生的骑士和勇士两支NBA球队的总决赛，特朗普与希拉里的总统竞选，等等，不到最后一刻，谁也无法准确地预知结果。正因为如此，才激发了人们裂变式的好奇心和想象力。反之,潜能开发的结果一旦被确定,潜能开发的精彩性就随之消失。

(4) 畅流性。潜能的激发是建立在可参照物的基础上的,一是自我,二是他人。潜能训练的任务须与受开发者的能力相匹配,恰如其分的挑战才能不断地激发孩子的潜能转化为能力。

(5) 时效性。人体所蕴藏的巨大潜能,部分具有较强的时效性,如说话能力的时效性是12岁,超过12岁还不会说话的人,这种能力就可能会消失。

(6) 顺序性。人的潜能开发,须符合人类成长与发展的顺序性规律,有序地开发。如原创力与继发性创造力,我们要先开发人的原创力才符合潜能开发阶段性的原则;反之,如果我们先开发人的继发性创造力(如结构化构图模式等),人的原创力便可能被抹杀掉。因此,开发少儿的潜能要充分考虑潜能的这一基本特征。

(7) 均衡性。人体本身是一个巨大的均衡器,通常可以自动平衡个体内外的潜能,如自动平衡体温、受力、五感传入平衡,等等。在个体接受潜能开发的过程中,我们必须全面地考虑受开发者的整体性与阶段性的匹配原则,均衡发展,切忌拔苗助长。

(8) 退缩性。人的潜能被激活后,在持续的实践作用下,便逐步成为人的一种能力;反之,这些被开发出来的能力在没有得到可持续的实践时,又可能重新被潜藏起来,即退缩性。有的人产生了社会功能退化,形成自我封闭现象等,这与潜能的退缩性密切相关。

(9) 爆发性。特殊情景下,潜能可以瞬间爆发,如一个人能搬动一辆汽车,一个母亲能够徒手接住四楼掉下的孩子,等等。

(二) 潜能开发与人体阴阳平衡

阴阳学说是我国祖先长期观察自然现象创造的朴素的辩证唯物主义哲学思想,历经数千年的发展和完善,是先辈们集体智慧的结晶,也是一门科学的方法论和严谨的哲学。阴阳学说的基本内容包括阴阳对立、阴阳互根、阴阳消长和阴阳转化四个方面。莱布尼茨在学习了《易经》后,感叹阴阳学说就是东方的二进制。

首先,阴阳学说是祖先们观察自然、认识自然总结出来的智慧结晶;任何事物均可用阴阳来划分,阳的特征是运动、外向、上升、明亮、温热、积极主动等,阴的特征是相对静止、内向、下降、晦暗、寒冷、内敛、被动等。其次,人体也是分阴阳的,人体的左脑为阳、右脑为阴;人体的上部为阳、下部为阴;背部为阳、腹部为阴;体表为阳、体内为阴;等等。天人相应,不管是生态环境,还是人体的内环境,都需要营建一个“风调雨顺”的健康环境。

阴阳学说的核心在于它从根本上揭示了“能量平衡原理”,构建了潜能开发的基本理论,不论是大自然的生态潜能开发,还是人类的多元潜能开发,阴阳学说都是瑰宝。我国古代的天文学、气象学、化学、算学、音乐和医学等学科,都是在阴阳学说的基础上发展起来的。

(三) 自我督促与征服欲望

《创新潜能开发研究》一书对潜能开发的原理作了总结:认识潜能开发有三大要素,

即高度的自信、坚定的意志和强烈的愿望。发掘这三大要素，共同构成潜能开发的价值原理。

1. 高度的自信

潜能开发能够塑造人的高度自信心，源于6Q潜能模块：

(1) IQ能够培养人们解决实际问题的能力，这种能力为人们提供了强大的自信“武器”，使人们能够不断地克服困难；

(2) EQ能够培养人们面对实际困难的能力，让人们了解自己、认识他人，合理控制自己的情绪，在同等能力的情况下，EQ的高低往往决定了胜负的走向；

(3) FQ能够提供必要的物质资源及经济支持；

(4) PQ所倡导的劳逸结合及艺术欣赏提供了娱乐与文化支持；

(5) MQ倡导正能量和积极阳光的心态；

(6) AQ培养人们的抗挫折能力，提升心理弹性。

2. 坚定的意志

时代呼唤“工匠精神”，呼唤具有坚定意志和职业精神，技艺精湛、匠心独具，勤劳、敬业，将毕生精力奉献给一门手艺、一项事业、一种信仰，坚守、精进、创新，不断追求极致与完美的人。

“工匠精神”是不断地自我潜能开发的结果，三个重要条件必不可少，一是严谨和注重细节，二是耐心与坚持，三是专业知识和丰富阅历。

3. 强烈的愿望

所谓天才儿童必须具备两个条件，一是自我督促能力，二是征服的欲望。这两个条件都需要强烈的愿望作为基础。

征服，是潜能开发的本质，一种是自我征服，即现在或未来的自己与现在或过去的自己相比较，追求进步、克服惰性和缺点；一种是征服他人，通过发挥自己天赋优势的最佳潜能，达到击败对手或接近对手实力的目的。创新是征服能够取得成功的法宝。

二、少儿潜能开发的常用方法

潜能开发的方法是指潜能在生活和教育中的具体应用，下面介绍两种常用的少儿潜能开发方法。

（一）阳性强化法

(1) 基本原理：行为主义理论认定行为是后天习得的，并且认为一个习得行为如果得以持续，一定是被它的结果强化所致。因此，如果想建立和保持某种行为，必须对其施加奖励；如果要消除某种行为，就得设法给予适当惩罚。以阳性强化为主，及时奖励规范性行为，漠视或淡化异常行为，这种方法就叫作阳性强化法。

(2) 目的和对象:通过奖赏、鼓励等方式使某种行为得以持续,适用于所有少儿的潜能开发,可以帮助潜优生矫正不良行为和不良情绪,也适用于激励优秀少儿变得更加优秀。

(3) 重点和难点:在于行为的把握和阳性强化物的选择。强化物对不良行为的矫正要能够起到较强的强化作用,是强化对象愿意接受、喜欢和追求的。强化对象对强化物的渴望越强烈,效果就越好。

(4) 操作步骤:①明确需要强化的靶目标;②监控靶行为;③设计新的干预方案,明确阳性强化物;④实施强化;⑤追踪评估。

(5) 强化物的选择:①消费性强化物,如薯片、棒棒糖等一次性消费物品;②活动性强化物,如某个动画节目、过生日、游玩等活动;③实物类强化物,如小朋友特别想要的玩具、学习用品、衣服等可以私人享有的实物;④操作性强化物,如跳绳、下棋、涂颜色等特别好玩的游戏活动;⑤社会性强化物,指小朋友喜欢的语言激励、身体刺激、精神鼓励等,如点头、竖大拇指、微笑、赞扬等。

(6) 注意事项:①靶目标越具体越好,应当可以客观测量和分析;②注意靶行为的直接后果对不良行为的强化作用;③当受强化者出现适当行为时,要及时给予强化;④内外强化物要同时使用,对受强化者要有足够的吸引力;⑤奖赏要立即兑现,且数量不宜多,当达到期望的行为时,应逐步取消物质奖励,而用精神类赞扬、鼓励、竖大拇指等方式代替。

(二) 代币法

(1) 定义:代币是一种模仿货币印制的替代性符号,代币法是运用代币来编制一套相应的激励方法,对符合要求的目标行为的表现进行肯定和奖励。

(2) 基本原理:①通过代币制条件刺激,形成特定的"刺激—反应"关系,形成并建立条件反射机制;②强化是使一个人积极寻求目标行为或活动的重要因素;③运用代币的辅助作用,激发人的主观能动性,达到行为自控的目的;④代币法是集阳性强化、奖励法、行为塑造、行为契约和自我调控等为一体的方法,采用循序渐进的方式,提高一个人的持之以恒能力,激发其兴趣。

(3) 目的和对象:代币法的目的是强化期望的行为,并通过惩罚来消除不良行为。适用于三岁及以上少儿的潜能开发。

(4) 作用:①可以促进某种行为的增强;②可以让某种行为减少或消退;③提升少儿对钱币的理解,促进 FQ 的发展;④提升少儿的延时等待和延时享受能力,促进 AQ 的良性发展。

(5) 操作步骤:①了解少儿的兴趣和愿望,尤其是小朋友最想要的物品、最想去的地方、最想玩的游戏和最爱吃的食品等;②细致地列出少儿需要改善的行为或情绪,运用帕累托图找到最急需改善的 3 个,如饭前不洗手、功课拖拉、早晨赖床等;③跟小朋友沟通，建立代币制度及奖赏规则；④约定代币的表示方法，如奖笑脸、画圈等；⑤约定行为达到约定状态时，可以奖励的代币数量；⑥约定代币的兑换标准和兑换时间，该标准需要具体化；⑦及时做好记录，提升代币法的执行力；⑧阶段性小结，根据代币法的效果及时调整策略。

三、潜能 PK 模式及其应用

（一）畅流理论

畅流理论由美国心理学家奇克森特米哈伊提出：在教育、学习和培养技能的潜能开发过程中，如果问题的难度超过了受众对象的能力，挑战性过高时，会让人感觉到自我能力的不足，无法得到成就感，易产生沮丧和挫败感，也许还没有开始就已经放弃了；如果问题过于简单，挑战性太低时，受众对象则会感觉枯燥、无味、疲乏，从而兴趣缺失。只有恰如其分的挑战，才能激励孩子不断去探索、理解和学习进步。畅流理论具有两个重要特征：一是完全专注地活动且愉快来自活动本身；二是畅流经验发生的先决条件是环境与个人技巧的平衡。

影响畅流的三种阻碍：一是个人内在的阻碍；二是人际间的阻碍；三是结构性阻碍，包括态度、知觉、信息、社会文化、经济、健康、经验等。

（二）潜能 PK 模式

PK 是潜能开发在实践应用中的最常用方式，能产生 PK 效应的条件是畅流理论。潜能 PK 模式有自我 PK、一对一较量性 PK、一对多较量性 PK 及多对多较量性 PK 等。

1. 自我 PK

一是指自己的现在与过去 PK，或自己的未来与现在（过去）的进步性 PK；二是指个体向特定的某人所创造的“纪录”发起 PK。建立自我 PK 模式前，须先认真地了解自己，认识自己的共性化潜能及个性化潜能，制定“个性化潜能开发方案”，客观地描述现在或过去自己所取得的成绩及不足，设定当前和未来需要实现的目标。注意所设定的目标要符合畅流理论，确保顺利实施。

2. 一对一较量性 PK

选定一个与自己在某个技能方面旗鼓相当的 PK 对象，约定好 PK 时间、地点和具体的规则，也可以约定奖励措施，如象棋、军棋、篮球一对一挑战赛等，都是一对一较量性 PK。

3. 一对多较量性 PK

即一个人挑战一个团队的竞赛活动，如擂台比武的轮番性挑战赛等。

4. 多对多较量性 PK

是团队与团队之间进行的竞赛活动，这类活动非常广泛，如篮球赛、足球赛、排球赛、拔河比赛等。

潜能PK模式中,竞争对手之间实力的接近程度、PK规则、现场气氛等综合因素,共同决定了参与者潜能开发的程度。

教育故事

一个木匠做得一手好门。他给自己做了一扇门,他认为这门用料实在、做工精良,一定会经久耐用。

后来,门上的钉子锈了,掉下一块板,木匠找出一颗钉子补上,门又完好如初。后来又掉下一颗钉子,木匠就又换上一颗钉子。后来又有一块板坏了,木匠就又找出一块板换上。后来门闩损了,木匠就又换了一个门闩……

于是若干年后,这扇门虽破损过无数次,但经过木匠的精心修理,仍坚固如初。木匠对此甚是自豪。

忽然有一天,邻居对他说:"你是木匠,你看看你家这门!"木匠仔细一看,才发觉邻居家的门一扇扇全都样式新颖、质地优良,而自己家的门却又老又破,满是补丁。于是木匠明白了:是自己的这门好手艺阻碍了自家门的发展。

(选自雅宁《小故事大道理十年精选》)

任务三　潜能需求层次

教学情境

小西,6岁,男孩,上幼儿园大班。今天班主任杨老师又打电话给小西妈妈,投诉他在学校和同学打架、上课不遵守课堂纪律跑来跑去。

小西妈妈强忍着怒气下班回到家里,看到奶奶煮好饭在喂小西的妹妹吃饭,而小西不吃饭,坐在距离电视机不足1米的地方看动画片。奶奶看到小西妈妈回来,大声说:"已经叫他吃饭不少于5次了,还在那里看电视,动都不动。"

小西妈妈的怒气"蹭"地上来,她找来一根大棍子,拉起小西对着屁股一通猛打,边打边骂,后来,小西一边哭叫一边认错,边哭边吃饭。

课堂提问

1. 吃饭是人的本能性生理需求,小西为什么不吃饭而去看电视?
2. 你有什么方法或建议来帮助小西这样的潜优生?
3. 如果你是小西妈妈的家庭顾问,你如何指导小西妈妈改善亲子关系?

小组活动

1. 试用潜能需求层次理论来解释小西的潜优生现象。
2. 角色扮演：分别扮演小西妈妈和小西妈妈的家庭顾问，进行戏剧表演。

教学评价

请同学们填写表1－3。

表1－3　教学评价表

引导者／表演者	个人评价		小组评价		教师评价	
	效果	改进意见	效果	改进意见	效果	改进意见

知识拓展

一、潜能需求层次理论简介

潜能需求层次理论是潜能开发的基本理论之一，由韩诚于2014年在《6Qσ综合素质教育手册》一书中提出，旨在从潜能角度探索潜能本质与现象。该理论首先把人的潜能需求划分为两个阶段，即基本潜能需求和高级潜能需求。基本潜能需求包含三个需求层次，从低到高依次是“物质的需求”“环境的需求”和“文化的需求”；高级潜能需求包含两个需求层次，从低到高依次是“无为的需求”和“有为的需求”（参见图1－2）。

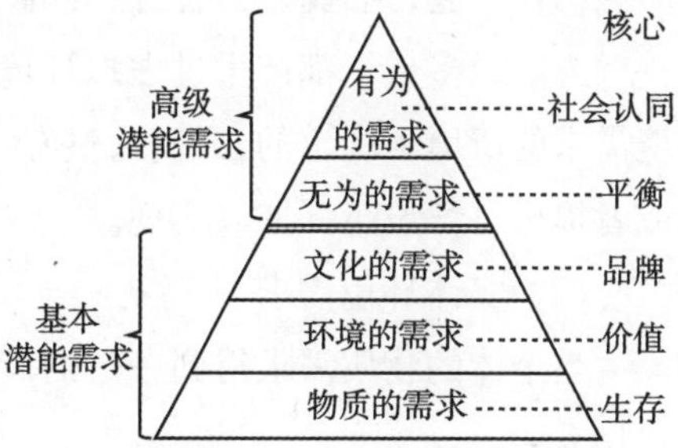

图1－2　潜能需求层次

1. **物质的需求**

(1) 实体物质的需求。物质是构成宇宙万物的实物、场等客观事物，是能量的一种聚集形式，如空气、水、食物、棉布、煤炭、石油、钢铁、铜、铝，人工合成的各种纤维、塑料，人体器官，以及各类能量波(如光和热)、场(电力、磁力和引力等)，甚至更高级形态，如人及人组成的集团、民族、国家等。概而言之，宇宙中所有的客观存在都是物质。

(2) 虚拟物质的需求。虚拟物质包括精神物质、情绪等，如乞丐在乞讨时需要的尊重，也是一种虚拟物质，有的人并不接受来自没有尊重的施舍者的钱物。知识是一种虚拟物质，比如望梅止渴的故事等。

(3) 物质的需求是满足个体基本生理需求而存在的。

(4) 物质的能量有高低之分，内部的需求之间包含着条件与选择关系，但不是层次等级关系。比如有的人选择在关爱的情况下接受施舍，有的人则没有这样的条件。

(5) 物质的需求只是个体需求中的点与线，是分散性的需求，不能形成一个体系。当需要形成体系的时候，个体的需求层次便上升到第二个需求层次——环境的需求。这是个体的“面”的需求。

2. **环境的需求**

环境的需求是个体对物质的需求选择与优化后创造的成果，其本质是通过对环境的创新而获得更高能量的物质。物质需求是点和线，是不能集中或不能完全集中的。环境的需求是面，是可以集中的。环境的需求可以使用“SWOT 分析法”、饥饿营销手段等，例如畅销书的创作方法，就是对环境的需求这一功能特点的应用，组织好最佳的创作元素，构建多元化“悬念”、制造“惊奇”，诱导读者不断地想象、思考或推理，让读者在不断地“猎奇与贪婪”中感受“刺激和恐惧”，产生交错而复杂的情绪体验，通过作者预设的“共振器”最大限度地与读者群产生共鸣。

(1) 虚拟环境需求。

虚拟环境是通过个体的思维与想象等方式，把一些目前根本就不具备或不存在的物质联结在一起，达到满足自己需要的一种行为方式。

人类或多或少都产生过虚拟环境需求，如梦想环境等。很多科学创造就是在虚拟环境需求的情境下产生的，人们通过有意识地设置虚拟环境，提出假设，或者写成科幻小说，或者提出科学设想并加以实现。

(2) 实体环境需求。

当个体的物质需求得到一定的满足后，对物质的整理、优化等工作，就是这一层次的迫切需要。

个体对实体物质进行整理与优化，甚至通过创造性活动，不断地满足自己心理需要的过程，就是真实环境需求。

脱离物质需求的个体的环境需求，只能是虚拟环境需求，当这种情况产生并反复出现时，表明个体可能产生了异常，需要及时提供心理辅导或治疗等相关工作。

环境的需求是个体追求“面”的需求，是“点与线”升华的结果，是个体需求层次从第一层次到第二层次的成长。不同年龄阶段、社会群体和时代等变量下的个体，对环境的需求是有差异的。

利用实体环境需求，对个体教育进行选择与优化：①为了更加优秀而“取其精华，去其糟粕”；②为了在某一方面更加出色而去其糟粕；③为了在某方面更加优秀而放弃其他不太重要的方面；④使某人变得更加优秀的方法或技术等。

3. 文化的需求

文化的需求不再是简单的知识点，也不是简单的对知识进行优化和选择，而是构建了自己的一个“品牌”体系，这个体系是自己专属，是核心素养、职业核心能力，是个性化专有技能等全面整合而成的立体系统。该需求的本质是通过对文化或个人品牌的创新，获得更优质的环境及更高能量的物质。

(1) 虚拟文化需求。由虚拟物质构成，通过虚拟环境优化组合等方式，产生的能令个体产生满足感的需求。

(2) 实体文化需求。由实体物质构成，通过实体环境优化组合等方式，产生的能令个体产生满足感的需求。

(3) 文化需求层面的个体，已经不再是简单的获得，而是有一定程度的创造；在学习能力层次中已经实现了“转化式学习”向“产出式学习”过渡。比如个体看了一部电视连续剧后，已经不把它当作简单的消磨时间了，而是把这个故事通过自己的语言方式转述给别的个体，通过与别的个体的互动分享，甚至加工或创造，以获得更大的满足与享受。

(4) 文化的需求是个体在“点和线”以及“面”的基础上构建的一种“立体”式需求，个体在追求身心健康的基础上，追求身心的高度统一，从而获得最大限度的体验与满足。

(5) 脱离实体文化需求的个体的文化需求，只能是虚拟的文化需求。过度的虚拟文化需求会给个体造成心理或行为问题，甚至精神疾病等。

4. 无为的需求

这种需求层次与前三种需求层次的根本性区别在于：活在当下，能随时随地地放空自己，让自己处于一种心无杂念的境界，而个体处于前三种需求状态时，是无论如何也达不到这种境界的。因此，无为的需求是在前三种需求基础上的又一次升华，而脱离了基本潜能需求的无为，不是真正的无为。

“无为”是道家老子的主张，即不管为有为无、为大为小，都是“无”，都是空。这就像人生旅程，空空而来、空空而去。

无为，不歧，不逆，不悔，不枉，顺其自然，从心所欲，而不逾矩。

当今时代不乏达到无为需求层次的人，他们两袖清风，肩挑重担，为民请命，为世人所尊重。

无为的需求，是一种超社会、超现实的需求，这种需求更加有利于广大的群体，而不是有利于单独的个体或小群体，也不是去满足某些层面和群体，而是需要整合各种不同层面和群体。这需要个体本身内心有着强大的能量和力量。

人生中能达到无为层次的个体淡泊名利，也不太关注别人对自己或团队的看法，更多地关注自己和团队如何完成一定的服务于社会的目标等。

有的人在人生中的某些阶段就达到了“无为的需求”层次，也有的人终生才达到“无为的需求”层次。

5. 有为的需求

有为的需求是个体层次需求所能达到的最高级的需求，这是一种人生的境界，全人类只有极少数的精英才能达到这种境界，这些精英们追求的是创造文明，推动社会发展和进步。同样，“有为”是建立在前四种需求层次基础上的有为，到达该层次的个体，具有较强的物质获取能力和环境优化能力，文化的需求已经上升到较高标准且有自己特定的“粉丝”群，并且不必再为个人的名或利去奋斗，而是心系苍生、胸怀民众。

“有为”的最终结果是社会认同，且是广泛的认同。

这是一种在某一个领域建立新秩序的追求，在“无为”的需求得到实现，或者未能实现的情况下，个体都需要极大程度地回归，给自己一个新的定义或者秩序……否则，极有可能出现心理障碍。“有为”是指自己所做出的努力，能得到广大人群的认可，其衡量指标是社会认同度。

二、潜能需求层次的核心

1. “物质的需求”的核心是“生存”

实体物质是人的生理性需求，如空气、水和食物等，人对物质的需求，核心是“生存”，是如何“活”下来；衣、食、住、行是人的生存元素。人对“生存”的依存度，首先是对低能量物质的需要，然后逐步对高能量物质产生需要，即人最初需求是“充饥”，温饱得以解决后，开始对高能量物质产生生理性需求。

虚拟物质是人的心理性需求，被尊重、赞美等是人的精神食粮，在物质的需求获得满足后，人的心理潜能被逐渐激活。

2. “环境的需求”的核心是“价值”

一个人生存的问题得到解决后，便会思考“如何活得更好”，从而激活对“价值”的思考。人是社会化的产物，人类对环境的需求，首先是人对时间和空间作用下的“圈子”的需求，这一层次的人，开始思考自己的身份、地位，思考自己的价值所在，以及与自己价值相匹配的物质的选择和优化。

环境的需求发展了各种社会“关系”，各种资源在这一层次发生整合或被整合，促使社会功能的分层，“官二代”中的“官”及“富二代”中的“富”，都体现了环境需求层面的

“圈子”现象。

3．“文化的需求”的核心是“品牌”

文化的需求解决的是一个人如何更好地发展的问题，“影响力”“吸引力”“品牌标识”等越来越受到人们关注，人们开始建立自己的文化系统去区别其他的品牌，形成自己特有的品牌特征。

个性化天赋优势的潜能开发，在个人品牌的塑造方面发挥着积极作用。

个人品牌、企业品牌、产品品牌是品牌建设中的三个重要元素，如一些明星为知名企业的产品品牌代言，实现了个人、企业和产品的资源整合。

4．“无为的需求”的核心是“平衡”

如果说物质的需求还在为“活”下来而努力，那环境的需求和文化的需求则是基本潜能层次阶段的“名利场”，人类对名与利的贪婪，当跨越了恐惧的底线时，人体的生态平衡便被打破。一边是名与利带给人们的享受，一边是身心健康悄然发生变化，或者当事人某一时刻的开悟，让淡泊名利成为一种可能，这些人便进入一种休整和重新平衡的状态，这种状态便是“无为的需求”。

这里的平衡，来自阴阳学说的“平衡”的智慧。

5．“有为的需求”的核心是“社会认同”

被人认同，是社会人的一种需要，社会精英需要的是广泛的“社会认同”。创造文明是获得社会认同的重要途径之一，文明成果是否被社会广泛认可，取决于文明创新的程度和价值。“有为”是人的潜能追求，但攀越巅峰的人只有少数。

三、潜能需求层次的实现途径

1．“物质的需求”的实现途径——修身

劳动创造了人类，物质在劳动中收获。现在家庭子女少，加上物质的丰足，对孩子宠爱有加，导致少儿对物质的内驱力减弱，形成“二次元现象”。

家庭教育需要加强对子女的综合实践教育，培养孩子热爱劳动、珍惜劳动所得的积极心态，“修身”是重要的实现途径。修身促进了个体自主发展。

2．“环境的需求”的实现途径——齐家

家是国，国是家，大家和小家构成了社会；亲子关系、夫妻关系是否和谐，直接关系到孩子是否健康成长。齐家促进了社会参与。

3．“文化的需求”的实现途径——治学

通过科学测评工具发现自己的职业天赋优势，然后发扬工匠精神，建立自己的文化体系，专注于职业优势潜能开发，成就自己的非凡价值。治学发展了文化基础。

4．“无为的需求”的实现途径——和天下

和天下，是指与天下万物和谐，达到天人合一的境界，包括人与自己内在的和谐、与他人的和谐、与自然的和谐、与物质的和谐、与社会的和谐,以及与生态的和谐等。

5. **“有为的需求”的实现途径——求同**

求同,是指把自己的世界观、人生观、道德观、价值观,以及幸福感、责任感、使命感等“四观三感”,分别与社会广泛地求同,求得人生潜能的最大公约数和最小公倍数。

总结潜能需求层次的实现途径,合为一句话:“修身、齐家、治学,和而求同”。

教育故事

爱因斯坦小时候十分贪玩。他的母亲常常为此忧心忡忡,再三告诫他应该怎样怎样,然而对他来讲如同耳边风。这样,一直到16岁的那年秋天,一天上午,父亲将正要去河边钓鱼的爱因斯坦拦住,并给他讲了一个故事,正是这个故事改变了爱因斯坦的一生。故事是这样的:

“昨天,”爱因斯坦父亲说,“我和咱们的邻居杰克大叔清扫南边工厂的一个大烟囱。那烟囱只有踩着里边的钢筋踏梯才能上去。你杰克大叔在前面,我在后面。我们抓着扶手,一阶一阶地终于爬上去了。下来时,你杰克大叔依旧走在前面,我还是跟在他的后面。后来,钻出烟囱,我发现一个奇怪的事情:你杰克大叔的后背上全都被烟囱里的烟灰蹭黑了,而我身上竟连一点烟灰也没有。”爱因斯坦的父亲继续微笑着说:“我看见你杰克大叔的模样,心想我肯定和他一样,脸脏得像个小丑,于是我就到附近的小河里去洗了又洗。而你杰克大叔呢,他看见我钻出烟囱时干干净净的,就以为他也和我一样干净呢,于是就只草草洗了洗手就大模大样上街了。结果,街上的人都笑痛了肚子,还以为你杰克大叔是个疯子呢。”

爱因斯坦听罢,忍不住和父亲一起大笑起来。父亲笑完了,郑重地对他说:“其实,谁也不能做你的镜子,只有自己才是自己的镜子。拿别人做镜子,白痴也许会把自己照成天才的。”

爱因斯坦听了,顿时满脸愧色。

爱因斯坦从此离开了那群顽皮的孩子们。他时时用自己做镜子来审视和映照自己,终于映照出生命中的熠熠光辉。

盲目地与别人比较,以为自己比身边的人聪明就满足了,或者觉得自己不如别人就沮丧了。这多么愚蠢啊!每一个人都有其不同的人生目标和生活方式,自己才是自己在这个世界上最可靠的人生向导。

(选自雅宁《小故事大道理十年精选》)

任务四　潜能开发六大模块

教学情境

小北今年9岁了,女孩,她们家的家务都是妈妈做,小北妈妈也没有在意要教孩子做家务的事情。但在上个月,公司请了专家给员工讲解亲子教育的课程,小北妈妈听了课才感觉到孩子从小劳动的重要性，于是决定回家试试老师教的阳性强化法，看自己的女儿是不是也适用。

小北听到妈妈说做家务可以获得奖金，并且按件计，非常高兴，为了增加收入，小北常常主动要求做家务活，如洗碗、扫地等。

一天下午，小北的爸爸与同事聊起亲子教育的事情，谈到自己女儿主动做家务时，小北爸爸非常兴奋。这时，一位同事提醒小北爸爸，奖励要适当，不可以把孩子培养成为拜金主义者，还列举了自己亲戚当年就是用这套方法，现在那个孩子都成了一个“葛朗台”了，最后提醒小北爸爸：“家务是每个家庭成员共同的责任，大家都要有责任担当才行，建议立即停止奖励办法。”

小北爸爸感觉同事说的非常有道理，回家找女儿说了家务分工的事情，没有想到女儿立即反对，扬言抗议：“没有奖励我就再也不做家务了。”

课堂提问

1. 你如何看待小北妈妈的家庭教育理念？
2. 你如何看待小北爸爸跟女儿的亲子沟通？
3. 假设你是小北家的家庭教育顾问，你如何处理好“不再奖励做家务”这件事情？

小组活动

1. 运用“内外圈技术”解释潜能开发六大模块。
2. 小组讨论与分享：6Q 潜能开发模块如何在家庭教育中具体应用？

教学评价

填写表 1－4，并派代表讲解。

表 1－4　教学评价表

对比内容	潜能开发传统方法	6Q 潜能开发模块
针对性		
全面性		
创新性		
有效性		

知识拓展

一、6Q 潜能开发模块

潜专会组织专家、学者于 2016 年 8 月出版了《创新潜能开发研究》，将潜能开发划分为六个基础模块,分别是“教育潜能”“学习潜能”“艺术潜能”“心理潜能”“健康潜能”“国学潜能”等,简称为“6Q 潜能模块”(见图 1-3)。

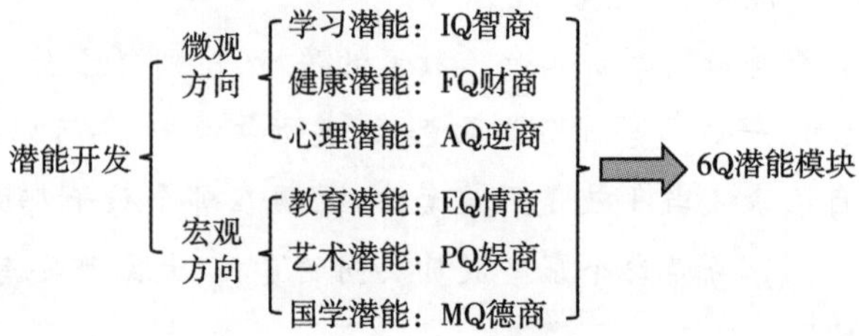

图 1-3　6Q 潜能模块

1. EQ,**发展教育潜能**

EQ 是情商(即 Emotional Quotient,缩写为“EQ”),指个体认知自己、了解他人,以及在控制自己情绪、协调和处理自己和他人情绪与情感等方面表现出来的能力。

教育潜能的主要功能是解决人们“知与不知”的问题,从 EQ 的角度来说,一是认识自己(包括认识自己的身体器官、情绪等),二是了解他人,三是处理好自己与他人的关系。

《创新潜能开发研究》精练地阐述了该模块的定义:教育潜能是通过培育和思维的传授,将现有的经验、学识传授给人,并为其解释潜能现象、问题或行为等。狭义的教育主要是指学校教育,广义的教育是指家庭、学校、社会等广泛合作的开放式教育。教育潜能的开发不仅仅是学校知识教育、生命教育和科技教育对诸方面能力的培养,更是家庭、学校、社会联合下文明智慧的培育和开发。

因为人具有教育潜能,所以家长才愿意把自己的孩子送到学校或社会机构接受教育。

2. IQ,**培养学习潜能**

IQ 是智商(即 Intelligence Quotient,缩写为“IQ”),指通过测量个体的观察力、注意力、记忆力、想象力等,总结出来的个体的智力水平。智力是人们认识客观事物并运用知识解决实际问题的能力。

学习潜能的主要功能是解决人们“会与不会,或能与不能”的问题,从 IQ 的角度来说,潜能开发既考虑了神经系统本身的硬件质量,也考虑了神经功能即心理学的范畴,还考虑了神经功能应用即教育学的范畴。

《创新潜能开发研究》具体地描述了该模块的定义:学习潜能是人在生活过程中,通过实践训练获得经验而产生相对持久的行为方式。它是自身潜在的学习能力,通常隐藏在学习者身上,不通过训练、开发和挖掘,一般显现不出来。学习潜能的开发是指通过一系列科学、合理、长期的训练,把隐藏在学习者身上(主要是大脑)的学习能力充分展现出来。学习潜能的开发包括知识学习、行为学习和技能学习,以及观察力、注意力、思维力、想象力、记忆力、阅读能力、吸收与转化能力等方面的培养。

学习潜能的开发,能够帮助我们树立理想、明确目标,设计更好的自我形象,激发自己的斗志;能够发挥自己的正能量,提高自己的信心和勇气;有利于培养我们良好的生活习惯、学习习惯和勇于磨炼的精神,为成功人生打下坚实基础。

因为每个人都具有很好的学习潜能,所以潜能开发工作者的工作变得非常有价值和意义。

3. PQ,培育艺术潜能

PQ 是娱商(即 Play Quotient,缩写为"PQ"),指在不伤害自己、不干扰他人、不破坏环境等前提下,通过互动体验或运用教练技术等,尽情发挥个体的多通道感知整合能力和艺术潜能,实现学习娱乐化、在娱乐中快乐学习的一种左右脑融通能力。

艺术潜能的主要功能是解决人们"文艺需求与艺术鉴赏"的潜能需要,从 PQ 的角度来说,以"新、奇、雅、美"等为内涵,以教练技术为载体,真正实现娱乐中学习、学习中娱乐的完整结合,有效地提升了人们的生活品质。

《创新潜能开发研究》简要地叙述了该模块的定义:艺术潜能是运用潜能开发工具激发人们对艺术的创新和创造的能力,促进人们用艺术形象来反映现实。

范英在《精神文明的内部结构和外部联系》一文中指出,到目前为止,我们可以把人类社会的精神文明现象大体归结为文化、思想和审美三大现象,也即人类社会精神文明这个系统所具有的三大子系统结构。艺术潜能通过文化、思想、审美诸方面的完整结合,充分发挥各项艺术的优势潜能,为社会精神文明建设做出了积极贡献,是社会主义精神文明建设中不可或缺的精神食粮。审美价值是艺术潜能最主要、最基本的特征,表达艺术需要一定的天赋优势,更需要后天的努力和潜能开发。

因为人类具有艺术潜能,所以"琴、棋、书、画、诗、骑、花、茶"等雅文化的培养和训练对于人类艺术潜能的开发非常重要。

4. AQ,调适心理潜能

AQ 是逆商(即 Adversity Quotient,缩写为"AQ"),指人们面对逆境及极端情况下的应对方式,即个体面对挫折、摆脱困境和超越逆境的能力。逆商考量一个人的心理弹性和危机公关能力。

心理潜能的主要功能是塑造人们的"心理弹性",从 AQ 的角度来说,就是培养人们勇于面对困难、克服困难的抗逆境能力。

《创新潜能开发研究》描述了该模块的定义:心理潜能是以多元人格理论等潜能开发理论为指导依据,从个体的知、情、意出发,结合其需要、动机和人格,运用笔迹分析、情绪分析等潜能开发工具,发展人的心理动能、精神功能和行为。人类有尚未开发的、不可限量的潜能,其中重要的是心理潜能。

每个人都具有心理潜能,同时每个人都需要开发好自己的心理潜能。

5. FQ,收获健康潜能

FQ 是财商(即 Financial Quotient,缩写为"FQ"),有广义和狭义之分:广义的财商是资源商数，指个体与自然（物质）和社会的和谐关系；狭义的财商是指个体认识和驾驭金钱运动规律的能力。

财商包括知识、观念和行为三个层次。知识是基础，是指投资创业必不可少的知识积累，包括会计知识、法律知识等；观念是个体对财富的心智模式，是指对金钱、财富认识和理解的过程；行为是知识和观念的表现和载体，是观念和知识在个体与环境之间的实施，突出表现了个体从自我激活到自我突破，再到自我控制的素质和能力。

健康是人类最大的财富，健康的本质规律是平衡，融人类的身体器官于能量转换的规律运行中，在人与自然和社会的和谐关系中运用金融工具等创造最大价值。

健康潜能有着十分深刻的内涵和外延，人的健康与家庭健康、环境健康、社会健康等相互影响、息息相关。健康的第一要素是“人体器官的健康”，因此，健康潜能需要从体质和体能出发，把握中医思维的整体性和平衡性，其核心功能是“平衡”。FQ专门研究“平衡”。有的人很会赚钱，但身体跨了，英年早逝；有的人身体很健康，却缺少理财知识，缺乏生财之道；有的企业家自己赚到钱了，却严重地破坏了生态环境；等等。这些都是低财商的表现。

《创新潜能开发研究》简明地概括了该模块的定义：健康潜能是以人体阴阳学说、经络理论、左右脑分工理论等潜能开发理论为指导依据，通过非药物能量调理，运用X形平衡法、穴位对冲平衡法等潜能开发技术，激活人体内强大的“内药库”，达到人体阴阳平衡和健康幸福的目的。

潜能开发学作为一门专门研究人的潜能的独立学科，与生物学、心理学、医学、教育学、社会学等学科有密切关联；而健康潜能与心理学、医学等学科在人体潜能方面有诸多交集，但也存在着明显的区别。健康潜能与医学的区别，重点在于健康潜能属于非药物能量调理，而医学多使用药物治疗。健康潜能与心理学的区别，在于健康潜能提供的是一套系统、客观、量化的可测量指标，尽可能降低测试者的主观因素，可以通过数学建模、物理建模和化学建模等方式实现，心理学则难以达到这一目标。

健康潜能是每个人都需要的刚性需求。

6. MQ，弘扬国学潜能

MQ是德商（即Moral Intelligence Quotient，缩写为“MQ”），指一个人的道德人格品质，是一个人在生活、学习或工作中遵守道德行为规范、自觉维护道德秩序的个人素养水平。

国学潜能的主要功能是顺应文明进化的科学发展观，在传承与发展之间合理化，从MQ的角度来说，就是培养人们“遵守文明”和“创造文明”的能力。

《创新潜能开发研究》具体地表述了该模块的定义：国学潜能是以科学发展观为指导思想，运用新兴的潜能创新科技与传统文化相结合的方法，以先秦的经典及诸子学说为根基，演绎两汉经学、魏晋玄学、宋明理学和同时期的汉赋、六朝骈文、唐宋诗词、元曲与明清小说并历代史学等的一套特有而完整的文化、学术体系。国学的现在含义，是“西学东渐”后相对西学而言的,体现的是中国固有的文化学术。国学门类宽泛复杂,先秦诸子百家争鸣,以此为根基涵盖后期各朝代的各类文化学术,因此,国学具有深厚的潜能开发基础。

国学潜能的核心是“古为今用”。吸收先贤们的大智大慧,转化为具有时代特色的学术体系,站在先贤的肩膀上创新和发展,是我们智慧的选择。

有人问:上面讲了国学现在的含义,那国学过去的含义又是什么呢?“国学”两字最初见于《周礼》,“国”是指“国子”,即贵族子弟,所以国学的原本含义是公家办的学堂,与“私塾”民间办学相对应。贵族子弟为了继承父业,要学习当时最好的知识,因此,“国学”是指系统性的最好文化与技能,而非狭义的“国文”。现在有的人把“国文”或“儒释道”当作国学,这是很狭隘的,“国文”或“儒释道”等都只是国学中的一部分,而非全部。国学是指我国所有的文明精粹,国学潜能必须遵循科学发展观,在传承与发展之间合理化。

因为国学潜能是人类智慧成长和发展的基础,是以上潜能的根和灵魂,我们不能把国学潜能狭义地理解为“儒释道”,它还包括“四大发明”以及众多文明的进化范畴(有的人没有儒释道信仰,但他们遵守文明甚至创造了文明),所以国学有广泛的市场需求基础。

6Q 潜能不是简单的“1 +1 +1 +1 +1 +1 =6”的算术题,6Q 潜能是在科学、系统的化学反应下,让个体在各个模块的优秀潜能得到优化匹配和发挥,成就“1 +1 +1 +1 +1 +1 =100 分”的完美人生。

二、6Q 潜能开发是最佳组合

潜能开发,为什么是 6Q,不是 7Q 或 5Q 呢?

6Q 潜能以“新多元智能理论”为基础,平衡左脑和右脑健康发展,促进核心素养的综合发展,培育具有共性化潜能及个性化特征的全面型人才。其中,MQ 是修身,AQ 是治学,IQ 代表左脑,EQ 代表右脑,FQ 代表理性思维,PQ 代表感性思维。6Q 的组合既遵守了潜能开发的六大原则(整体性、客观性、阶段性、连续性、均衡性和互利性),又考虑了自身发展、社会参与和文化基础,以及个性化天赋循序渐进的潜能开发规律。因此,6Q 是最佳组合,少了不能完整表达,多了就显得累赘。

三、6Q 与我国教育方针

为什么 6Q 是 MQ、IQ、EQ、FQ、PQ、AQ 的组合结构,而不是其他商数呢?

对照 6Q 要求,我们提出针对性的建议:修订我国教育方针,即在德、智、体、美、劳的基础上增加“群”。

多年来,我国教育一直坚持贯彻党的教育方针,坚持教育为社会主义现代化建设服务、为人民服务,坚持教育与生产劳动和社会实践相结合,培养德、智、体、美、劳等全面发展的社会主义建设者和接班人。

在这一方针指导下,学校对学生基本素质考核的指标和标准都在德、智、体、美、劳几个方面。然而,根据学生个性品质的发展而言,在原有的指标基础上增加“群”,是人类社会化过程的需要,德、智、体、群、美、劳,更为全面,更为完善。

群,qún,形声。君,取治理意;羊,取人人意。本义是指羊群、兽群,引申为人群、物群。《说文解字》中解释:“群,辈也。从羊,君声。”又说:“辈,若军发车,百辆为一辈。从车,非声。”这里,《说文解字》指出了“群”的关键所在:群本义是指人类团体,而非指兽类团体。

按照德、智、体、群、美、劳方针培养和考评学生的综合素质,具有很强的时代意义。“群”纳入人才培养的考核指标,是社会参与和社会发展的需要。

德(MQ):品德教育,培养学生民族自尊心和社会责任感,遵纪守法、文明有礼、诚实正直等。

智(IQ):心智教育,全面促进学生智力提升和知识、技能的培养。

体(FQ):促进学生良好身体素质的发展。

群(EQ):培养学生团结合作、维护集体利益的品质。

美(PQ):培养学生审美观和对美好事物的向往。

劳(AQ):培养学生乐于劳动,以劳动为美的习惯,提高学生劳动技能。

因此,6Q 潜能采用 MQ 德商、IQ 智商、FQ 财商、EQ 情商、PQ 娱商、AQ 逆商的组合,是从潜能开发角度,以全面培养人的“德、智、体、群、美、劳”为目的而提出的素质教育 6Q 组合结构,与“核心素养”“职业核心能力”等无缝对接、匹配发展,是长期的理论建设与实践检验的结果。

教育故事

有位老太太请了一个油漆匠到家里粉刷墙壁。油漆匠一进门,看到她的丈夫双目失明,顿时流露出怜悯的目光。可是男主人开朗乐观,所以油漆匠在那里工作的几天,他们谈得很投机,油漆匠也从未提起男主人的缺陷。

工作完毕,油漆匠取出账单,老太太发现比原来谈妥的价钱少了很多,打了一个很大折扣。她问油漆匠:“怎么少算这么多呢?”

油漆匠回答:“我跟你先生在一起觉得很快乐,他对人生的态度,使我觉得自己的境况还不算最坏。所以减去的那一部分,算是我对他表示的一点谢意,因为他使我不再把工作看得太苦!”

油漆匠对这位太太的丈夫的推崇,使她流下了眼泪。因为这位慷慨的油漆匠,只有一只手。

态度就像磁铁,不论我们的思想是正面的还是负面的,我们都受它的牵引。而思想就像轮子一般,使我们朝一个特定方向前进。虽然我们无法改变生命历程,但我们可以改变人生观;虽然我们无法改变环境,但是我们可以改变心境。

(选自雅宁《小故事大道理十年精选》)

任务五　6Q 素质教育

教学情境

小中今年 11 岁,女孩,学习成绩在班上名列前茅,在全年级 6 个班级中排在前五名,老师非常喜欢她,亲戚朋友也经常在小中家长面前夸奖孩子的优秀,她是小朋友们学习的榜样。

有一件事情让小中的爸妈非常苦恼,就是小中没有朋友,非常孤独,邻居家的同龄孩子也不喜欢跟小中一起玩耍;小中性格非常内向,平时不喜表达,跟家人也很少交流和沟通。于是,小中把所有时间和精力都放在学习上,学习能力很强,自觉做作业,还要加课外练习,平常也不喜欢户外运动。

小中爸爸很想改变这种状况,一天,他带着女儿到社区的家庭综合服务中心参加亲子活动。活动中其他小朋友都跟家长一起开心地做任务,小中面色忧虑地独自坐在椅子一角,任凭小中爸爸和杨老师怎么做思想工作,都不愿意参与集体活动。

课堂提问

1. 你如何理解小中现在的素质教育状态?
2. 如果你是杨老师,你有什么更好的办法让小中在这种时刻快速“破冰”参与活动?
3. 如果你是小中的家庭顾问老师,你有什么打算?

小组活动

1. 描述你心中的素质教育。
2. 角色扮演:用最活泼、幽默的方式分组扮演 6Q 角色。

教学评价

请同学们填写表 1 - 5。

表 1－5　教学评价表

扮演者 \ 6Q	MQ 特征	IQ 特征	FQ 特征	EQ 特征	PQ 特征	AQ 特征	表演效果

知识拓展

一、6Q 素质教育的阶段性划分

根据能力培养的不同，6Q 素质教育可划分为三个阶段（见图 1－4）：① 6Q 综合素质教育阶段，包括幼儿园教育、学前教育、小学教育、初中教育和高中教育；② 6Q 职业素质教育阶段，包括职业中学、职业学院等，以及大学专科、大学本科、学徒等以就业为导向的职业培养方向；③ 6Q 专业素质教育，包括硕士研究生教育、博士研究生教育、博士后教育、研究所等专业研究单位等。

- 6Q素质教育
  - 6Q综合素质教育（策略：扬长补短）（共性+个性化潜能开发）
    - 幼儿园、学前教育
    - 小学教育
    - 初中教育
    - 高中教育
  - 6Q职业素质教育（策略：避补结合）（重点：个性化职业潜能）
    - 职业中学、学院等
    - 大学专科
    - 大学本科
    - 学徒
  - 6Q专业素质教育（策略：扬长避短）（重点：个性化专业潜能）
    - 硕士研究生教育
    - 博士研究生教育
    - 博士后教育
    - 研究所等专业研究单位

图 1－4　6Q 素质教育的阶段

综合素质教育，是全面培育个体综合素养的时期，本阶段六商的培养不求深度，但求广度，运用扬长补短的方法，使学生在德（MQ）、智（IQ）、体（FQ）、群（EQ）、美（PQ）、劳（AQ）诸方面全面发展，尤其是语言智能、艺术智能、人际智能、情绪智能、自然探索、空间智能、时间智能、数理逻辑、内省智能、综合实践智能等,不可或缺。

职业素质教育分为职业技能教育和职业核心能力教育两个主要模块,是以就业和岗位要求为导向,挖掘人们天赋优势、培育个人品牌,培养符合社会及市场需求的岗位人才。本阶段需要运用潜能开发测评工具检测出每个学生的优势潜能,发现其职业优势,运用"扬长避短"的策略实施"个性化潜能开发(职业技能)"培养,以及全面的"共性潜能开发(职业核心能力)培养",科学规划其未来。每个人都是天才,但每个人都只能是某些领域的天才,我们只有"扬长",才能通过职业或专业训练,不断地提升自己在相应群体中的优势。近年来就业越来越困难,岗位竞争压力越来越大,我们只有发挥自己的天赋优势,才能在竞争中提高获胜率。与综合素质教育一样,职业素质教育属于大众化教育,是以"扬长避短"为主体策略,同时以"扬长补短"作为辅助策略的潜能挖掘阶段。

专业素质教育属于"培尖教育",职业核心能力模块在职业素质教育阶段已经完成,本阶段主要以专业素质的技能教育为发展方向,为在专业领域有突出天赋优势的学生提供深造机会,培养各行业能够参与国内、国际性竞争的尖端人才。专业素质教育的培优策略是"扬长避短"。

图 1-5 所示为6Q 素质教育三阶段的具体内容。

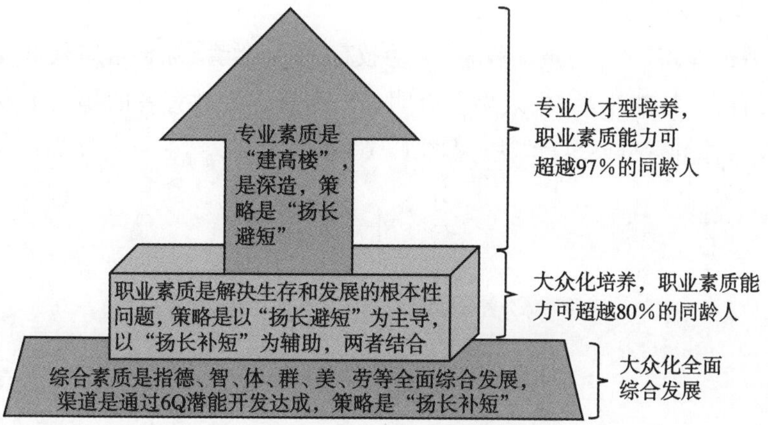

图 1-5　6Q 素质教育三阶段的具体内容

(1) 综合素质是大众化的全面综合培养模式,照顾 100% 的人群,培养人的"共性化潜能和个性化潜能"。

(2) 职业素质同样是大众化的培养模式,主要培养人的"个性化潜能"中的职业优势潜能,以就业和创业为目标导向,培养目标是受培养对象的职业优势可以超越 80% 的同龄人。

(3) 专业素质是在职业素质的基础上"建高楼",主要培养职业优势潜能中的专业优势能力,培养目标是受培养对象的专业优势可以超越 97% 的同龄人。

综合素质教育是打下坚实的发展基础，职业素质是解决自己“生存或发展”的问题，专业素质是解决人们如何更好地“生存或发展”的问题。因此，综合素质和职业素质更多是个人属性，专业素质更多是社会属性。

二、“6Q 潜能”教育方法

（一）多位一体分置分层教育法

多位一体分置分层教育中的“多位一体”是指把6Q 潜能模块中的“多 Q 融入匹配”，比如在 MQ 的合理道德框架及 FQ 的平衡作用下，充分发挥 IQ 中的个人能力，把 PQ 中的艺术智能融入 EQ 的人际智能中，在 AQ 的综合实践智能中发挥作用等，通过团体协作、实践劳动等方式，实施分层和分置教育。“分层”教育是指“因材施教”，根据畅流理论，在课堂教学中，教师创设的问题难度过大，学生容易放弃，反之难度太小时，学生会感觉无聊。教师选择的“材”要符合著名心理学家维果茨基的“最邻近发展区”理论，创设问题的深度要稍高于学习者原有的知识经验水平，具有一定的思维容量和思维强度，需要学生经过努力思考，通过“同化”和“顺应”才能解决问题，也就是我们常说的摘果子时，须“跳一跳，才能够得着”。“分置”主要指同理心、换位思考、角色理解和扮演等，通过“多位一体”的“分置”方法，分别对已经“分层”的受教育者实施合适的教育方法。

人的发展过程，需要经历被动教育、主动教育、引导教育、综合素质教育、品牌教育等阶段，主动教育在“特殊儿童”中效果十分明显。不管在受教育者的哪一个发展阶段，均可应用“多位一体分置分层教育”法（见图 1－6）。

多位一体分置分层教育
- 被动教育
- 主动教育
- 引导教育（综合素质）
  - 赏识教育
  - 补缺教育
  - 匹配
- 品牌教育
- 其他

图 1－6　多位一体分置分层教育

（1）被动教育，指教育者完全处于被动状态，以受教育者的需求为核心来开展自己的所有训练和管理，适合 4 个月前的婴儿。

（2）主动教育，指教育者按照自己设定的计划和经验来指导受教育者，或者教育者把自己的“框架”强加给受教育者的一种教育方法，适合 4～9 个月的婴儿。

（3）引导教育，是指站在受教育者的角度，运用受教育者能明白的语言与受教育者沟通、互动，引导受教育者朝着教育者设定的目标前进的教育方法，适合 9 个月～3 岁幼儿。

（4）综合素质教育，是通过对6Q 潜能的综合运用，以受教育者的世界观、人生观、价值观和道德观等为塑造对象的综合性整合教育，适合 3～18 岁的人。

（5）品牌教育包括品牌培育、品牌塑造和品牌实施等阶段，综合素质阶段的所有教育都是为品牌教育打基础的，为品牌培育阶段；职业素质教育、技术培训等教育为品牌塑造阶段。品牌教育通常在 15 岁以上开始，其年龄因人而异，没有绝对界限。

（二）潜能开发教育的三流程

潜能开发教育的三流程如图 1－7 所示。

潜能开发教育的三流程
- 流程1：赏识教育
  - 赏识是建立关系的重要手段
  - 承认差异、尊重差异
  - 达成接受、喜欢、榜样、感恩、使命等目标任务
- 流程2：补缺教育
  - 以“新多元智能理论”为依据查缺
  - 制定潜能开发共性化或个性化方案
  - 执行潜能方案并培育综合素质
- 流程3：匹配教育
  - 个体优势潜能与弱势潜能相匹配
  - 个体主人格与子人格相匹配
  - 运用个体优势潜能塑造核心竞争力

图 1－7　潜能开发教育的三流程

实施潜能开发教育，建立良好的师生关系非常重要，“赏识教育”是建立关系的重要手段。“分层”过程中，我们要勇于承认差异和尊重差异，用心倾听个体内心的声音，消除代沟，达到共鸣。赏识教育不等于单纯的表扬：要多鼓励、少表扬，表扬的成分多在于夸奖孩子的天分，而鼓励的成分多在于激励孩子的行为；盲目的赏识，可能让孩子变成高自尊群体，甚至产生自负等不良情绪。赏识的不同阶段，可以分别达成接受、喜欢、榜样、感恩、使命等目标任务。

“补缺教育”在综合素质教育阶段十分重要，通过对“新多元智能理论”的十二个“智能模块”进行分模块查缺，为个体制定专有的“共性化或个性化潜能开发方案”，然后执行方案，达到培育该个体综合素质的目的。当前的少儿易产生一项或多项如下情况：①家长包办替代，孩子缺乏挫折教育；②独生子女多，缺乏竞争；③即要即给，缺乏延时等待；④我行我素，缺乏换位思考；⑤乱发脾气，缺乏情绪控制；⑥畏惧退缩，缺乏积极主动；⑦从小过于循规蹈矩，缺乏创新发展；⑧在表扬中成长，高自尊孩子增多；⑨过于迁就，孩子做事拖拉，等等。

“匹配教育”的主要功能是解决个体的“教育不平衡发展”现象，主要表现在个体优势潜能与弱势潜能不平衡发展，以及个体主人格与子人格不平衡发展两个方面。综合素质阶段的“个体优势潜能”与职业素质阶段的“职业优势”既有区别，也有联系，主要区别是前者是在培养“共性化潜能”的基础上，注重“个性化特征”的培养，其“个性化特征”是相同“共性化潜能”基础上区别不同个体潜能的“标识”，联系是职业优势潜能，可以由个性化特征发展而来。

教育故事

一群站在树枝上的麻雀对其中的一只说:“我们全都是迎风站立,只有你跟我们站得相反。”

“我就是喜欢这样,我碍着你们了吗?”那只麻雀不服地说。

“你破坏了团体精神,是一只不合群的鸟。”

所有的麻雀一致谴责它,但是这只麻雀仍一意孤行。

它们依然迎风站立,只有这只麻雀继续站在相反的方向。

这时一只大花猫潜藏到树丛后面,由于大家都向着迎风的方向,没有察觉到花猫的出现。

当花猫正准备一跃而出时,却被那只站相反方向的麻雀及时看见,大叫道:“猫来了!快逃!”

其他的麻雀立刻闻声飞走,这只特立独行的麻雀救了大家一命。

人性的弱点就是盲目地跟风和随波逐流。要想活出自己的精彩,就要认清自己的才能,找到自己的方向,抗拒潮流的冲击。不要怕和别人有所区别,你需要了解自己的需求,并敢于对自己的行为负责,不要害怕坚持自我。

(选自雅宁《小故事大道理十年精选》)

任务六　新多元智能理论

教学情境

小格今年11岁,女孩,非常乖巧,是一位品学兼优的学生,深受同学和老师喜爱。

一天晚上,小格说有话要跟妈妈说,然后拉着妈妈进了小房间,用近乎祈求的口吻哭着对妈妈说:“妈妈,我好累好累,能不能答应我,不要让我上那么多兴趣班?”

妈妈一下子就懵了,半天才反应过来,然后母女俩互相拥抱着哭泣。女儿一向很听话,爸爸妈妈说什么就是什么,从来没有反抗过,今天这样的情况,让妈妈有些措手不及。

原来小格父母为了让孩子多学点技能,给孩子报了很多兴趣班:钢琴班、绘画班、书法班、舞蹈班、小主持人班、小记者班、奥数班、作文提高班……小格每天晚上要学习到23:00才能睡觉,周末也没有一点时间是属于自己的,跟着妈妈赶场子去上兴趣班的各门功课,遇到堵车的时候连饭都顾不上吃。

课堂提问

1. 你如何看待小格父母培养孩子的这种急切行为?
2. 说说你自己过去上兴趣班时的经历。
3. 如果你是小格的家庭教育顾问,你打算怎么做?

小组活动

小组讨论与分享:简述新多元智能理论与多元智能理论之间的区别。如何用新多元智能理论帮助少儿健康成长?

教学评价

请你记录新多元智能理论实践体验:

____

____

知识拓展

一、多元智能理论

1. 加德纳的背景资料

图 1-8 加德纳

加德纳(1943 年—,图 1-8),现为美国哈佛大学教育研究院的研究员,该院"零点项目"研究所所长,是当今美国最有影响力的发展心理学家。在他的研究生涯中著述颇丰,出版 20 本书,发表论文和书评 400 多篇。在现实中,人们只重视逻辑思维和科学教育,忽视形象思维和艺术教育,他立志从零开始,弥补科学教育研究与艺术教育研究的不平衡,将项目命名为"零点项目"。"零点项目"研究所创建于 1967 年,其创始人尼尔森·古德曼教授认为:艺术作品不仅仅是灵感的产物,也不仅仅是情感与直觉的领域,更与认知有关。多元智能理论是"零点项目"的重要研究成果之一。

加德纳把左右脑平衡作为一个整体观来考量,发展了斯佩里的左右脑分工理论,奠定智能的整体观基石,强调人人都具有八项基本的智能,创建了举世瞩目的多元智能理论。该理论一问世,就在全世界引起强烈反响,影响并改变着全球的教育改革,促使西方国家放弃传统简单、粗暴的智力测试方式,而广泛地应用多元智能理论。

2. 加德纳对智力的定义

加德纳1983年出版《智力的结构:多元智能理论》,该书中将智能定义为:智能是在特定的文化背景下和社会中,解决问题或制造产品的能力。人对事物的反应要受到知识经验、个人经历、个性、世界观等的影响;不同的文化背景下,人形成的知识结构是不一样的;不同的文化背景下,人对知识的理解也是不一样的。

加德纳的智力包括三个方面的含义:

(1) 在实际生活中解决所面临的实际问题的能力;

(2) 提出并解决新问题的能力;

(3) 对自己所属文化提供有价值的创造和服务的能力。

加德纳突破了传统智力理论所依据的两个基本假设:人类认知是一元的;采用单一的、可量化的智能概念,即可以对个体进行恰当的描述。他确立了一些标准,旨在测量一种才能是否就是一种智能。1999年,他出版了《再建多元智慧》一书,认为智慧是一种处理信息的生理心理潜能,这种潜能在某种文化环境下,会被引发去解决问题或是创作该文化所重视的作品。

与传统智力理论相比,加德纳的研究不仅揭示了一个更为宽泛的智能体系,而且提出了新颖实用的智能概念。这一智能概念取代了以标准智力测验分数对人类聪明程度的界定,强调了其理论的多元文化特性。每一种智能必然具有其发展特征,也必然能够在某些特殊人群中展现出来,诸如奇才或"白痴学者",就为大脑区域功能定位提供了相应的证据,并支持其符号或标志系统。

3. 多元智能理论的要义

(1) 每个人都具备八项智能。加德纳认为人类的八项智能是最基本的智能,是共性化的潜能,但每个人身上的共性化潜能的表现程度和发挥程度各不相同。有的人八项或大多数智能都具有较高的水准,如德国的诗人、政治家、科学家、哲学家歌德;而一些人如自闭症儿童,除了具有最初级的智能外,其他智能的水平非常低。

(2) 大多数人都能使八项智能发展到较高水平。加德纳多元智能理论认为,人的智能是多元的,它不是一种智能,而是一组智能,这组智能中的各种智能不是以整合的形式存在,而是以相对独立的形式存在。一个人可能对某一领域不在行或不精通,而常常感到沮丧、懊恼,认为自己在这方面的缺陷是天生的,无法克服。加德纳认为如果给予适当的鼓励、培养和指导,每个人都有能力使自己所有智能发展到一个适当的水平。如一个音乐天赋一般的人,从小在家长、老师的指点和帮助下,在音乐环境的熏陶和影响下,可以演奏出高水平的钢琴或小提琴。这在其他智能中也有所表现。

(3) 人的各项智能通常相互影响。尽管每种智能彼此独立,但在解决问题时是相互作用的,常常需要几种智能在同一件事上共同发挥作用。加德纳指出,人类的每项智能实际上是"虚拟"的,也就是说,在生活中没有任何智能是独立存在的(除了在极少数的专家和脑部受伤的人中可能存在)。

(4) 每个人的聪明智慧表现在各方面。在特定领域里,没有判断聪明与否的一组标准特质,如:一个人可能不识字,但语言智能很高,因为他能讲生动的故事或语言词汇表达非常丰富;一个人可能在操场上相当笨拙,然而他具有超群的身体—运动智能,因为他能织地毯或制作嵌花的象棋桌。

(5) 智能受文化背景的影响。不同的历史发展时期和文化背景强调不同的智能组合。在古老的社会,人们很重视身体运动、空间和人际交往的能力,比如狩猎时期的狩猎技巧和熟知地形,就比学习快速加减重要得多;在现代社会,人们十分关注语言智能和数理逻辑智能,通常的智能测验也主要测量这两方面内容,学校的考试称这两项是基础的基础;在不久的未来,加德纳预测,由于计算机在生活中的普遍运用等因素,作为程序设计的数理逻辑智能和作为自我控制的自我意识能力将会变得尤其重要。

(6) 每种智能本质上都具有价值中立的特点。加德纳认为,每种智能价值中立的特点,决定了每个人的各种智能都可以用来行善或作恶。在特定社会中,个人如何运用他的智能,是一个必须面对的严肃而重要的道德课题。

(7) 所有智能都能够应用于创造发明。多数人都只能在一两种智能上有出色表现。加德纳指出,大部分人只有在某个特定领域展现创意。如爱因斯坦虽然在数学和科学方面表现出卓越的天赋,但在语言、身体—运动和人际关系方面却未显示出与之相媲美的才能。

二、多元智能的结构

加德纳在1983年出版的《智力的结构:多元智能理论》一书中提出的多元智能理论强化了他对人类认知的跨文化观念。这些智能是全人类学习、解决问题和创造的工具。加德纳的多元智能结构可分为两大部分:智能与次级智能。他特别提到每一种智能都包含次级智能,如在音乐领域中的次级智能就包括演奏、歌唱、作曲、指挥、评论和欣赏音乐;其他七种智能也都各自包含着多种构成要素。

(一) 语言智能

语言智能是指人们阅读、写作以及文字沟通的能力,典型人群有作家、记者、电视主持人、诗人、演说家、相声演员、政治家等。它包含听、说、读、写四种基本技能,其外在表现为喜欢听、说、读、写,并能轻松地进行拼写,喜欢文字游戏,做事有系统、有条理等。

1. 语言智能的功能

(1) 语言的口头运用,即运用语言说服他人采取一项特殊行动的能力。

(2) 语言的记忆潜力,即使用语言这一工具帮助记忆信息的能力。

(3) 语言的解释作用,即运用语言进行说明。

(4) 反省语言(运用语言讲述语言本身),即用语言反省语言的能力。

2. 语言智能的核心要素(言语思维、表达)

(1) 音韵:指字和词的发音问题,包括字词的韵律感、诗歌的曲折变化、双关语的使用、押韵及语言的记忆潜能。

(2) 句法:指的是句子的结构问题,包括语法规则及词和句子的顺序等。

(3) 语义:指的是对字和词的含义的认识,包括能合理地表达自己的意思,理解书面语言和口语的细微差异等。

(4) 语言的实际运用:指的是从实用的角度运用语言达到某种特定的目的。

(二) 人际交往智能

人际交往智能是指善于与别人合作、保持良好的关系、表现同情关怀以及意识到别人的动机和目标的能力,即察觉并区分他人的情绪、意向、动机及感觉的能力,理解他人、有效处理自己与他人的社会关系的能力。典型人群有成功的销售商、优秀的老师、辅导员、心理医生、政治家、宗教领袖、业务员等。喜欢和他人交往,并喜欢和他人在一起,有许多朋友,善于和别人交流,长于察言观色、善解人意,与人相处融洽的人,都具有良好的人际交往智能。人际交往智能强的人在人群中感觉舒服、自在,他们通常是团体中的领导者,善于表露心声和提高他人生活质量。

核心要素(有效理解别人):

(1) 辨别他人情绪、情感和意图的能力。

(2) 以恰当的方式对他人的语言或行为做出反应的能力(包括与他们友好相处的能力)。

(3) 说服他人、影响他人或推动他人做事情的能力。

(三) 自然探索智能

自然智能是辨识各种动植物以及区别各种自然现象的能力,并且能建设性地利用这种能力,包括识别有益或有害的物种、气候的变化以及粮食资源。典型人群有农民、植物学家、保育专家、生物学家、环保专家、自然主义者和物理学家等。人类天生就是自然观察者,我们渴望通过感官探索大千世界,运用天赋的身心机能敏锐地去感知,主动地观察,并对感知和观察信息进行反思和质疑,以体验周围的环境。外在表现为对探索人类和自然环境兴趣盎然,善于寻找机会观察、识别、接触和关注事物,能根据物体特征对其进行分类,善于确定种族成员间的关系或事物类别,对生物学、生态学、化学、动物学、森林学或植物学等学科感兴趣,等等。

核心要素(洞察自然的能力):

(1) 准确感知物体的能力,具体表现为观察能力。

(2) 从不同角度探索及辨认身边事物、引发联想力及想象力,学习欣赏并建立与大自然的关系的能力。

（四）空间智能

空间智能是指利用回忆、思考、想象未来结果的能力，也就是准确地感觉视觉空间世界、辨别空间方向，并把所感觉到的表现出来以及用图画表达头脑中想象的概念。典型人群有建筑师、艺术家、雕刻家、发明家、设计师、画家、摄影师、海员、猎人、侦察员、向导、战略家、水手、工程师、外科医生等。空间智能发达的人，方向感强，对构成艺术作品的要素如色彩、线条、形状、体积、平衡、阴暗、匀称、式样等，感受特别敏锐。善于通过想象进行思考，对视觉空间的感受性强，能从不同角度和层面来重塑空间。这项智能包括对色彩、线条、形状、形式、空间及它们之间关系的敏感性。这其中也包括将视觉和空间的想法立体化地在脑海中呈现出来，以及在一个空间中很快地找出方向的能力。外在表现为善于想象，喜爱艺术，如画画、雕刻，能轻松地看地图或其他图表，具有图像思维能力，有很好的色彩感受力。

核心要素（三维空间思维）：

（1）从不同角度描述物体的能力，具体再现为想象力。

（2）把个体的感知通过平面或立体的形式表现出来的能力。

（3）对色彩、线条、形状、空间以及它们之间的关系的敏感度。

（五）音乐智能

音乐智能是指编曲、写歌、歌唱、了解并欣赏音乐的能力，即运用于唱、欣赏和创作乐曲中的智能，也就是察觉、辨别、改变和表达音乐的能力。典型人群有演奏家、作曲家、录音师、音乐评论家、音乐爱好者等。这项智能包括对音高或旋律、节奏、音色的敏感性，外在表现为对音高、节奏、音色很敏感，并对音乐表达的情感和复合结构很敏感，有很好的悟性。

音乐智能包括三个层面：

（1）对音乐有敏锐的感受。

（2）能够正确无误地唱出或以乐器弹奏出曲调。

（3）作曲。

核心要素（感知音调旋律）：

（1）对音乐的基本要素节奏、音调、音色和旋律等表现出敏感。

（2）对环境中的音乐刺激能够做出灵敏的反应。

（六）数理逻辑智能

数理逻辑智能是指推理、计算和以逻辑性、系统化的方式从事思考的能力，包括有效地运用数字和逻辑推理以及科学分析的能力，其构成要素为数学计算、逻辑思维、问题解决、归纳和演绎推理、对模型和关系的辨别等。典型人群有数学家、税务会计、统计学家、科学家、电脑程序员、逻辑学家、工程师、经济学家、侦探、律师、法官等。数学能力的核心是发现问题和解决问题的能力，外在表现为喜欢计算机、抽象思维、计算、组织，喜欢解决问题，做笔记很有条理。数理逻辑智能发达的人，对抽象的概念非常敏感，擅长推理，思考时注重因果关系。数理逻辑智能强的儿童在学校特别喜欢数学或科学类的课程，常常向自己提出问题，并进行实验以寻求答案，比如月亮为什么有圆缺？假如我每天为花浇水，会有什么结果？飞机为什么在天上飞？等等。

核心要素（计算量化逻辑思维）：

（1）分类。

（2）感知并理解图形。

（3）进行系统推理。

（4）进行抽象推理。

（5）进行深入的连续推理。

（6）具体的数学技能。

（七）内省智能

内省智能是指进行自我分析、自我反省的能力，也就是独自思索自己的成就，检讨自己行为和内心深处的感觉，了解自我，有自知之明，为自己计划、设定目标，并据此做出适当行为的能力。典型人群有哲学家、咨询顾问以及许多行业中的顶尖人物。内省智能发达的人，能深入探索自己的内心世界，分辨自己的心理状态，理解自我的内在感情，并根据对自我的了解来调节自己的行为；明了自己的内在感情和内心世界，并能有效地运用这种自我认识能力指导自己的行为。外在表现为有自知之明，了解自己的情感，有发展良好的自我感觉，自我激励，非常个体化，想与主流不同。

核心要素（自我知觉的能力）：

（1）意识到自己的心理活动及其原因。

（2）理解他人的思想、情绪和情感。

（3）依据对自己的认识和对他人的理解指导自己的行为。

（八）身体—运动智能

身体—运动智能是指利用肢体动作解决问题。典型人群有运动员、舞蹈家、哑剧演员、武术大师、服装设计制作师、雕塑家、机械师、外科医生、工匠等，这些人善于控制身体运动，善于运用身体动作表达思想和情感，并运用双手灵巧地操作物体，具有特殊的身体技巧，如协调、平衡、敏捷、力量、弹性和速度等。在体育、舞蹈等活动上，这种智能体现得最明显。外在表现为有较好的反应能力，能比他人更快地学会某些运动项目，喜欢参加体育活动，喜欢做手工，能较好地控制身体和时间。

身体—运动智能至少包括三个层面：

（1）擅长运动；

(2) 擅长做手工,勤于动手将原料转化成产品;

(3) 肢体语言丰富。

核心要素(操纵物体和身体):

(1) 有效地控制身体运动的能力。

(2) 熟练地操作物体的能力。

(3) 体脑协调一致的能力。

三、多元智能理论与传统的智力测量

首先,人的智能有智力因素,也有非智力因素。传统的智力测量注重智力因素,如观察力、记忆力、注意力、想象力 、思维力、创造力等,而忽略了非智力因素的发展。多元智能理论的非智力因素与传统的智力因素并非对立的关系,每个人都是两者的互补与统一体。因此,加德纳从一开始就否定传统的智力测量,是有失偏颇的,我们可以理解为多元智能理论是在传统的智力因素结构上发展了人的非智力因素。

其次,与语言智能、人际交往智能、自然探索智能、空间智能、音乐智能、数理逻辑智能、内省智能、身体—运动智能等八大智能一样,学习智能、专业探究智能、时间智能和情绪智能等四大智能也是人类的基本智能。人类的基本智能有 12 个,而不是 8 个。

最后,音乐智能的内涵和外延不足以表达人们在绘画、舞蹈、书法等艺术方面的潜能,艺术智能的表达则更加恰当和合理;同理,身体—运动智能更名为综合实践智能更加恰当合理。

四、新多元智能理论与 6Q 潜能

韩诚在实践中发现了多元智能理论的不足,从而对其进行了修改和补充,产生了“新多元智能理论”(见图 1-9)。第一,加德纳的多元智能理论与传统的智力测量不是对立关系,而是互补关系,如自闭症儿童在康复中,IQ 智能的提升能力决定了该个体的康复速度及效果。“学习智能”代表了学习年龄与生理年龄和心理年龄之间的匹配性,起着基础工程的作用。第二,“专业探究智能”代表了一个人对待专业的兴趣爱好及可持续发展性,人们通常对自己具有天赋优势的智能因素更加偏好。第三,“时间智能”代表了一个人的生物性发展,生老病死是自然规律,人体节律、生物钟现象及我国传统文化中“八字”对人体能量模型的探索,都是基于人的时间智能来进行的。第四,“情绪智能”在人体中具有神经回路,与神经

图 1-9　新多元智能理论

系统、神经激素及神经内分泌等密切相关，是人体智能研究中不可缺少的重要智能元素之一。除了增加以上四种智能元素外，韩诚还修改了“身体—运动智能”和“音乐智能”，扩大了这两个智能元素的内涵和外延，分别修改为“综合实践智能”和“艺术智能”。

“新多元智能理论”中的“新”代表了人的智力因素和非智力因素是匹配发展、和谐统一的，与加德纳的八大智能形成区别；智力因素主要表达了一个人的能力指标，智力因素的品质与非智力因素的潜能开发状态，共同决定了一个人的幸福生活指数。该理论回答了人类所必须具有的12种共性化潜能，统称为“6Q潜能”：MQ——自然探索、空间智能；IQ——学习智能、专业探究；EQ——情绪智能、人际智能；FQ——时间智能、数理逻辑；PQ——语言智能、艺术智能；AQ——内省智能、综合实践。

从综合素质潜能角度：每个人都必须具有以上12种智能，缺少了其中的某一项或多项智能元素，生活的幸福指数便可能受到影响，所以综合素质教育阶段需要“扬长补短”。

从职业素质教育角度：在综合素质潜能的基础上，每个人都具有某些天赋优势，通过培养和训练这些天赋优势便可以超越其他80%的人，从而达到就业和创业的目的；人体生物潜能的局限性，决定了人体的潜能只能是“巨大的”，而非“无限的”，因为每个人都只能是某些方面的天才，不可能成为全才。在综合素质潜能基础上挖掘出职业素质潜能，未能发展出职业素质潜能的那些共性化潜能，便成为人们的“业余爱好”等。

专业素质教育是在综合素质潜能和职业素质潜能的基础上进一步挖掘并发展出来的。

“新多元智能理论”符合帕累托效率（Pareto efficiency），是指在没有使一个人的其他任何智能变差的前提下，可以使至少一种智能变得更好。

教育故事

托斯卡尼尼原本主修大提琴，他的记忆力非常好，只要练习过一两次的乐谱，他就能背诵演奏。

在他十九岁时，他随团到巴西的歌剧院演奏。有一晚，正要上演威尔第的《阿依达》，由于一连串的临时事故，两位指挥都无法上台，同事就在这个紧要关头把托斯卡尼尼推上了台。

这一晚的演出，虽然观众都不认识这位年轻的指挥家，可是，全场都被他精湛的指挥能力所折服，于是一代伟大的指挥家就此诞生。

正是由于这次人生演出中的意外冒险，使托斯卡尼尼发现了那个内心深处真正的自我，成就了一个伟大指挥家的人生。

然而对瑞典植物学家林奈来说，认识自己的道路早已展开在眼前，可是，要真正实现创造伟大的自我，却不是件容易的事。

发明“二名法”为植物分类的林奈，从小就对花有莫大的兴趣，长大以后，他的父亲希望他做牧师，可是他不愿意。后来有一位医生愿意负担所有学费让他学医，可是，他后来还是改行教植物学。

事实上，为了研究植物，他常常带学生到处去采集植物，不辞辛苦走很远的路。这样的工作远比现成的牧师和医生的道路要辛苦。可是，对林奈来说，若不是在植物的世界中，他就不是林奈。

而没有林奈，我们对于广大的植物世界，恐怕仍然没有一个明确的定名规则足以提供沟通和研究！

因此，对于不满足于目前状况下的你我，是不是也该给自己一次冒险的机会，看看完全展现热情活力的自己，能够如何发挥得淋漓尽致！

（选自雅宁《小故事大道理十年精选》）

项目二

少儿潜能特征

任务一　神经系统与功能发展

教学情境

星期一下午15:00,班主任陈老师把男生小德的父母叫到办公室,语重心长地说:"现在其他家长意见很大,不停地到校长处投诉小德欺负同学、影响其他同学的学习,请你们认真考虑,带孩子做个检查并安排1名家长陪读吧。"

小德父母简单地商量好,决定配合陈老师的建议,安排妈妈到校陪读。第二天,小德妈妈请假带小德到医院检查,小德被诊断为轻度阿斯伯格综合征。

小德今年7岁了,在学校不遵守纪律,行为散漫,耍赖皮,上课不认真听讲,还经常在课堂上走来走去。刚开始,班主任老师认为是学习环境适应的问题,以为很快会好起来的。可是,两个月过去了,情况没有任何改变,老师们实在是忍无可忍了,没少批评他。

根据小德妈妈的观察,小德学习情况如下:观察和模仿能力强、记忆力好,数学运算能力比同龄人要强,并且他特别喜欢科普知识,讲起来滔滔不绝。然而,小德的情绪不稳定,说话的时候很害怕被人打断或者否定,一旦发生类似情况,他可能会一下子情绪失控,哭闹不停。小德的语文成绩与数学成绩形成鲜明对比,经常是写一个名字就交白卷,他很害怕写字,书上的字基本都会认,就是不会写。

课堂提问

1. 小德害怕写字和不写字,我们是否可以逼着他写?
2. 我们在幼儿园与小学的衔接过程中,可以通过哪些工作来提升小朋友的环境适应能力？

3. 假如你是小德的家庭教育顾问，请问你打算如何做？

小组活动

分享与讨论：少儿左右脑不平衡发展的危害是什么？结合小德的情况，以小组为单位编排一个舞台剧，帮助小德适应环境，提高学习能力。

教学评价

填写表 2－1。

表 2－1　教学评价表

评价者 引导者	个人评价		小组评价		教师评价	
	效果	改进意见	效果	改进意见	效果	改进意见

知识拓展

一、人类大脑发育

1. 人类进化史

猿人：550 万年前，脑容量 400 立方厘米；

巧手人：200 万年前，脑容量 600 立方厘米；

直立人：170 万年前，脑容量 700 立方厘米～1000 立方厘米，开始用火、使用工具；

尼安德塔人：13 万年前，脑容量 1600 立方厘米，冰河时期，身体越来越健壮；

现代人：9 万年前，掌握改造自然的方法。人脑结构精细，功能复杂，容量大。

2. **大脑皮层重要功能区域图解**

大脑皮层重要功能区域图解如图 2－1 所示。

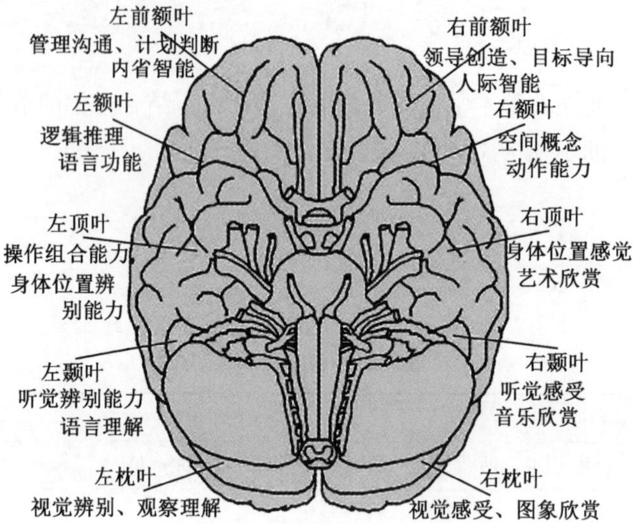

图 2－1　大脑重要功能区域图解

3. **大脑神经元的发展阶段**

（1）建构阶段（0—3 岁）：脑神经网络的构建期，利用身体的不同感官，接触东西而产生不同的反应，从而在脑部建立相对应的联结。该阶段是神经元发展最重要的阶段。

（2）强化阶段（3—9 岁）：孩子开始进入幼儿园、小学的阶段学习，并主动吸收所接触的资讯，产生认知，出现学习动机。

（3）内化阶段（9—16 岁）：进入学习内化时期，在大量吸收周围环境丰富的信息之后，对所学习的知识开始建立选择性，对之前的一些行为进行修正，同时继续学习自己认为所需要的知识。

（4）操作阶段（16 岁以后）：随着大脑的发育成熟，个体进入学习应用时期，形成个性化的学习风格和操作模式。

4. **6Q 与大脑器官功能**

IQ 智商和 FQ 财商是以左脑为主要工作器官的理性脑模式，主要表现在个体的分析、思维、逻辑推理等方面。

EQ 情商和 PQ 娱商是以右脑和脏腑为主要工作器官的体验模式，主要表现在个体的空间、艺术、体验等方面。

MQ 德商和 AQ 逆商是以左脑、右脑和脏腑为工作器官的全方位模式，主要表现在个体的以道德和娱乐为内容的相关综合协调发展。

理性脑模式，使人最容易犯的错误是把个体自己的思维框架强加到他人身上，出现指责、判断和命令等方式，最终后果可能影响到右脑的发挥，甚至强迫右脑压抑发展。

6Q 是以左脑、右脑和脏腑为工作器官的全方位融入、匹配的模式，当理性脑接近预警线时，6Q 系统发出预警提示，体验模式或全方位模式会交替出现。当体验模式接近预警线时，6Q 系统也发出预警提示，理性脑模式出现并改变现状。

二、神经元与大脑分区

大脑皮质，是覆盖在大脑半球表面的灰质。大脑皮质的神经元是以分层方式排列的，分为 6 层，皮质的不同部位 6 层结构不同。6 层结构分别为分子层、外颗粒层、外锥体细胞层、内颗粒层、内锥体细胞层和多形细胞层。

（一）神经元及其功能

神经元是神经系统的基本结构单位和功能单位，由细胞体、树突和轴突三个部分组成（见图 2－2）。神经元分为感觉神经元、运动神经元和中间神经元三种。其中，感觉神经元又叫传入神经元，把神经冲动从感觉器官传到中枢神经；运动神经元又叫传出神经元，把神经中枢发出的指令传到效应器官；中间神经元是在感觉神经元和运动神经元之间起联络作用的联络神经元。动作电位是神经系统传递各种信息的重要方式，如视锥体等感受器发出的神经冲动将生物体内外环境变化的信息，沿着传入神经纤维传递到中枢神经系统，中枢神经系统发出的神经冲动则指令沿传出神经纤维传达到效应器官，人体的效应器官有肌肉、腺体等。

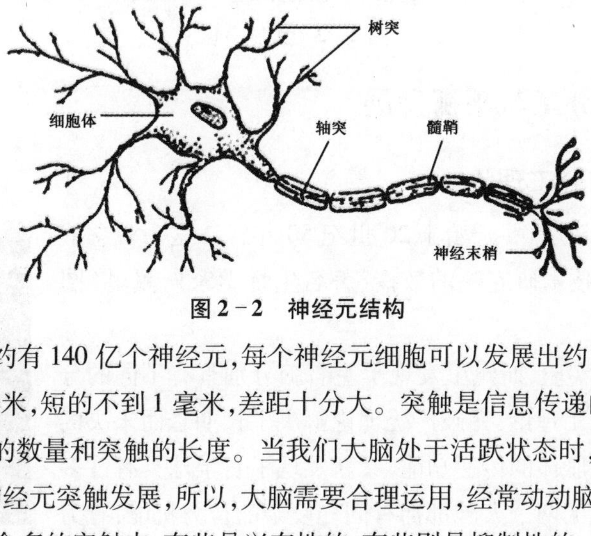

图 2－2　神经元结构

人的大脑皮层约有 140 亿个神经元，每个神经元细胞可以发展出约 2 万个突触，这些突触长的可达 1000 毫米，短的不到 1 毫米，差距十分大。突触是信息传递的网络通道，神经元的质量决定了突触的数量和突触的长度。当我们大脑处于活跃状态时，信息便产生动作电位或锋电位，刺激神经元突触发展，所以，大脑需要合理运用，经常动动脑子，有益大脑健康。

一个神经元上众多的突触中，有些是兴奋性的，有些则是抑制性的。如果所有兴奋性突触活动的总和超过抑制性突触活动的总和，并足以刺激该神经元的轴突起始段产生动作电位，则该神经元发生兴奋；反之，表现为抑制。这就是有的少儿表现为多动，有的少儿则表现为少动，或者有的少儿同时具有多动或少动特征的原因。当遇到少儿特别多动或少动的情况时，及时建议家长带小朋友到正规的医院诊断是否有多动症或自闭症倾向，不宜头部针灸，一旦诱发大脑神经元异常放电，便形成癫痫，当前医学界尚无可靠的癫痫治疗方法。

神经元细胞对信息的传入、传出及处理过程，形成人的认知过程。人的认知过程至少有16道程序，分别是个体对感觉信号接收、检测、转换、简约、合成、编码、储存、提取、重建、概念形成、判断和问题解决的信息加工处理过程（前认知），以及图式、同化、顺应、平衡的后认知过程。

（二）大脑分区

大脑皮质的不同区域，有不同的机能（见图2－3）：颞叶以听觉功能为主，位于大脑的两侧；枕叶以视觉功能为主，位于大脑的后脑区；顶叶以躯体感觉功能为主，位于大脑顶部；额叶以躯体运动功能为主，位于大脑前脑区。前额叶皮层和颞叶、顶叶、枕叶皮层之间的联络区与复杂的知觉、注意和思维过程有关。

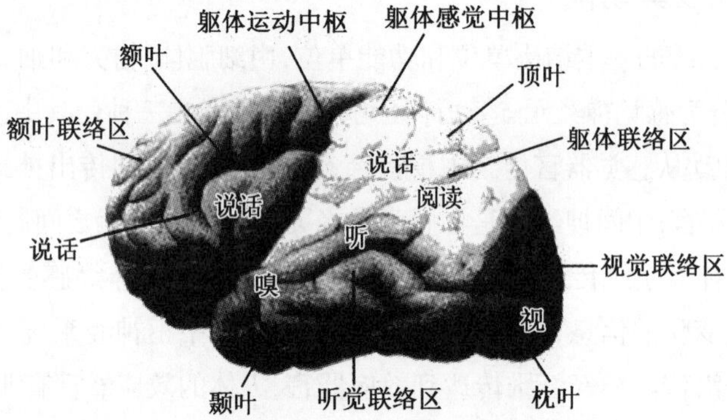

图2－3　大脑分区

三、左右脑分工与平衡发展

（一）左右脑分工理论

左右脑分工的新观念，开始于20世纪50年代。这一观念就是美国加利福尼亚技术研究院的教授、著名生物学家斯佩里（图2－4）提出的。

图2－4　斯佩里

通过大量比较实验，斯佩里发现了左右脑分别具有不同的分工，创造了左右脑分工理论，突破传统理论解决了长期悬而未决的科学之谜，既确立胼胝体的传递功能，又新发现了右半球具有许多高级功能，证明了人的两个大脑都拥有同样复杂的智力机能，有力地匡正了盛行一百多年的左半球是优势半球的传统观念。

斯佩里先生为人们对人脑认知的拓展作出了巨大贡献，他对大脑半球研究的贡献使他于1981年获得诺贝尔生理学或医学奖，左右脑分工理论是世界公认的著名理论。

（二）左右脑不平衡发展的表现

左右脑不平衡发展严重则产生左右脑失衡，失衡严重者不仅给自己带来生活上的困扰，也会给身边人带来不同程度的干扰和影响。下面我们仅讨论生活可自理人群中，左右脑失衡轻微人员的基本表现。

1. *右脑过于发达导致左右脑失衡*

右脑主导人的情绪管理能力、创造性思维能力、空间思维能力和艺术表达能力等。右脑发达有很多优点，例如：富有同理心；音乐、绘画等艺术天赋高，艺术表达能力强；看问题着眼于整体和全局，善于照顾团队成员的感受；等等。

右脑处理问题时杂乱无章，右脑过于发达产生左右脑失衡的人，常表现出如下缺点：

（1）生活偏向于感性，容易多愁善感，过多伤感易伤身。

（2）理智不足，缺乏主见，遇事时常表现出犹豫不决。

（3）做事节奏比常人慢半拍，容易拖拉。

2. *左脑过于发达导致左右脑失衡*

左脑是人类认知和探索未知世界的火车头，具有读写、计算、数理统计、分析、语言、概念、逻辑推理等重要功能，主导抽象思维、理性思维、理论思维、哲学思维等。左脑发达有很多优点，善于思考、学习成绩好、专注于热爱的领域、容易获得更高成就等等。

左脑处理问题时趋向于强势果断，因此，左脑过于发达导致左右脑失衡的人常表现出如下缺点：

（1）生活能力弱且偏向于理性，缺乏人情味，人际关系欠佳。

（2）自我中心意识过强、有轻微刻板行为，我行我素，听不进别人的意见，容易错失一些重要机会。

（3）情绪管理能力差，常执著于追求事业成就，休息少、易怒，平时不注意关照自己的身体，身心多处于亚健康状态。

四、布鲁德曼分区

德国神经学家布鲁德曼（Korbinian Brodmann，1868—1918），于1909年根据皮质的细胞结构把大脑皮质分为52区，分别用数字标示，每个区域各有特定的功能。以下取字母B代表Brodmann，数字代表分区，如B1区代表布鲁德曼第一分区（见图2-5）。

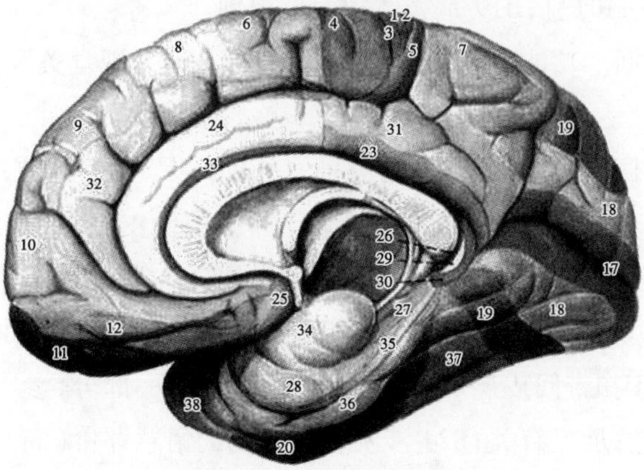

图2-5 布鲁德曼分区

B1 区位于顶叶中央后回,又名中央后回中间部。功能:第一躯体感觉区。躯体感觉投射皮层,负责躯体感觉知觉。

B2 区位于顶叶中央后回,又名中央后回尾侧部。功能:第一躯体感觉区。躯体感觉投射皮层,负责躯体感觉知觉。

B3 区位于顶叶中央后回,又名中央后回吻侧部。功能:第一躯体感觉区。躯体感觉投射皮层,负责躯体感觉知觉。

B4 区位于额叶后部,中央前回。功能:第一躯体运动区,运动激活的主要来源。

B5 区位于顶叶、顶上小叶前部。功能:体感联合皮层,和空间定位有关。次级躯体感觉皮层,涉及视空加工。

B6 区位于额叶,额上、中、下回后部。功能:运动前区,书写中枢,和运动的计划、执行有关。

B7 区位于顶叶、顶上小叶后部。功能:体感联合皮层,和空间定位有关。涉及计算和数学(优势半球),视空加工(尤其在非优势半球)以及情景记忆检索。

B8 区位于额叶,额上回和额中回后部。功能:头眼运动区,和上丘一起调节眼球运动。

B9(10)区位于额叶,前部内外侧面。功能:联合皮质区,参与前额叶皮质的整合功能,和思维等高级活动有关。B9 在工作记忆以及较高级认知加工(如问题解决)中发挥作用,与 B10、B11、B46 一起构成额叶皮层(与人格有关),涉及记忆和认知任务;B10 与 B9、B11 一起负责中央决策和执行。

B11(B12)区位于额叶底部眶回,联合皮质区,参与前额叶皮质的整合功能,和思维、情绪等高级活动有关。

B13 ~ B16 区位于岛叶。功能:岛叶联合皮质。

B17 区位于枕叶距状裂上下。功能:视觉初级感受区,是主要的视觉皮层。

B18(B19)区位于枕、顶、颞叶皮质 B17 外的区域。功能:视觉联合皮层。B18 是次级视觉皮层(颜色和运动知觉),B19 是客体和面部识别。

B20 区位于颞下回。功能:参与视觉形成的分析。涉及视觉关联加工(颜色和表情的情感意义)。

B21 区位于颞中回。功能:参与视觉信号的分析。听觉组织皮层的一部分,涉及较高级听觉加工以及语言接收(优势半球),后部属于视觉组织皮层。

B22 区位于颞上回。功能:参与听觉信号的分析。听觉组织皮层,在优势半球与 B21、B42 一起组成 Wernikle 言语接收,语义记忆是颞上回后部的一种功能。

B23(B24)区位于扣带回皮层。功能:为边缘系统的一部分,参与边缘皮层的整合功能。B23 与熟脸和情感加工有关;B24 涉及躯体感觉的情感评价(痛)。

B25 区位于额叶下部眶额皮层。功能:参与前额叶皮层的整合功能。嗅觉和工作记忆加工是该区功能中的两种。

B26 区位于扣带回后部和颞叶内侧之间的移行部。功能:参与边缘系统的整合功能。

B27 区位于颞叶内侧的海马结构 CA1—CA4,功能:和短时记忆有关。

B28 区位于颞叶前、内侧部的联合和感觉皮质。功能:参与嗅觉有关的功能,是嗅觉中枢。

B29(B30)区位于扣带回后部和颞叶内侧之间的移行部,即压后扣带皮质。功能:参与边缘系统功能。B30 为视觉注意区。

B31 区位于顶叶内侧面,B23 背侧的上后扣带皮层。功能:参与边缘系统和顶叶整合功能。作用于视空想象,情景记忆检索以及熟脸识别。

B32 区位于额叶内侧面,B24 背侧的内侧前额叶。功能:参与行为、情绪、认知等功能。与 B24 一起负责躯体感觉意识的情感判断,尤其是痛知觉;同时作用于运动计划和记忆加工。

B33 区位于额叶内侧面,扣带回前部 B24 腹侧。功能:参与倾诉情绪、认知等活动。

B34 区位于海马沟回。功能:嗅觉中枢。属于内嗅皮层,作用于记忆、情感评价及嗅觉。

B35 区位于颞叶内侧面靠近嗅沟的部位,又名嗅周皮质,是海马结构的一部分。功能:参与海马联合功能。与海马旁回重叠,属于边缘皮层;涉及记忆和情感功能(快乐、悲伤、厌恶)。

B36 区位于颞叶内侧面,临近颞下回视觉处理皮层。功能:参与视觉和海马机能的整合。与情感知觉有关。

B37 区位于颞叶后部,梭状回一部。功能:参与视觉的认知。与视觉和语言(词汇和客体识别以及命名、面部识别)有关。

B38 区位于颞叶前极。功能:参与行为、情绪、决定等过程。多种假定的功能被分配给颞极,如社会和情感加工,自我—他人区分,记忆检索,甚至幽默、理解。

B39 区位于颞、枕、顶叶交界处的角回。功能:参与语言及空间定位,理解看到的文字符号意义。与视觉加工(面部识别、阅读)、空间想象、视觉运动(眼动)、正字法记忆以及数学(优势半球)有关。

B40 区位于顶叶下部的缘上回。功能:参与空间定位及语言功能,是运用中枢。

B41 区位于颞叶颞上回后部的颞横回,又名 Heschl's 回。功能:听觉初级中枢,是听觉皮层,负责声音知觉。

B42 区位于颞叶后部围绕 B41 的部分。功能:参与听觉过程,是次级听觉皮层。

B43 区位于额、顶叶中央前后回下部的中央下区。功能:第二躯体感觉区,是主要的味觉皮层,也涉及语言知觉。

B44 区位于额叶额下回后部三角区。功能:Broca 语言运动区。在优势半球,额下回的鳃盖区是 Broca 区的一部分(口语表达),也涉及手指和脚趾的运动。

B45 区位于额叶额下回后部岛盖区。功能:Broca 语言运动区。额下回的三角区也是 Broca 的一部分,涉及舌头的运动。

B46 区位于额叶额中、下回前部的上外额叶皮层。功能:参与前额叶的新执行功能。涉及动机、注意和一些认知任务。

B47 区位于额叶额下回前下部皮层。功能:参与前额叶的新执行功能。涉及记忆、情感、嗅觉、假定的功能。

B48 区位于颞叶内侧的下脚后区。

B49 区位于颞叶和岛叶交界处的岛旁区。

B50(B51)区位于岛叶。

B52 区位于颞叶颞上回靠近外侧裂皮质,颞叶皮层和脑岛之间。

教育故事

一条小河经历了重重阻挠,绕过高山与岩石,穿过森林和田野,一路奔腾,畅行无阻。最后,它来到了沙漠,小河想:"前面那么多困难都克服了,这次也应该能成功吧!"可是,它的努力一次又一次地白费了,水都渗到泥沙中,迂回不前。小河叹息说:"我最拿手的本事也不管用了,看来我注定平庸,永远也到不了大海。"

微风过来安慰它说:"我可以穿越沙漠,你也可以的,不过你要尝试着改变一下你自己……"

"改变自己,升华自己!"小河默默地念着,"可是我从来没有这样做过啊,我能做得到吗? 如果不行,那我岂不是自我毁灭吗?"

"你这样想只是因为你从来就没有认识到自己还有巨大的潜能,没有认清你自己的本质,你可以的!"微风鼓励说。

小河鼓起勇气,对自己说:"改变自己,升华自己!"于是,它投入了微风的怀抱,蒸发了,化作轻盈的水汽。第二天,它又化作了雨滴,终于融入了浩渺的大海。

每个人都是一条奔腾不息的河流,一路上你需要跨越生命中的重重障碍,才能有所突破,有所进步。在这个过程中,有一点很重要,就是像河流那样善于放弃你所认为的自我,并且根据自己的目标做相应的改变。

(选自雅宁《小故事大道理十年精选》)

任务二 敏感期

教学情境

一个阳光明媚的早晨,小智和奶奶在小区玩小汽车,正在兴头上的时候,一个比小智稍大的小男孩拿走了小智的小汽车,急得小智哇哇大哭。

小智奶奶急忙跑过去干预,大声地向小男孩吼道:“乱抢人家的东西,赶快还回来!”

小男孩把小汽车还给小智,没想到小智朝着小男孩的手臂上狠狠地咬了一口,还大声说:“咬……我咬你……咬你……拿我的车……我的车。”小男孩痛得大哭,要追过来打小智。小男孩的爷爷急忙过来,大人各自劝回自家的小孩,平息了这场小风波。风波平息后,小智还抱着小汽车说:“我的车……我的车……”

小智2岁3个月,正值自我意识与物权敏感期,坚决捍卫自己的权益。

课堂提问

1. 小智奶奶大声向小男孩吼叫的行为是否妥当?请说说你的看法。
2. 在幼儿园小小班遇到类似的情况,你会如何处理?
3. 如何发现少儿成长过程中的敏感期?

小组活动

头脑风暴:请列举0至7岁少儿生长发育过程中的各个敏感期(小组头脑风暴)。

教学评价

填写表2-2。

表2-2　教学评价表

评价者 / 被评者	个人评价		小组评价		教师评价	
	效果	改进意见	效果	改进意见	效果	改进意见

知识拓展

一、敏感期

什么是敏感期？

敏感期是孩子在成长过程中受内在生命力的驱使，在某个时段反复操作某些动作或反复学习某些能力的时期。敏感期内，孩子对敏感事项的学习能力特别强。

人的敏感期有生理敏感期，如口腔敏感期、手腿脚等动作敏感期、排泄敏感期、肌肤触摸敏感期、青春期敏感期等，也有因学习和训练而产生的敏感期，如语言敏感期、细小事物敏感期、执拗和完美敏感期、秩序敏感期、数学敏感期、绘画敏感期等。

为了研究敏感期，科学家们又提出“敏感度”和“敏感区间”的概念。敏感度，是指孩子对某一事物或事件感受的敏感值，是量化的数值。敏感区间，由敏感下限和敏感上限组成，是孩子对某一事物或事件感受的敏感区域。

有人曾问，为什么婴儿几乎都是哭着来到这个世界的？其实，分娩之后的外部世界与妈妈的“皇宫”相比，哪个让婴儿感受更舒服呢？婴儿在顺产分娩过程中受到挤压时感受不舒服，因而对内外环境差别的敏感性特别强。因此，有的妇产医院提倡水中分娩，这样做更有益于婴儿对外部环境的适应过渡。

口腔敏感期（0—1 岁），在此期间，无论成人怎么阻止，孩子总喜欢把手和小玩具放进嘴里吃，而且吃得津津有味。这个阶段的孩子就是依靠口腔去感受和探索的，如果顺利渡过口腔敏感期，孩子以后就不会用嘴啃食物之外的东西。成人不要认为手不干净而去阻止孩子，阻止可能会给孩子留下心理隐患。成人要做的就是保证入口的东西相对卫生，而且最好能提供不同的东西让孩子用口腔去探索和感受，收拾好小物件以防孩子探索过程中误食，保证孩子的安全即可。

有的孩子进入幼儿园、小学，仍改不掉吸吮手指或其他物品的习惯，甚至延伸成别的不良行为，如爱吃零食、吐口水等，这在一定程度上是与口腔敏感期没有得到满足有关。

与口腔敏感期后期重叠的是手敏感期。手敏感期中，扔东西、用手指抠玩具的小孔、把手放嘴里吮吸，甚至打人等都是手敏感期的常见表现。孩子的手臂肌肉需要做运动练习，大脑需要对手的感知觉进行体验。

与手敏感期后期重叠的是腿敏感期。孩子的敏感期是接二连三地出现的，这是由大脑神经系统和心理发展的连续性决定的。个体有多个敏感期同时交叉出现的情况，视个体差异而不同。

空间敏感期（0—6 岁），此阶段孩子喜欢移动物体、垒高、扔东西等。他们会把物体里的东西倒出，把外面的东西塞进去……然后不断重复这些动作；喜欢钻进不同大小的空间感受，喜欢爬上爬下，跑、跳、旋转以及攀爬等等。这个阶段，大人要注意保证孩子的安全，但不要限制孩子的活动，给他们充分的自由和体验身体的机会，实现空间探索，发展空间智能。

排泄敏感期（1—3 岁），其快乐来源为忍受和排便，感受肌肉的控制感。有的小孩会随地大小便，甚至把在床上排便当作是一种快乐，大人越说就越排。在此期间，要正确引导孩子如厕，为以后入幼儿园打下良好基础。部分小朋友会比较“固执”，家长可以通过多次“示范”来“引导”孩子。

细小事物敏感期（1 岁左右），这一时期的孩子，眼睛里好像只有细小的物体，越小的东西就越能吸引他们的注意，他们的眼睛就像一个放大镜，这是孩子视觉次级皮层神经系统向视觉高级皮层神经系统发展的敏感阶段。当孩子碰到沙和水时，就会忘情地玩耍，这时候我们最好是创造环境让孩子尽兴地去玩和感受，以培养和锻炼孩子的感知与观察能力。如果经常性地阻止孩子的观察爱好，会严重损害孩子成长过程中的创造力，甚至长大后对重大问题做决定时常常犹豫不决、优柔寡断。

模仿敏感期（2 岁左右），婴儿在出生后几天便具备模仿妈妈微笑的简单能力，但真正的模仿敏感期的出现，是 2 岁左右。模仿是孩子在发挥思考的一种表现，是学习能力的构建阶段，孩子今后的创造力很大程度上来源于这些细节。孩子在模仿方面的表现能力，常常会让我们感到吃惊！作为大人，一定要满足孩子的需求，鼓励他们，适时地安慰孩子的情绪，不要谴责他们而使他们产生焦虑和恐惧情绪。

自我意识敏感期（2—3 岁），从开始说“我”，到说“不”，到打人骂人，再到模仿他人，这是孩子产生自我意识的时期。这时出现最多的现象就是孩子会划分“我的”“你的”，同时通过说“不”来表达“自我”。家长不要和孩子争斗，更不要和孩子较劲，孩子需要经历一个自我认知、自我保护的过程，这是一个形成自我的起点。面对这些，大人不要去谴责，不要说教，而应该多做亲子沟通，引导孩子建立良好的个人习惯。

物权意识敏感期（2 岁左右），这一时期的孩子，常保护着物品说“这是我的”“那是我的”，什么东西都不肯和别人分享，有时妈妈也拿不到孩子手里的东西。这个阶段要对孩子进行物权归属的练习，通过对物品归属权的确认，让孩子明白人与物品之间的关系，逐步引导孩子学会分享，感受分享的快乐。物权归属的建立过程，并非由于孩子的自私，家长可不能乱贴标签，非要想办法改掉孩子这“毛病”，这样只会伤害孩子的情感，让孩子产生不良情绪。我们应该理解这个阶段孩子的行为，用孩子的语言与他们沟通是使他们顺利度过物权意识敏感期的比较好的做法。比如利用适当机会问问孩子：“小朋友把玩具分给你玩，你高兴吗？”当他点头时再告诉他：“你把玩具分给别人玩，他们也会很高兴。”反复多次后，孩子就慢慢适应和习惯了，当孩子明白给出去的玩具还能要回来时，他们就愿意分享了。大部分孩子在 3 周岁前后进入分享阶段。

当孩子愿意与大人分享的时候，我们不要拒绝，避免给孩子带来分享的失望，从而享受不到分享的快乐，孩子慢慢就不愿意分享了。

秩序敏感期(2—4 岁),一旦某件事情形成了秩序,就坚持进行,不错过细节,不打乱先后顺序,形成各种良好的习惯。这一时期是建立德商的萌芽期。

语言敏感期(1.5—4 岁),语言是人类沟通交流的工具,语言的应用能力决定着孩子的智商高低,良好的语言环境则是孩子学习语言的最好方式。孩子语言敏感期的主要表现是词不达意,东拼西凑地表达,让人觉得好笑。有的孩子喜欢骂人,这其实也是孩子通过语言的运用,与大人互动获取快感的一种方式。父母可以通过亲子沟通方式,让孩子把语言与事物进行对应。比如,妈妈、爸爸、奶奶、爷爷等词与人对应,苹果、花生等词与相应食物对应……从单词到短语,到短句,到长句,再到完整的语言交流。巧妙地引导孩子不能骂人。

执拗敏感期(2—4 岁),这一时期的孩子显得特别任性。此时孩子的思维先于行动,并且混淆思维与行动,具有不可逆性。

完美与审美敏感期(3—5 岁),此时期的儿童变得非常挑剔、敏感,开始与同伴进行比较。他们开始要求吃的、玩的、用的都必须是完整的、漂亮的;他们对仪表也开始有审美要求,比如挑选服饰、注重着装打扮等。作为父母,就把选择权交给孩子吧,不要粗暴地对待孩子,更不要认为他们是无理取闹。

成人把一块饼掰掉一点给孩子,孩子会哭闹不止,拒绝接受,家长不要认为这是孩子在无理取闹,那是对“完整”的敏感感受,孩子认为事物的完整感觉被我们破坏了。

人际关系敏感期(3—5 岁),交往的初期是从交换食物和玩具开始的,继而发展到出现相同的爱好和兴趣,产生友谊。人际关系是人与生俱来的智能,家长不要刻意地干预孩子,这是一个自然发展的过程。

数学、符号与自然敏感期(4—5 岁),这一时期的孩子,对数字、数量及数字符号等数学概念的兴趣突然增加,开始问一些简单的加法和排序等问题。男生对昆虫特别感兴趣,女生喜欢收集树叶、花朵之类的东西。这是一个自然出现的过程,我们只要用实物帮助孩子建立起数学逻辑,就会让孩子的数学学习系统受益,并且对财商有很大帮助。

身份确认敏感期(4—5 岁),“我是公主”“我是超人”“我是警察”“我是孙悟空”……孩子通过他们理想中的人物来确认自己和建构自己,不断地探索和体验“我是谁”的角色。

性别和出生敏感期(4—5 岁),孩子这个时候开始区别男孩和女孩的身体差别,他们开始观察每一个能观察到的人,同时会问“妈妈,我是从哪里来的”这样的问题。面对孩子的问题我们不要搪塞和回避,要用科学的语言和立场来正面回答。这时候孩子的问题比在孩子青春期时更容易回答,父母与孩子之间也更容易沟通,并且孩子从小就了解这些科学,更有利于孩子身心的健康成长。

同性恋、变性想法等可能产生于更早的时间,与父母及环境因素等相关,但性别和出生敏感期是矫正这些问题的最佳时段。男生偏向于喜欢塑胶等具有男性气质象征的玩具,而女生比较偏向于喜欢毛绒等玩具。

情感敏感期(4—6 岁),此阶段的孩子更需要陪伴、安慰,大人需要增加与孩子的沟通交流时间,以满足孩子的情感需求,逐步解除孩子对妈妈的情感依恋,建立合适的亲子界限,并平衡好孩子内在男性能量与女性能量之间的关系,这有利于健全人格的培养。

情感的陪伴可以防止孩子情感停留在某一个阶段和时期,比如很多孩子长大成人后还特别迷恋儿童动画片,不喜欢成人影视等,就是这一时期出现了问题。

婚姻敏感期(4—6 岁),此阶段的孩子常常会说一些奇怪的话:我要和爸爸(妈妈)结婚、我要和某老师结婚等,通过这些现象,我们就能判断孩子进入了婚姻敏感期。如今电视信息发达,电视剧情里常有结婚、接吻的动作,这些信息会引发孩子的思考。这一阶段的关键是认识人与人之间的其他关系,如规则关系、亲密关系等,从而了解婚姻关系。大人不要回避,要科学地回答孩子的问题,与孩子正面沟通与讨论。

舞蹈、音乐和绘画敏感期(1.5—6 岁),这一时期的孩子,听到音乐就想扭动身子,还有模有样的,这是孩子对音乐和舞蹈的敏感。绘画是孩子天生的语言形式,老师教的是启发和规则等,孩子本身的思维能力不是教出来的,所以给孩子提供一个良好的艺术环境至关重要,把孩子对绘画表现出的痴迷和创作潜力带到对自然的观察中去,从而实现自由创作。

学习勤奋期(7—12 岁),此阶段的孩子会专注于学习,把勤奋学习当作自己的主要任务目标,克服自卑。

青春期敏感(12—18 岁),青春期的敏感主要是身体发育的逐步成熟。按照生物学的发展规律,人一到青春期,随着内分泌激素的分泌增多,开始出现性欲和对性问题的关心,这是十分自然的。相反,由于先天或后天内分泌的紊乱等原因,可致性器官发育异常,或由于社会、家庭的教养不当,也可致性心理发展失调或变态,青春期的性敏感就属其中之一。

亲密敏感期(18—25 岁),这一阶段的主要任务是获得亲密感,避免孤独感。

繁衍敏感期(25—50 岁),这个时期的主要任务是获得繁衍感,避免停滞感。

完善敏感期(50 岁以上),这个时期的主要任务是获得完善感,避免失望或厌恶感。

二、敏感过度、敏感迟滞与人体生命科学

有的人嗅觉非常灵敏,有的人听觉非常灵敏,有的人味觉非常灵敏,有的人视觉非常灵敏……这是某一感知觉比较发达,接近边缘值的情况。

有的人要大声说话才能听到,有的人对味道的反应很慢……除了器质性病变外,这就是敏感过度或敏感迟滞造成的。

6Q 有着平衡与发展人体生命科学的作用,能够结合个体的正常成长发育过程匹配各种优质敏感资源,抑制各种敏感过度或敏感迟滞现象,提高个体的综合素质能力水平。敏

感过度与敏感迟滞现象,非器质病变的情况下如果得到及时的调整与处理,可以获得自动缓解甚至修复。

6Q 追求六商的科学匹配与融合,同时使身体内部各器官之间的工作和谐与平衡。在个体收获综合素质水平提高的同时,身体也趋于和谐健康状态,从而减少疾病的发生。健康长寿是 6Q 馈赠给个体生命科学的又一礼物。

科学实验证明,通过对某些器官进行针对性的科学、专业的训练,可以让个体在这些器官方面表现出超出常人的能力。比如气功、杂技、瑜伽等。

人体生命科学是有针对性地、科学地协调个体的 6Q 发展,尊重生命科学发展的规律,注重综合发展、合理潜能开发,与诸如耳朵识字、气功隔空砸人等所谓特异功能的伪科学有着本质的区别。

三、敏感处理循环:SACC 循环

"SACC 循环"(见图 2-6),又叫"敏感处理循环",这是循环处理各种敏感期问题的科学程序。

"SACC"是英语单词"Sensitive"(敏感)、"Adapt"(适应)、"Coordinate"(协调)和"Control"(控制)的首字母组合而成。"SACC 循环"即按照上述排列顺序对各种敏感进行控制处理,不断进行下去的科学程序,包括对敏感行为的确定及敏感行为对现有生活的影响总结。

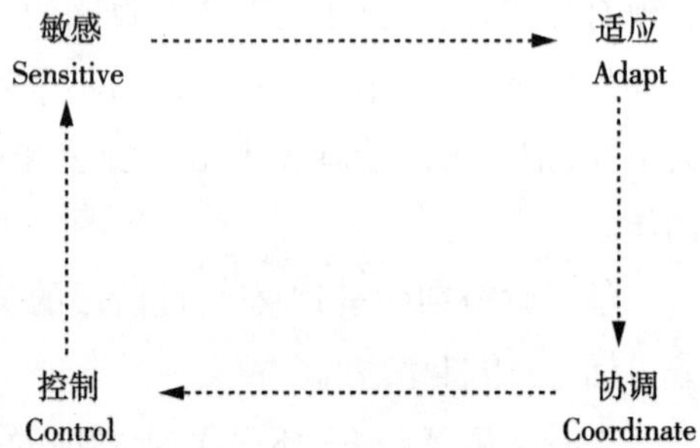

图 2-6　SACC 循环

S 是指大人或教育者发现孩子或学生的敏感行为,希望对此行为进行处理。

A 是指大人或教育者对孩子或学生敏感行为的适应,这是一个短期适应行为。

C 是指大人或教育者协调与孩子或学生的关系,用他们的语言进行有效沟通,使孩子或学生的敏感行为逐步向合理化方向发展,这是一个行为引导的过程。

C 是指通过协调期后,孩子或学生在该敏感行为方面逐步从个人思维框架体系出发,建立起一个相应机制的自我控制程序,从而成长、成熟。

至此,孩子或学生的敏感行为又转入下一个"SACC 循环",新的敏感行为开始出现……

家庭教育讲究循序渐进,父母不要在没有把握的情况下对孩子运用多个"SACC 循环",这会使孩子的注意力分散,事倍功半。

(1)"SACC 循环"容易入门,适合广大家长在被动教育、主动教育和引导教育期培养优秀的孩子,处理的简单过程如上。心理工作者运用的"SACC 循环"深层次技术,在此不作专项介绍。

（2）“SACC 循环”是个体“电生理系统”中的情绪变化与神经系统交融规律，递质流与条件反射“微处理程序”的集合。

① 无数微处理程序的集合，构成了个体生活的“大脑中枢指令、判断、执行等”程序式常态。

② 微处理程序可以通过外因无序建立，也可以通过家长引导建立，还可以通过内因形式来建立。例如，一个多兄妹的 2 岁孩子，家长并没有引导他“延时等待”“手足竞争”“如厕训练”“自己进食”等，可是他都会了。这是因为人类本身就具有很强的生存和适应属性，微处理程序建立过程被我们家长忽略了，但这种程序在多兄妹的模仿与竞争中自动地建立。

当然，现在的独生子女的成长问题就需要家长单独来处理了，不然就可能带来情绪缺失或情绪过当的风险。

（3）“SACC 循环”便于家长在孩子成长的各敏感期采取有针对性的处理方式。例如孩子问到“我是从哪里来的”这一问题时，家长就可以耐心地给孩子讲解从怀孕到生育的简单过程；孩子哭闹不停，家长就可以反复告诉孩子哭闹产生的不良情绪及其导致生病的道理，特别是孩子生病时，家长可以趁机告诉孩子控制情绪以避免生病的常识。

（4）关注孩子成长的各敏感期，家长可提前发现孩子的不良情绪现象，及时处理，以免发生重大隐患。如婴儿期没有依恋情绪，喂奶无表情，不贴妈妈等，有这些表现就要注意孩子是否有“先天性自闭症状”了，这个时候大部分具有此症状的孩子可以通过加强亲子关系而得到缓解。

（5）“SACC 循环”让家长懂得如何与孩子平行沟通，而不是把自己的“思维框架”强加给孩子，让沟通方式变得更加积极有效。训练有素的“SACC 循环”老师，可以通过该技术让孩子的逆反期消失。

教育故事

一个孩子跑到山上，无意间对着山谷喊了一声：“喂……”声音刚落，从四面八方传来了阵阵“喂……”的回声。

大山答应了。孩子很惊讶，又喊了一声：“你是谁？”大山也说：“你是谁？”孩子喊：“为什么不告诉我。”大山也说：“为什么不告诉我。”

孩子忍不住生气了，喊道：“我恨你。”他哪里知道这一喊不得了，整个世界传来的声音都是“我恨你，我恨你……”

孩子哭着跑回家，告诉了妈妈，妈妈对孩子说：“孩子，你回去对大山喊‘我爱你’，试试看结果会怎样，好吗？”

孩子又跑到山上。果然这次孩子被包围在“我——爱——你，我——爱——你……”的回声中。

群山笑了，孩子也笑了。

用适合孩子的方式引导孩子发现并面对敏感期，开发他们的潜能，他们就会绽放！然而，我们总是在抱怨别人的态度太冷漠、情绪太不好，却不知自己是对方一面最好的镜子。想让别人爱你，你得先去爱别人。

（选自雅宁《小故事大道理十年精选》）

任务三　少儿智能发展概述

教学情境

小体今天写字非常心不在焉，妈妈非常耐心地陪伴他3小时了，他才写了10个汉字不到，这让做妈妈的非常恼火，终于忍不住狠狠地揍骂了儿子一顿。儿子受了委屈，也不甘心，爸爸下班刚进屋，儿子就抱住大腿"告状"。小体看着爸爸妈妈在一旁理论，又开始哭叫起来。

小体是男孩，今年刚满5岁，上幼儿园中班。小体家3代单传，全家对小体的教育非常重视，妈妈专职带孩子。看着邻居家5岁女儿，3位数的加减法心算马上就出答案，认识2000多个汉字，书法写得也好，想着自己家儿子不争气，妈妈心中很是无奈。

课堂提问

1. 5岁的小朋友是否有练习写字的必要？这个年龄的主导任务是什么？
2. 小体见爸爸就告状，请分析一下家庭教育中可能存在的一些不合理现象。
3. 如果你是小体的家庭教育顾问，你会给他爸爸妈妈什么样的教育建议？

小组活动

结合皮亚杰认知发展理论和艾里克森人格发展理论，为小体做一份学习智能发展分析报告。

教学评价

填写表2－3。

表2－3　教学评价表

评价者／被评者	个人评价		小组评价		教师评价	
	效果	改进意见	效果	改进意见	效果	改进意见

（续表）

被评者＼评价者	个人评价		小组评价		教师评价	
	效果	改进意见	效果	改进意见	效果	改进意见

知识拓展

一、学习智能发展概述

（一）生理年龄、心理年龄和学习年龄

生理年龄是指一个人生理学上的年龄，由具体的出生年月日和时辰决定，代表这个人的生命活力。生理年龄与人的生活方式和健康状况密切相关。心理年龄指依照个体心理活动的健全程度确定的个体年龄，由神经社会功能品质决定，包含注意力、记忆力、观察力、想象力、思维力等。学习年龄是神经系统及神经功能在文化知识和技能诸方面的具体应用过程中，所表现出的由综合能力程度确定的个体年龄。

人出生后，生理年龄由时间循环支配，与其他因素无关。心理年龄需要生理年龄作为参照物，考量个体的神经社会功能发展情况。通常情况下，少儿女生的心理年龄略高于同龄少儿男生。生理年龄与心理年龄是否匹配发展，对学习年龄的影响极大，三种年龄的匹配发展，是自主发展、社会参与和文化学习的重要基础。

生理年龄、心理年龄和学习年龄不匹配发展，有如下情况发生：

（1）生理年龄与心理年龄发展不匹配。自闭症和多动症少儿，因为大脑神经系统发育不良，生理年龄自然发展，心理年龄发展滞后。

（2）生理年龄、心理年龄和学习年龄发展不匹配。有的小朋友非常聪明，社会交往也非常优秀，就是学习不好，一谈学习就头痛，社会称之为“熊孩子”，这是学习年龄滞后的表现；有的小朋友学习成绩非常好，但缺乏朋友，社会交往极少，这是心理年龄滞后的表现。

（二）学习能力的四个层次

IQ 决定了人的学习能力，学习能力可分为四个层次（见图 2－7）。

(1) 模仿式学习,是人类最基本的学习能力。自闭症儿童多数模仿能力弱,表现为学习能力低下。

(2) 吸收式学习,是建立在模仿式学习基础上的学习能力,处于学习能力的第二个层次。该能力表现突出的少儿,学习轻松、考试成绩排在班级前列。

(3) 转化式学习,是建立在模仿和吸收两个能力之上的第三个学习能力层次。我们发现一个特别有趣的现象,就是班上学习成绩特别冒尖的学生,与班上学习成绩并不优秀的学生相比较,在步入社会后,学习好的学生的社会生存与适应能力却没有学习成绩比较差的学生好,这是为什么呢?原来,有的学生吸收能力很强,但只表现出机械性的吸收,自己没有学习体系,也不能把吸收到的知识纳入自己的知识体系中,就像电脑硬盘一样只是机械地存储和取用,缺乏知识的创新能力。反之,班级上学习成绩并不优秀的学生,他们非常注重转化和创新,学习的东西不多,但善于把学习的知识应用于实践中,形成知识的再加工过程。因此,从小培养少儿的"理论知识与实践"相互转化的综合实践能力,是提升其职业能力的关键。

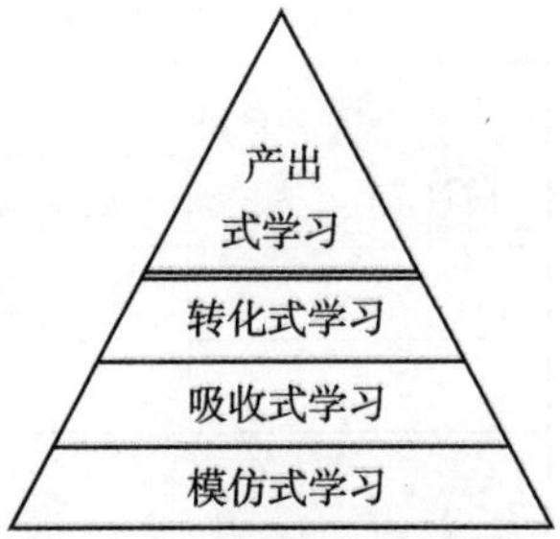

图 2-7　学习能力金字塔

(4) 产出式学习,是学习能力的第四个层次,也叫产出能力或生产能力。如何把实验成果转化为生产力,这是成功的关键;产出,需要知识产权体系的建立,获得产权的保护。

(三) 皮亚杰认知发展理论

皮亚杰把少儿的认知发展分为四个阶段:

1. 感知运动阶段(0—2 岁)

这一阶段是儿童智力发展的萌芽阶段。在这一阶段,儿童只能依靠感知和动作来适应外界环境。

2. 前运算阶段(2—6、7 岁)

这一阶段有如下特点:

(1) 泛灵论。儿童无法区别有生命和无生命的事物,常把人的意识动机、意向推广到无生命的事物上。

(2) 自我中心主义。儿童缺乏观点采择能力,只从自己的观点看待世界,难以认识他人的观点。

(3) 不能理顺整体和部分的关系,皮亚杰称之为缺乏层级类概念(类包含关系)。

(4) 思维的不可逆性。

(5) 缺乏守恒。

3. 具体运算阶段(6、7—11、12 岁)

在本阶段内,儿童的认知结构由前运算阶段的表象图式演化为运算图式。具体运算思维的特点表现为具有守恒性、脱自我中心性和可逆性。

4. 形式运算阶段（11、12 岁及以后）

这个时期，儿童思维发展到抽象逻辑推理水平。思维特点如下：

（1）思维形式摆脱思维内容。

（2）进行假设—演绎推理。

（四）艾里克森人格发展八阶段理论

1. 婴儿前期（0—1.5 岁）：基本信任和不信任的心理冲突

这一阶段的主要发展任务是获得信任感，克服怀疑感；良好的人格特征是希望品质。

2. 婴儿后期（1.5—3 岁）：自主与害羞（或怀疑）的冲突

这一阶段的主要发展任务是获得自主感，克服羞耻感；良好的人格特征是意志品质。

3. 幼儿期（3—6 岁）：主动对内疚的冲突

这一阶段的主要发展任务是获得主动感，克服内疚感；良好的人格特征是目标品质。

4. 童年期（6—12 岁）：勤奋对自卑的冲突

这一阶段的主要发展任务是获得勤奋感，克服自卑感；良好的人格特征是能力品质。

5. 青少年期（12—18 岁）：自我同一性和角色混乱的冲突

这一阶段的主要发展任务是形成角色的同一性，防止角色混乱；良好的人格特征是诚实品质。

6. 成年早期（18—25 岁）：亲密对孤独的冲突

这一阶段的主要发展任务是获得亲密感，避免孤独感；良好的人格特征是爱的品格。

7. 成年中期（25—65 岁）：繁衍对自我专注的冲突

这一阶段的主要发展任务是获得繁衍感，避免停滞感；良好的人格特征是关心品质。

8. 成年后期（65 岁以上）：自我调整与绝望期的冲突

这一阶段的主要任务是获得完善感，避免失望或厌恶感；良好的人格特征是智慧、贤明品质。

二、少儿神经心理发育与测验方法

少儿生长发育包括体格生长和神经心理行为发育，体格生长包括身高、体重、头围、牙齿等方面，神经心理行为发育包括感觉、大运动、精细动作、语言表达和社会适应性等方面。每个孩子的生长和发育水平基本同步，但有的孩子在一些方面呈现出一定范围的超前和落后。

（一）少儿早期发展促进指导

（1）大运动。大运动指人体姿势和全身活动，如坐、爬、站、走、跑、跳等，这些动作按一定的顺序出现。正常的孩子 2 个月可以俯卧抬头，3 个月开始翻身，6 个月能够坐，7 个月可来回翻身，8 个月可以爬行，1 周岁时学会独自走路，18 个月可以自己扶墙上下台阶，

2 岁以后进行跑、双脚跳、扔球和踢球等活动。

（2）精细动作。儿童手和手指的运动，以及手眼协调操作物体的能力，我们称为精细动作，诸如拿糖果、捏小米花、握笔绘画、穿串珠等。5 个月可以让孩子练习伸手抓面前的玩具，6 个月可以练习两手传递玩具，10 个月可以指引孩子捡豆子，1 岁可以练习搭积木，2 岁可以学习穿珠子、扣纽扣等。

（3）语言。正常儿童语言的发展经过发音、理解和表述三个阶段。1 岁前的婴儿主要是咿呀学语和初步理解阶段；1 岁后开始学说话，有意识地叫爸爸、妈妈等家庭成员；2 岁后可以说几个简单的句子，或唱一些简短的歌谣；3 岁左右的幼儿基本能掌握母语的全部发音，词汇量增加到 1000 个左右。

（二）常用的儿童神经心理行为发育测验方法

1. **丹佛发育筛查测验**（DDST）

（1）目的：发现 2 个月至 6 岁儿童智力发育的问题，筛查是否有精神发育迟缓等问题。

（2）内容：共 105 项测试项目，分为个人社会技能、精细运动与适应性动作、粗大运动和言语等 4 个能区。个人社会技能测查人际关系和自我帮助行为，精细运动与适应性动作测查儿童手眼协调等运动能力，粗大运动测查儿童坐立、行走和跳跃等能力，言语测查儿童的言语和接受表达功能。

（3）评分与结果：DDST 的每个项目按通过（P）和不能通过（F）二级评分，也有不合作（R）和无机会完成（NO），但“R”和“NO”在计算总分时不考虑。将各能区的通过项目数累加，判断少儿智力发育属“正常”、“可疑”或“异常”；可疑或异常者应复测 1 次，结果仍不好的再用诊断法测查。DDST 需时 10 ~ 30 分钟，4 个能区共 12 项，12 项全部通过视为正常，若未全部通过则可按上述方法进一步测查。

（4）特点：DDST 为个别实施的测验，容易掌握，评分和解释方便，需要时间短，可作为精神发育迟缓的复查工具，适合一般医务人员和保健工作者使用。

2. **图片词汇测验**（PPVT）

（1）目的：评估 2.5 岁幼儿至 18 岁青少年词汇能力，预测智力水平。

（2）内容：测验由 120 张图片组成，每张图片上有 4 幅不同的画，每组图片按所表达词义由易到难排列；主试者读其中的一个词，要求被试者指出其相应的那幅画。

（3）评分与结果：根据每张图片的应答正确与否评分，答对 1 张计 1 分；测到连续 8 张中有 6 张答错为止。将答对的分数相加得粗分，再将粗分换算成标准分（100 分为均数，15 为标准差），此分数的意义与智商相似，可根据此分数的高低评估儿童智力水平。

（4）特点：此测验属于一般智力筛查，需要 15 分钟左右可完成，因其不用操作和语言，故适用于某些特殊情况，如言语障碍、胆小、注意力易分散等儿童；此测验结果不能全面反映智力水平，主要侧重语言智力。

3. 学前儿童能力筛查（简称“50 项”）

（1）目的：可了解儿童一般智力发育，亦可作为儿童能否入学的参考。

（2）内容：50 项分为问题和操作两大类共 50 项测验题。A. 自我认识能力 13 项——指出身体部位，说明姓名、家庭地址等；B. 运动能力 13 项——独脚站、并足跳、穿衣裤、打活结、用筷子等；C. 记忆能力 4 项——复述数字、句子、故事内容等；D. 观察能力 6 项——指出图画缺损部分；E. 思维能力 9 项——左右概念、日期概念、三件事物联系等；F. 常识 5 项——认识颜色 、指出动物名称和食物来源等。

（3）评分与结果：根据答案的正确与否给以计分，每题答案正确给 1 分，将所得的总分对照表格得出 IQ 值，以此评估儿童智力正常（可入学）、异常（不能入学）或可疑（基本可入学）。

（4）特点：本测验适用于 4—7 岁幼儿，一般 20 ~ 25 分钟可以完成；测验项目简单易行，评分标准容易掌握，有较好的信度与效度，可供儿童保健医师和幼儿教育工作者使用。

三、少儿主要学习能力的发展

（一）婴儿以发展语言能力为主要任务

语言是一种社会现象，是以语音或文字为物质外壳，以词为基本单位，以语法为构造规则的符号系统，是在人们相互交际的社会生活需要的基础上产生的，它随着社会的产生而产生，随着社会的发展而发展。语言能力是人类区别于其他动物的重要工具，3 岁前的孩子，语言的理解和表达是其主要学习任务之一。

（二）游戏是幼儿期的主导活动

幼儿的游戏主导着他们的认知和社会性发展，该时期的各种学习是通过游戏活动进行的，游戏对幼儿期心理发展有着重要意义，是幼儿教育的最佳途径。

幼儿期游戏突破了婴儿期的机能游戏，不再是重复简单的动作和活动，而是进入象征性游戏阶段，是通过想象建构虚假情境的创造性活动。幼儿期游戏还难以按照游戏规则来进行，多数孩子不能操作规则性游戏，儿童期以后则以规则性游戏为主。

幼儿象征性游戏的特点：

（1）以主题游戏为主，植入情境活动、角色分工，是幼儿的物质、精神、文化和社会活动。

（2）通过想象建构虚假游戏情境，逐步减弱孩子对真实情境的依赖性，从而进行创造性活动。

（3）运用与现实物相近的代替物来表征现实物，进行假装游戏。

（4）游戏的动机重在活动过程，而不在乎游戏的结果。

(5) 游戏中富有创造性,可激发幼儿的创造性想象,提升他们思考解决问题的能力。

(三) 文化学习是小学儿童阶段的主导活动

(1) 突破“二次元现象”,使幼儿园与小学无缝对接。

幼儿阶段的思维方式主要是具象思维,即把情境或图像转为语言表达。这一阶段是以动漫、游戏、漫画、绘本等产品为主要学习工具,这些产品的特征就是增强现实感和具象思维。

进入小学阶段,文字是儿童学习的重要工具,应突破“二次元现象”,培养“把文字转化为图像”的学习能力。伴随着生理年龄的发展,9 岁左右儿童思维转型,这一时期培养其抽象思维和逻辑推理能力是重要任务。

(2) 小学儿童学习的一般特点:学会学习是小学生最基本的学习任务,其学习逐渐向以掌握间接经验为主,教和学成为师生双向互动的过程,从而促进小学儿童心理积极发展。

(3) 形成新的学习思维结构形式。

① 掌握守恒,并逐步形成守恒概念的推理方式。6—8 岁掌握数概念和长度守恒,7—9 岁掌握液体守恒和物质守恒,9 岁左右掌握面积守恒和重量守恒,11 岁左右掌握容积守恒。

② 脱自我中心。4—7 岁幼儿具有自我中心现象,但这并不是其认知的主要成分;8 岁儿童处于脱自我中心的转折时期;9 岁以后儿童的正确认知结果占主导地位,并基本上摆脱了自我中心的影响。

③ 思维形式的发展主要表现为概括能力的发展,直观形象水平向形象抽象水平发展,再发展出初步的本质抽象水平;词语概念和推理能力获得较大发展,尤其是演绎推理能力、归纳推理能力和类比推理能力的发展。

教育故事

陶行知在育才小学当校长的时候,一次,看到王友用泥块砸自己班上的男生,于是立即制止了他,并令他放学后到校长室去。

放学后,陶行知来到校长室,王友已经等在门口准备挨训了。可一见面,陶行知却掏出一块糖送给他,并说:“这是奖给你的,因为你按时来到这里,而我却迟到了。”王友惊疑地接过糖。随后,陶行知又掏出一块糖放他手里,说:“这块糖也是奖给你的,因为当我不让你再打人时,你立即就住手了,这说明你很尊重我,我应该奖励你。”王友更惊疑了,他眼睛睁得大大的。

陶行知又掏出第三块糖塞到王友手里,说:“我调查过了,你用泥块砸那些男生,是因为他们不守游戏规则,欺负女生;你砸他们,说明你很正直善良,有跟坏人做斗争的勇气,应该奖励你。”王友感动极了,他流着眼泪后悔地说道:“陶……陶校长,你……你打我两下吧! 我错了,我砸的不是坏人,而是自己的同学呀……”

陶行知满意地笑了,他随即掏出第四块糖递过去,说:“为你正确地认识了错误,我再奖给你一块糖，可惜我只有这一块糖了，我的糖发完了，我看我们的谈话也该完了吧！”说完，就走出了校长室。

人都有趋利避害的特性，要使人改错，设法引导、鼓励比指责和严惩更有效果。

（选自雅宁《小故事大道理十年精选》）

任务四　共性化和个性化潜能

教学情境

周六下午，小美妈妈在家等待班主任陈老师来家访。

“小美什么都好，就是学习成绩不好，严重拖累了班级后腿。现在她还小，学习跟不上的话，小升初要考个好学校是很困难的，还有以后中考和高考，学习成绩都是很重要的。我今天过来找你们谈，希望你们找一位优秀老师给小美补课，不知道你们有什么安排？”陈老师开门见山地说明了来意。

“为小美的事情我们伤透了脑筋，什么办法都想过了，就是不管用。陈老师有什么好的建议给我们说说吗？我们愿意请家教。”小美妈妈充满感激地说。

……

小美今年10岁，小学四年级，充满活力，擅长语言表达和人际交往，人长得水灵灵的，画画好、舞蹈好、歌唱得好听，是班里的小明星，就是学成绩一般般，让家长伤透脑筋。她的家庭条件好，爸妈已经为她请过家教，也送到学习机构补课，可是，小美就是不喜欢学习。

课堂提问

1. 如果你是陈老师，这次家访活动会给小美父母什么样的建议？
2. 尝试为小美做一份潜能开发方案。

小组活动

分享与讨论：共性化潜能与个性化潜能的区别是什么？

角色扮演：请在小组合作中展示你自己的个性化潜能。

教学评价

你的优势和劣势：____

____

你所学专业需要哪些专业技能？哪些资格证书？你打算如何学习？

____

教师建议：

知识拓展

一、共性化潜能开发

（一）核心素养培养

1. 修身、齐家和治学，培养全面发展的人

核心素养是以培养“全面发展的人”为核心，分为文化基础、自主发展、社会参与三个方面（见图2－8）。

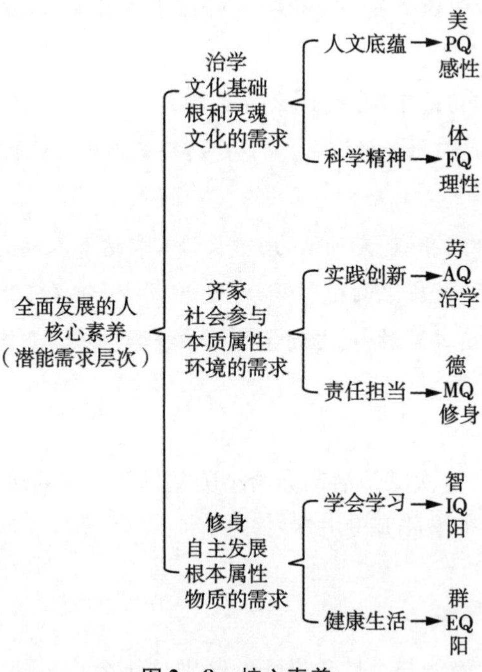

图2－8　核心素养

自主性是人作为主体的根本属性。自主发展重在“修身”，引导学生从自身出发练好基本功，有效地管理自己的学习和生活，认识和发现自我价值，发掘自身潜力，有效应对复杂多变的环境，成就出彩人生，发展成为有明确人生方向、有生活品质的人。

社会性是人的本质属性，社会参与重在“齐家”，家是国、国是家，小家和大家共同构成了社会。“齐家”是指处理好自我与社会的关系，遵守和履行道德准则和行为规范，增强社会责任感和使命感，提升创新实践能力，成为有理想、有信念、勇于担当的时代新人。

文化是人存在的根和魂，文化基础是强调“治学”，强调文化教育对于人的潜能发展

的重要性。应学会人文、科学等各领域的知识和技能，掌握并运用人类优秀智慧成果，打好深厚的文化基础，建设个人的文化体系，塑造个人品牌，成为有更高精神追求的人。

2. 六大素养与 6Q 潜能

学生发展核心素养，主要指学生应具备的、能够适应终身发展和社会发展需要的必备品格和关键能力。综合表现为责任担当、学会学习、健康生活、科学精神、人文底蕴、实践创新六大素养，具体细化为十八个基本要点。

（1）责任担当。MQ，国学潜能。责任担当是我国的优良文化传统，在这里指学生在处理与社会、国家、国际等关系方面所形成的情感态度、价值取向和行为方式。

该素养包括社会责任、国家认同、国际理解等基本要点。

A. 社会责任。自尊自律，孝亲敬长，宽和待人，文明礼貌，诚信友善，常存感恩之心；热心公益服务，主动作为，敬业奉献，履职尽责，对自我和他人负责，有团队意识和互助精神；明辨是非，有规则与法律意识，崇尚自由与平等，积极维护社会公平正义；热爱并尊重自然，遵守绿色生活方式和可持续发展理念及行动等。

B. 国家认同。热爱祖国，有国家意识，了解国情历史并认同国民身份，自觉捍卫国家主权、尊严和利益；尊重中华民族的优秀文明成果，具有文化自信，积极开发国学潜能；热爱党、拥护党的意识和行动；理解、接受并自觉践行社会主义核心价值观。

C. 国际理解。尊重世界多元文化的多样性和差异性，积极参与跨文化交流，有全球意识和开放的心态，善于了解人类文明进程和世界发展动态；关注人类面临的全球性挑战，拥护世界和平，理解人类命运共同体的内涵与价值等。

（2）学会学习。IQ，学习潜能，这里指学生在学习意识形成、学习方式方法选择、学习进程评估调控等方面的综合表现。

该素养包括乐学善学、勤于反思、信息意识等基本要点。

A. 乐学善学。能养成良好的学习习惯，有积极的学习态度和浓厚的学习兴趣，正确认识和理解学习的价值，探索适合自身的学习方法；自主学习，培养终身学习的意识和能力等。

B. 勤于反思。根据不同情境和自身实际，选择或调整学习策略和方法，有对自己的学习状态进行审视的意识和习惯，善于总结经验等。

C. 信息意识。自觉、有效地收集、评估、鉴别、使用信息，具有数字化生存能力，主动适应“互联网 +”等社会信息化发展趋势，自觉遵守网络伦理道德并维护信息安全等。

（3）健康生活。EQ，教育潜能，这里指学生在认识自我、发展身心、规划人生等方面的综合表现。

该素养包括珍爱生命、健全人格、自我管理等基本要点。

A. 珍爱生命。理解生命意义和人生价值，养成健康文明的行为习惯和生活方式；具有安全意识与自我保护能力，学习并掌握适合自身的运动方法和技能等。

B. 健全人格。能调节和管理自己的情绪，自信自爱，坚韧乐观，有自制力、抗挫折能力等积极的心理品质。

C. 自我管理。合理分配和使用时间与精力，依据自身个性和潜质选择适合的发展方向，正确认识与评估自我，具有达成目标的持续行动力等。

（4）科学精神。FQ，科学潜能，这里指学生在学习、理解、运用科学知识和技能等方面所形成的价值标准、思维方式和行为表现。

该素养包括理性思维、批判质疑、勇于探究等基本要点。

A. 理性思维。尊重事实和证据，有实证意识和严谨的求知态度；崇尚真知，能理解和掌握基本的科学原理和方法；逻辑清晰，擅长运用科学的思维方式认识事物、解决问题、指导行为等。

B. 批判质疑。能独立思考、思维缜密，能独立判断，具有问题意识，能多角度、辩证地分析问题并做出选择和决定等。

C. 勇于探究。具有好奇心和想象力，敢于大胆尝试，能不畏困难，积极寻求有效的问题解决方法，有坚持不懈的探索精神等。

（5）人文底蕴。PQ，艺术潜能，这里指学生在学习、理解、运用人文领域知识和技能等方面所形成的基本能力、情感态度和价值取向。

该素养包括人文积淀、人文情怀和审美情趣等基本要点。

A. 人文积淀。能理解和掌握人文思想中所蕴含的认识方法和实践方法，善于积累古今中外人文领域基本知识和成果等。

B. 人文情怀。能关切人的生存、发展和幸福，有以人为本的意识，尊重并维护他人的尊严和价值等。

C. 审美情趣。具有发现、感知、欣赏、评价美的意识和基本能力，善于积累艺术知识、技能与方法；能理解和尊重文化艺术的多样性，有健康的审美价值取向；有艺术表达和创意表现的兴趣和意识，乐于在生活中拓展和升华艺术美等。

（6）实践创新。AQ，综合实践，这里指学生在日常活动、问题解决、适应挑战等方面所形成的实践能力、创新意识和行为表现。

该素养包括劳动意识、问题解决、技术应用等基本要点。

A. 劳动意识。尊重劳动和他人的劳动成果，有积极的劳动态度和良好的劳动习惯；主动参加家务劳动、生产劳动、公益活动和社会实践劳动；掌握一定的劳动技能，并具备动手操作能力，以及通过改进和创新的劳动方式来提高劳动效率的意识等。

B. 问题解决。善于发现和提出问题，有解决问题的兴趣和热情；能依据特定情境和具体条件来选择合理的解决方案，能适应复杂的环境，并具有在复杂环境中行动的能力等。

C. 技术应用。有学习掌握技术的兴趣和意愿，善于思考技术与人类文明的本质关系;有工程思维意识,善于将创意和方案转化为具体实物,或对已有物品进行改良等。

(二)职业核心能力培养

职业核心能力是人们职业生涯中除岗位专业能力之外的基本能力,它适用于各种职业,是伴随终身的可持续发展、可转移的能力。

1. 基础核心能力

(1) 职业沟通能力:通过专业训练,提高个体理解别人的能力以及提高别人理解自己的可能性。

(2) 团队合作能力:通过专业的职业潜能训练,帮助准职业人提高团队合作意识,并自觉建立团队合作目标,为团队负责。

(3) 自我管理能力:了解专业对应职业群的职业要求,了解个人的职业个性,并且树立远大的职业理想,做好职业生涯规划。

2. 拓展核心能力

(1) 解决问题能力:这是完成工作的基本能力。通过训练,掌握分析问题的基本方法,找到解决问题的方法,克服困难,解决问题。

(2) 信息处理能力:作为现代人才,必须掌握计划、总结、调查报告、产品说明等写作技巧,必须掌握计算机操作及日常商务活动基本操作规范。

(3) 创新创业能力:通过专业的课程培养,指导学生积极参与社会实践活动,建立创业项目,并以专业为依托,以项目和社团为组织形式来激发大学生的创新思维。

3. 延伸核心能力

延伸核心能力就是领导力、执行力、个人与团队管理、礼仪训练、五常管理、心理素质等。

其中,五常管理就是常组织、常整顿、常清洁、常规范、常自律。它的最大特点就是将高深的现代企业管理理论变成简单易行的行动,把繁杂的规章制度变成员工的习惯,把培训做到每个岗位工作现场,把标准落实到每一个细节。

潜能开发可以帮助即将踏入工作岗位的准职业人按照对应的指标进行精准训练和培养,可以帮助企业选择人才,实现人才培养和人才管理无缝对接。

二、个性化职业技能培养

(一)专业技能培养的内涵

所谓专业,是指高等院校或者职业类学校根据学科的分类或生产部门的分工把学业分成各种门类。这些专业的设置与国家产业、职业的分类相适应,符合国家对教育人才的培养规格,具有现实性,也有前瞻性。专业技能培养包含专业理论知识培养和专业技能培养两方面。

国家产业是国家经济部门按照国民经济产业结构进行划分的，通常分为三大产业，即我们所了解的第一产业、第二产业和第三产业。第一产业是农、牧、渔、林业等直接以自然物为对象的生产部门，是衣食的主要来源，属于人类生存之本；第二产业是采矿业、制造业和建筑业等，是国民经济的命脉；第三产业是除第一第二产业外的所有行业，又称作服务行业，是拥有一定的物质技术设备，为生活和生产服务的各种行业的总称。第三产业虽然不直接参与物资生产，但它可以促进整个社会经济的发展，具体分为四个层次：第一个层次是流通部门，包括商业、饮食业、交通通讯业、物质供销和仓储业；第二个层次是为生活和生产服务的部门，包括金融、保险、房地产、物业及旅游业等；第三个层次是为提高科学技术水平和居民素质服务的部门，包括科教、传媒、文化、体育等行业；第四个是为社会公共需要服务的部门，包括咨询、法律、社会福利等。

每个专业都有自己特定的培养目标，相应设置相关的课程和技能标准。比如电子商务专业，培养目标是培养具有扎实的经济与管理理论基础，掌握信息科学技术与手段，具备使用现代信息技术开展商务活动的能力，从事现代电子商务运作与管理的高素质复合型人才。要求学生系统掌握现代信息技术、经济管理理论与方法，学习现代商贸理论与实务以及网络营销理论与实务，掌握电子商务系统的分析、设计、实现和评价技术，了解从事电子商务的相关法律，具有高度的竞争意识、创新能力和较强的电子商务应用能力。

为了达到专业的培养目标和技能标准，必须设置与电子商务专业对应的课程：经济学、管理学原理、网络经济学、计算机网络与组网技术、电子商务概论、电子商务网站建设、网络营销学、电子商务物流管理、网络银行与电子支付、电子商务安全、电子商务系统分析与设计、电子商务法律、面向对象的程序设计、数据库原理与应用等。

再如，你选择就读机械制造及自动化专业，那么你将可能成为具备机械设计及制造的基础知识与应用能力，能在工业生产第一线从事机械工程领域内的设计、制造、科技开发、应用研究、运行管理和经营销售等方面工作的高级工程技术人才。为了实现自己的专业理想，你需要认真学习专业的主要课程，如工程力学、机械设计、机械原理、电工与电子技术、微机原理及接口技术、工程材料及成型技术基础、机械制造技术、现代测试技术、机械 CAD 技术、机电传动与控制、计算机控制技术等。具体而言，所有专业技能培养有以下作用：

1. 提高职业能力

一个专业对应一个职业群，分为横向发展和纵向发展两类职业群。比如，经过专业培养，一个电子商务专业毕业的学生可以选择横向发展，如从事网站开发、网络管理、网络销售、网络推广等方面的工作，也可以根据个人的特长，选择行政助理、文员、业务员等方面的工作，还可以选择纵向发展的职业群，如电子商务员、助理电子商务师、电子商务师、高级电子商务师等。再如，机械制造及自动化专业的毕业生横向发展的职业群有到相关的科研院所、大中型企业、公司、中高等院校从事机电产品的现代化设计、制造、控制及经营、管理和教学方面的工作，纵向发展职业群是晋升为专业或专业相关的中高级技术人员或者管理人员。

专业培养是提高个人职业能力的有效途径，更是学生职业发展必不可少的途径，因此，学好专业知识和专业技能是我们顺利就业的必备条件，学不好专业，没有掌握一技之长，就无法胜任任何工作。尤其是科技发展的今天，没有技能，生存都存在困难，别说求发展、实现个人的价值了。

2. **培养职业素质**

职业素质是指劳动者在一定的生理和心理条件的基础上，通过教育、劳动实践和自我修养等途径而形成和发展起来的，在职业活动中发挥重要作用的内在基本品质。因此，专业培养不仅仅停留在理论知识和专业技能两个方面，还需要加强思想政治素质、职业道德素质、科学文化素质、身体素质和心理素质等方面的培养。专业培养过程中，除了专业课程外，各学校还设置了其他必要的课程，促进学生全面发展，最终实现德、智、体、美、劳等全面发展的人才培养目标。

（二）国家职业资格证、技能证的种类

国家职业资格证的种类繁多（见图 2－9）。资格证书由中华人民共和国人力资源和社会保障部印制，而不是受委托的行业协会或部门印制。报考国家职业资格证书的考试站点必须是经过审批的职业技能鉴定站（点），需要特别注意所发放的证书上是否印有国徽标志，是否盖有中华人民共和国人力资源和社会保障部印章以及职业技能鉴定（指导）中心印章。国家职业资格证书分为五级（初级）、四级（中级）、三级（高级）、二级（技师）、一级（高级技师）五个等级。所有证书可上网查询或到当地发证机关核查。全国执（职）业资格证书查询网：http://www.cnosta.org。

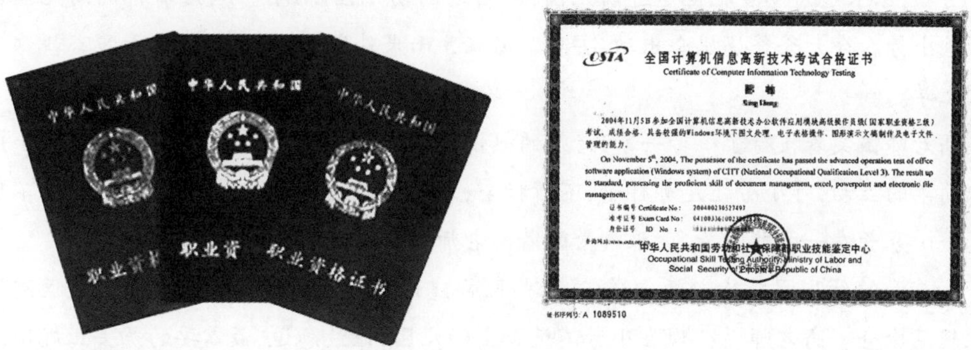

图 2－9　国家职业资格证书

教育故事》

著名成功学家拿破仑·希尔从小被认定是一个坏孩子。母牛走失了，树莫名其妙被砍倒了，每个人都认定是他干的。甚至父亲和哥哥都认为他很坏。人们都认为他母亲死了，没

有人管教是他变坏的主要原因。既然大家都这么认为,他也就无所谓了。

有一天,父亲说要再婚。大家都担心继母对拿破仑·希尔的管教会使他的脾性更坏,希尔自己也打定主意,根本不把继母放在眼里。

陌生的女人终于走进家门,她走到每个房间,愉快地向每个人打招呼。当走到希尔面前时,希尔像枪杆一样站得笔直,双手叉在胸前,冷漠地瞪着她,一丝欢迎的意思也没有。

"这就是拿破仑,"父亲介绍说,"全家最坏的孩子。"

令希尔永生难忘的是继母当时所说的话。她把手放在希尔肩上,看着他,眼里闪烁着光芒。"最坏的孩子?"她说,"一点也不,他是全家最聪明的孩子,我们要把他的本性诱导出来。"

继母造就了拿破仑·希尔,她相信他是个好孩子。一个继母对一个孩子有这种信心,那为拿破·希尔后来的成功奠定了多么深厚的基础啊!

抱怨一个孩子,孩子就可能自暴自弃,向大人抱怨的方向发展;赏识一个孩子,孩子会心存感激,心生希望,同样会朝着大人赏识的方向发展自己。小孩子如此,大人又何尝不是如此呢?

(选自雅宁《小故事大道理十年精选》)

任务五　自闭症

教学情境

9 月开学季,学校忙碌着招生,家长忙碌着把孩子送进理想中的学校。小劳是一名 3 岁半男孩,家长也着急要把他送进幼儿园,可附近的幼儿园都跑遍了,没有哪间幼儿园愿意接收小劳。今天爸爸妈妈全出动,去到距离家 5 千米外的地方碰碰运气,看能否找到幼儿园上学。

高老师微笑着接待了小劳一家,老师的热情让家长感受到温暖。随后,高老师跟小朋友做简单的互动,可小劳还是那样子,不听指令,喜欢跑圈,爱看转动的物体,不交流,不理睬人……家长在一旁非常着急,眼睛紧盯着高老师。

和前面的幼儿园接待老师一样,高老师同样建议家长立即带小劳去国家正规医院做一次规范检查。高老师说:"现在小劳不适合上幼儿园,他最急迫、最需要的是去正规医院做诊断,然后找一家适合他的机构做康复训练。"

小劳的父母不愿意带儿子去医院做检查,他们还没有做好心理准备,他们不想面对检查的结果,从而把希望寄托到幼儿园,期望通过在幼儿园学习,改变小劳现在的状态。现在幼儿园的路子突然断裂,他们不得不带孩子到医院检查,结果显示小劳为自闭症谱系障碍。

课堂提问

1. 请你分析小劳父母复杂的心态。
2. 如果你是高老师，见到小劳后，你会跟小劳做哪些互动？
3. 自闭症儿童有哪些具体表现和共患病？

小组活动

请采取角色扮演法，分小组编排一段关于自闭症儿童科普的舞台剧。

教学评价

填写表 2－4。

表 2－4　教学评价表

评价者 扮演者	个人评价		小组评价		教师评价	
	效果	改进意见	效果	改进意见	效果	改进意见

知识拓展

一、自闭症儿童简介

（一）自闭症儿童的定义及其表现

自闭症也叫孤独症，是一种广泛性神经系统发育不良，以男性多见，起病于婴幼儿期，主要表现为不同程度的言语发育障碍、人际交往障碍、兴趣范围狭窄和行为模式刻板。在美国，自闭症儿童被称为“雨人”，在中国台湾则被称为“星星的孩子”。

1. 语言与交流障碍

语言与交流障碍是孤独症的重要症状，是大多数儿童就诊的主要原因。语言与交流障碍可以表现为多种形式，多数自闭症儿童有语言发育延迟或障碍，通常在2—3岁时仍然不会说话，或者在正常语言发育后出现语言倒退，在2—3岁以前有表达性语言，随着年龄增长逐渐减少，甚至完全丧失，终身沉默不语或在极少数情况下使用有限的语言。他们对语言的感受和表达运用能力均存在某种程度的障碍。

2. 社会交往障碍

自闭症儿童不能与他人建立正常的人际关系。年幼时即表现出与别人无目光对视，表情贫乏，缺乏期待父母和他人拥抱、爱抚的表情或姿态，也无享受到爱抚时的愉快表情，甚至对父母和别人的拥抱、爱抚予以拒绝。分不清亲疏关系，对待亲人与对待其他人都是同样的态度。不能与父母建立正常的依恋关系，患者与同龄儿童之间难以建立正常的伙伴关系。例如，自闭症儿童在幼儿园多独处，不喜欢与同伴一起玩耍；看见一些儿童在一起兴致勃勃地做游戏时，没有去观看的兴趣或去参与的愿望。

3. 兴趣范围狭窄和刻板的行为模式

自闭症儿童对于正常儿童所热衷的游戏、玩具都不感兴趣，而喜欢玩一些非玩具性的物品，如一个瓶盖，或观察转动的电风扇等，并且可以持续数十分钟甚至几个小时而没有厌倦感。对事物的主要特征不感兴趣，却十分关注非主要特征：他们固执地要求保持日常活动程序不变，如上床睡觉的时间、所盖的被子都要保持不变，外出时要走相同的路线，等等。若这些活动被制止或行为模式被改变，他们会表示出明显的不愉快和焦虑情绪，甚至出现反抗行为。自闭症儿童可能有重复刻板动作，如反复拍手、转圈、用舌舔墙壁、跺脚等。

4. 智能障碍

在自闭症儿童中，智力水平表现很不一致，少数孩子在正常范围，大多数表现为不同程度的智力障碍。国内外研究表明，对自闭症儿童进行智力测验，发现50%左右的自闭症儿童为中度以上的智力缺陷（智商小于50），25%为轻度智力缺陷（智商为50～69），25%智力正常（智商大于70）。智力正常的被称为高功能自闭症。

自闭症儿童主要表现有：不看或少看——缺乏目光对视，“目中无人”；不理或少理——不听指令、不合作、独自嬉玩；不指或少指——无恰当的身体语言，例如手指指物、参照、显示、炫耀、即时模仿、点头；不怕——通常不怕陌生人、没有距离感；不亲或不跟——与父母亲的依恋情感不当、不喜拥抱、喜独自玩耍、常无恰当的微笑；我行我素、自我中心、行为幼稚，似乎知道很多，却爱理不理；不说——不会说话或说话迟（就诊首位原因）；听力正常或敏感，自言自语地说听不懂的语言；无交流意义的语言、电视广告语言；重复、鹦鹉式语言、语言刻板、延迟语言；你我（人称代词）不分；指令性语言、无疑问句和商量语句；滔滔不绝的自我中心言语（阿斯伯格综合征），似乎“不在同一个频道上”。

自闭症儿童的刻板行为：种类繁多，各个儿童不同时期表现不一；刻板动作（看手、转圈、摇晃等）；重复刻板语言，坚持同一性（睡眠、路线、排便、座位），强迫思维（重复问题、难以摆脱的痛苦）；等等。

自闭症儿童的感觉异常：听知觉敏感——喜爱某些声音，对另一些声音特别恐惧，对某些声音无反应；痛觉异常——多不怕痛；视觉异常——对特别图像的喜好或厌恶，喜欢斜视、倒视；本体觉异常——脚尖走路、喜欢坐车、怕坐电梯、喜旋转；味觉和嗅觉异常——偏食、挑食、喜嗅物。

自闭症儿童常常伴有其他疾病：抽动，惊厥癫痫，多动症，情感障碍，抑郁和焦虑，肠道问题，睡眠紊乱，其他挑战行为。

（二）自闭症儿童康复误区

1. 药物依赖

多年来，人们依靠药物治疗进行自闭症儿童康复，但单纯服药只是调理自闭症儿童的神经系统，并不能促进神经功能发展及神经功能应用。单纯服药虽然可能让孩子神经系统快速发育完善，但如果孩子没有接受规范的“潜能开发”尤其是“教育潜能”和“学习潜能”等培训，其学习成绩同样不可能得到提高。事实上，神经类药物并不能让孩子的神经系统快速发育完善，只能起到调理作用，这一点已经有无数的自闭症儿童用“痛苦的经历”验证过了。

因此，单纯服药不是使自闭症儿童康复的有效方法。

2. 短期见效

我们常常听见家长们抱怨：我带孩子进行康复训练一年了，为什么效果不好？综合分析，原因如下：

（1）有的家长不了解康复机构所安排的课程和康复方法是否适合其孩子。

（2）“潜能开发学”是一门新兴的学科，很多自闭症康复机构及康复老师还不具备潜能开发知识，这是当前自闭症儿童康复机构的乱象；少儿在关键时期缺乏科学的潜能开发，因而延误了最佳康复时机。

（3）环境对自闭症儿童的康复起着十分重要的作用，康复机构的康复环境通常是封闭式，这样的环境对自闭症儿童的康复不利。家长盲目地把孩子送到自闭症康复机构，那是对孩子的不负责任，当效果不好时，家长又不停地更换康复机构，加重孩子的问题。

如果我们挑选一些优秀的正常儿童，放到不适合他成长的自闭症儿童康复机构训练一年，这些正常的儿童可能会表现出轻度的自闭症儿童现象。

总之，传统的自闭症康复机构，主要采取感统、ABA 等传统模式，这些机械的训练方法，就算能够把自闭症孩子的神经系统训练到最佳状态，但不进行“教育潜能”和“学习潜能”的针对性开发,孩子同样没有康复的希望。其实,这些机械性的训练无法让这些孩子的智力达到最佳状态。科学的潜能开发,才是使自闭症孩子痊愈的最佳方案。

3. 治标不治本

有的家长问:“我的孩子不会说话,针灸、口腔肌肉训练等方法用尽还是不会说啊。”

我们遇到过很多类似的情况,就是孩子3岁以上还不会说话,家长着急了,就到处寻医,针灸、口腔肌肉训练、在嘴里含冰块等方法用尽了,孩子非但不会说话,有的孩子还患上了严重的癫痫。

自闭症儿童通常听力正常,他们能够明白家长表达的意思,却不会说话。这是大脑神经中枢的问题,不是口腔肌肉的问题,请家长千万不要给小朋友“头部针灸”。我们知道,大脑的神经元突触交错复杂,针灸用的针容易诱发大脑神经元的异常放电,很容易导致孩子癫痫,而癫痫是目前很难根治的疾病。

语言发展期最好是3岁前,不要超过5岁;5岁以上还不会说话的小朋友,康复的难度就会越来越大。科学的潜能开发方法才能真正帮助自闭症儿童,而这种帮助是循序渐进的。

(三)自闭症儿童必须接受潜能开发

不仅仅是自闭症儿童要接受潜能开发,所有人都要进行潜能开发。

我们都具有学会说话的潜能,但如果我们把一个刚出生的正常的婴儿放置到动物群体中,让他们失去了说话的“语言环境”,这个儿童就无法说话,“狼孩”已经证实了这一点!当然,还有其他外语,如果我们不接受相应的训练,就没有相应的外语能力,没有接受过德语训练的中国人,不会说德语,没有经过法语训练的中国人,不会说法语,等等,我们会认同这是正常现象。我们之所以会说话,是因为我们在出生后有了语言环境,家长就在训练我们的语言潜能,使之转化为语言能力,这种转化的过程,就是潜能开发。

潜能开发是培养人的核心素养、职业核心能力及个人职业技能的基本方法,分别从MQ培养责任担当、发展自我管理能力,从IQ培养学会学习、发展解决问题能力,从EQ培养健康生活、发展团队合作能力,从FQ培养科学精神、发展信息处理能力,从PQ培养人文底蕴、发展职业沟通能力,从AQ培养实践创新、发展创新创业能力。6Q的匹配发展,还培养出人的礼仪、个人与团队管理、五常管理、心理平衡、领导力和执行力等重要能力。

自闭症儿童天生神经系统发育不良,当然要接受更多的、科学的、规范的训练。这些训练不断帮助他们提升和成长,直到痊愈和成才。康复中度自闭症儿童时,我们分配教育与训练的比例是6:4,即60%的教育加上40%的训练;对于轻度自闭症儿童,教育比例还需要再提升。

潜能开发是对神经系统、神经功能、神经功能应用进行全面整合,它与医学的区别是不使用药物,与教育学的区别是不做学校类文化知识的系统性传授。心理咨询的过程就是潜能开发的过程。

(四)自闭症少儿进行潜能开发的方法

潜能开发的六大模块,分别是 MQ、IQ、FQ、EQ、PQ、AQ,我们简称为“6Q 潜能”。分别从“德”“智”“体”“群”“美”“劳”等方面全面提升自闭症儿童的综合素质和核心能力,使他们能够正常生活、学习甚至工作。

“穴位对冲平衡法”是启动“IQ 智力”神经系统定向发育和完善的潜能开发技术,该技术入选中山大学潜能开发课程的教材《创新潜能开发研究》,是当前自闭症儿童康复的核心技术。大脑中枢区位的神经系统得不到康复,神经中枢的功能便得不到发挥,我们有针对性地进行“神经系统定向康复”,并让“神经元匹配程序”协调发展,使自闭症儿童获得康复。神经系统本身获得康复,是神经功能获得发展的基础,神经功能的发展是神经功能应用即教育训练得以合理实施的保障,这三者是一体的,不是分离的。“穴位对冲平衡法”不使用药物,安全且效果好。

科学的训练、6Q 潜能培养,是自闭症儿童康复的保障。神经系统好了,并不代表神经功能就好了,所以要通过 EQ、FQ、PQ、AQ 等对神经功能予以提升,同时还要从 MQ 的道德层面来规范自闭症儿童的“行为规范”,从 EQ 方面来规范儿童的“情绪控制能力”,从 AQ 方面来提升儿童的心理弹性,等等,综合性匹配地提升儿童的融合与融入能力,才能让他们真正地独立生活、学习和工作。

二、潜能学在自闭症儿童领域的应用

潜能学是一门新兴学科,如果用电脑来比喻潜能学:人的“神经系统”(生理)等身体相当于电脑的硬件,“神经功能”相当于电脑的操作系统或软件,“神经功能应用”相当于“需要处理资料信息的操作员”。自闭症儿童就相当于硬件配置低的电脑,如果不升级电脑硬件只安装好的操作系统或软件,操作员在处理资料时就会很慢、很卡,所以,对于自闭症儿童来说,既要配置好的电脑硬件(神经系统),也要安装好的操作系统(神经功能:注意力、观察力、想象力、思维力、记忆力等),还要有好的操作员(合理训练是固化及提升智力的有效方式)。

现在您应该明白为什么靠药物治疗、传统训练对自闭症儿童的效果不明显了吧?假设吃药对神经系统的发育有促进作用,但没有相对应的“神经功能”训练和“神经功能应用”训练,康复效果并不明显。因为药物并不能替代“神经功能”训练和“神经功能应用”训练。因此,从这一角度来说,只有科学的潜能开发技术才能有效帮助自闭症儿童。

三、自闭症康复行业的未来

国际对自闭症领域的探索和研究已经有70多年历史，但进展缓慢，成效不大。韩诚从潜能学及潜能开发学的角度出发，在这一领域从事专业研究和探索20余年，在大量的实践中总结出宝贵的经验，成为我国康复中度、重度自闭症儿童的康复专家。

近年来，自闭症发病率呈不断上升的趋势，1对1的康复模式已经无法满足社会的需求，怎么办？2011年年初，我们已经研发出“规模性批量康复自闭症”生产线方案，采用半自动的机器人康复模式，有效地帮助自闭症孩子康复。

“规模性批量康复自闭症”生产线方案的设想主要来自中度与重度自闭症儿童对情感的需求低等特征，并且机器人没有情绪，即不会带来负面情绪，不会给孩子造成二次或多次伤害。

自闭症儿童的康复介入越早越好，只要不拖延时间，对于部分轻度自闭症儿童，孩子的妈妈就是优秀的康复老师。因此，要普及自闭症儿童知识，有必要在幼儿教育专业设置潜能开发专业课程，甚至在小学、中学的“常识”教材中做科普，让学生从小建立起“6Q潜能”及“中医思维”理念，实现“早知道、早干预”。聚是一团火，散是满天星，使幼儿老师、小学生和中学生等成为自闭症儿童科普的种子，能够为提高我国人口质量、传播社会幸福做出重要贡献。

教育故事》

可以肯定地说，如果有一个人有充足的理由去抱怨他的不幸的话，那么这个人就是海伦·凯勒。海伦出生时便聋、哑、盲，她被剥夺了同她周围的人进行正常交流的能力，只有她的触觉能帮助她把手伸给别人，体验爱别人和为他人所爱的幸福。

但是，由于一位虔诚而伟大的教师向海伦伸出了友爱之手，这位既聋、又哑、又盲的小姑娘终于成了一个欢乐、幸福和成绩卓越的人。海伦小姐曾经写道：

任何人出于他的善良的心，说一句有益的话，发出一次愉快的笑，或者为别人铲平粗糙不平的路，这样的人就会感到欢欣是他自身极其亲密的一部分，以致他终身去追求这种欢欣。

你分享给别人的东西越多，你获得的东西就越多。你把幸福分给别人，你的幸福就会更多。海伦·凯勒正是同别人分享了优良而称心的东西，从而使自己得到更大的快慰。

（选自雅宁《小故事大道理十年精选》）

任务六　潜优生融合与融入训练

教学情境

上午10点钟,小群的妈妈正在上班,电话铃响了,是小群的班主任朱老师打来的。小群妈妈预感到孩子又在学校惹事了,赶紧走到门外接听电话。

“小群妈妈您好,您的儿子把小明同学打了,小明头部受伤流了很多血,已经打120救护电话,事情很严重,您赶快过来学校协助处理。”

小群妈妈感到事情的严重性,立即请假,打的前往学校。

小群今年9岁,男孩,三年级学生,聪明多动,常情绪化,情绪易失控且破坏性较大,经常生事、跟同学打架。今天被他打伤的同学叫小明,是一个很乖巧的男孩,路过小群身边不小心碰到了他,被小群解读为故意招惹他,于是他拿起凳子砸向小明头部……小明前额受伤,到医院缝了6针,流了很多血。

课堂提问

1. 如果你是班主任朱老师,如何调解小明和小群的家长?
2. 运用你所学习过的潜能开发知识,为小群做一份“个性化潜能开发方案”。
3. 左右脑不平衡发展的少儿,主要表现出哪些情绪和行为特征?
4. 融合与融入训练课程为什么要分别开设“行为与融合”“社交与情绪”“思维与融合”三门课程?

小组活动

请采用角色扮演法,设计一堂“行为与融合”课程的舞台剧。

教学评价

填写表2-5。

表2-5　教学评价表

评价 表演者	针对性强 (20分)	形式活泼 (10分)	安全性 (30分)	实施效果 (30分)	时间安排合理 (10分)

（续表）

评价 表演者	针对性强（20分）	形式活泼（10分）	安全性（30分）	实施效果（30分）	时间安排合理（10分）

知识拓展

一、潜优生定义及特征

（一）潜优生定义

潜优生是指具有行为习惯不良、情绪不平衡（情绪缺失或情绪过当）、学习偏科等综合素质偏差现象，但潜能很高，在德、智、体、群、美、劳等某些方面尚有巨大提升空间的青少年儿童。

左右脑不平衡发展是出现潜优生现象的温床，左脑或右脑未发挥出应有的平衡及匹配功能，制约了个体综合素质的有效发挥。潜能开发是帮助潜优生进步的有效途径，通过“扬长补短”原则，在保持优势潜能的基础上激活弱势潜能，科学地使个体潜能绽放，助其全面发展并转化为全优生。

有的潜优生是学优生，IQ高、成绩好，可他们不喜欢人际沟通与交往，EQ表现低迷。有的潜优生严重偏科，他们可能十分喜欢文科，而理科成绩一落千丈；有的同学则恰好相反。有的潜优生，其优势潜能藏得很深，根本就没有表现出来。天生就左右脑平衡的人只有极少数，成长过程中保持左右脑平衡发展也是有难度的；左右脑失衡是发展心理学上的一种现象，可以通过科学的潜能开发予以矫正，激活身体巨大的潜能。与潜优生相对应的是全优生，是指MQ、EQ、IQ、FQ、AQ、PQ等6Q潜能全面匹配发展的青少年儿童。

（二）潜优生的特征

大脑分为两个半球，左半球是理智脑，主导IQ的发挥；右半球是情绪脑，主导EQ的发挥。人体的阴阳平衡是中华民族数千年集体智慧的结晶，左右脑不平衡发展不仅影响人的社会功能，而且是造成身心亚健康的重要根源。通过实践总结，我们发现潜优生分别具有以下特征：

1. 左右脑不平衡发展

左右脑不平衡发展是潜优生的最主要特征，轻微者出现学习严重偏科现象，严重者将发展到左右脑失衡，产生精神类障碍或疾病。原本成绩很优秀的青少年儿童，突然间表现出社会退缩、闭门不出等现象，就与左右脑不平衡发展密切相关。家庭不和谐，滥用游戏类电子产品、不良生活习惯、长期情绪过当且得不到合理宣泄等，均是产生左右脑失衡的温床。

2. 易紧张和自卑

这类 EQ 表现低迷的潜优生，他们常处于消极状态，却渴望获得别人的尊重和认可；他们非常担心听到批评或不认可的声音，过于关注这些让他们常常生活在紧张状态。过度的紧张容易出错，出错后可能被批评，不和谐的声音又刺激到他们脆弱的自卑心理，从而形成不利于他们健康成长的负循环。这是急需获得家庭、学校或社会帮助的群体。

3. 自大和逞能

与易紧张和自卑相反的是自大和逞能，这类潜优生的 EQ 同样低迷，但他们不甘于落后，经常用放大镜来看自己取得的成绩，并在同伴面前吹嘘、夸大。有时候他们为了达到逞能的目的，不惜编造谎言来掩盖事实真相。

4. 逆反心理

逆反心理在潜优生中比较常见，他们常表现出矛盾、疑虑和不安的心理状态，逆反是他们达到目的的一种手段。

5. 高分低能

成绩好不等于能力强。传统的单纯追求分数的学习模式，正在向知识教育、生命教育与综合实践等相结合的新多元智能教育转变，越来越多家长认识到这一点，并通过潜能开发帮助这一群体走向优秀。

（三）潜优生现象的原因分析

"新多元智能理论"表明，融合困难的原因主要是"儿童大脑神经系统发育迟缓或发育不良"，融入困难的主要原因是家庭教育、幼儿期等综合素质教育未能有效培养出儿童的"共性化潜能"。

1. 不良的亲子关系

家庭教育是培养孩子优秀的生活习惯、礼貌礼仪等以 MQ 为核心的"前道德培养阶段"，部分家长不懂科学的潜能开发知识，亲子教育落后，孩子的社会化进程滞后，MQ 和 EQ 等均表现低迷。

2. 综合素质培育缺失

幼儿教育期的主要任务是培养学生的生活习惯、学习习惯等，是"新多元智能"综合素质教育的基础阶段。部分幼儿园以商业运作为目的,缺乏专业的潜能开发技能,忽略了综合素质的培育,导致儿童身心发展不平衡,MQ、IQ、EQ、FQ、PQ、AQ 等 6Q 未能获得良好培养和匹配发展,尤其是 MQ 和 EQ 出现缺失现象。

3. 无效的学校教育

小学阶段是建立学习"勤奋"的关键阶段,部分学生由于家庭教育和幼儿教育拖了后退,学校无奈之下,只有通过加强"德育"教育来改善。有的老师通过罚抄《班级规章制度》等方式,希望改善和提升学生的 MQ,但事实证明,效果确实很不理想。

普法与守法是法律机器的运用。过去的教育是通过"打骂"的方式来使学生"恐惧",从而达到树立老师的威信目的,提高学生的 MQ。教育的进步,要求老师不能再打骂学生,在家庭教育、幼儿教育、小学德育教育等方式对"问题学生"均无良好改善的情况下,学校无奈之下搬出了"法律机器",美其名为"守法与普法教育",运用普法的手段来达到让"问题学生""恐惧"的目的,从而提高学生的 MQ。这一方法对某一些"不进油盐"的学生来说,同样没有效果。

所谓的"问题学生",难道真的有问题吗?为什么这些学生长大后很多人事业发展风风火火,让原本班级的"优秀学生"望尘莫及?细致分析,这些学生的"个性化潜能"没有找到合适的释放渠道,打个比方说,让"姚明"整天去学"奥数",能成功吗?

换句话说,是家庭教育、幼儿教育和学校教育所采用的方法不适合这些孩子的发展,我们应该用潜能开发的方法来疏导他们,发挥他们的潜能,而不是对他们制造"恐惧",使他们"臣服"。

二、潜优生比例分析

(一)刚性潜优生比例分析

据世界综合素质促进会调查分析发现,小学阶段出现"融入"困难的情况,是入学前的"融合"训练没有达到综合素质教育学龄前要求,总结数据比例如下:

(1)学龄前"融合特别困难"的群体为自闭症、多动症儿童,统称为特殊教育群体,比例约占入学儿童的3%,各占1.5%。这个群体1.2%左右的同学进入普通小学,少量随班就读(有家长陪读),约1%的同学进入特殊学校,0.8%的学龄儿童在家无法上学。

(2)被称为"问题学生"的"潜优生",就是不遵守纪律,行为和情绪等出现偏差甚至障碍的学生,平均比例约占班级学生人数的11%。这些学生主要表现为"融入困难",均为在校学生。

(3)学习成绩优秀,遵守纪律,但 EQ 表现不达标的学生,比例约占学校总人数的6%,主要表现为"融入困难",均为在校学生。

（4）受家庭、学校、“问题学生”、学习兴趣等因素影响，被“边缘化”的学生每年以3%的比例递增，这些学生最初是学习一般、表现不好不坏的“中间群体”，逐步被边缘化为“问题学生”，这些学生均为在校学生。

因此，融入困难学生均为在校学生，比例约为20%，再加上3%的融合困难学生，同龄融合与融入困难的比例之高触目惊心，并且这些“潜优生”是社会的刚性需要，是社会不和谐因素的最大根源。

（二）柔性潜优生比例分析

柔性潜优生，是指学习成绩不会拔尖，没有特别的行为和情绪偏差，各种表现不突出也不落后的中间群体。根据二八原则，结合潜优生“德、智、体、群、美、劳”全面匹配发展的特点，潜优生的比例达同龄学生80%以上，减去刚性潜优生比例23%，柔性潜优生比例约为57%。

三、潜优生培养

（一）家庭需求

家长对孩子在学校无法融入同学或老师产生了太多的困惑，经常不知所措，偶尔还会抓狂。家长困惑的主要表现为：

（1）家长长期收到老师对孩子的投诉：打架、干扰同学、不遵守纪律等。

（2）孩子做事拖拉，对学习没有兴趣。

（3）家长承受着小升初的压力，孩子却根本不当回事，还跟家长对着干。

（4）孩子学习成绩很好，但性格极其内向，说话很少、朋友很少。

（5）在家里无端地发脾气，脾气来的时候任性、摔东西，破坏性很大。

……

家庭要以习惯培养、情绪调理、文化辅导等为具体目标任务，运用潜能开发知识和技术帮助孩子成长，构建家庭和谐和幸福生活。

（二）学校需求

融入困难的潜优生，在学校严重地干扰了其他同学的正常学习和老师的教学秩序，严重的还会在同学间制造冲突，打架，故意破坏公物，甚至对老师产生对立情绪，等等，老师非常烦恼，几乎每所学校都有类似的情况。

学校可以通过成立“6Q潜能工作室”的方式，按照比例配备接受过专业潜能开发训练的老师，专业指导融入困难的潜优生，帮助他们发挥个人优势潜能，实现个人价值。

（三）社会需求

构建社区和谐是社区职能部门、家庭综合服务中心等机构的共同任务之一。家庭和学校有困难了,这些机构提供合理帮助,构成了潜优生的社会需求。

四、潜优生融合与融入训练

(一) 解决方案

1. 共性化潜能开发

即综合素质教育的培养。运用6Q 潜能,培养每个人的综合素质。

2. 个性化潜能开发

每个人都是天才,但每个人都只能是某些领域的天才;每个人都具有自己天赋优势的个性化潜能,通过适当的训练后,这些个性化潜能可以使受训者超越至少 80% 的人,成为某些领域的优秀人才。

(二) 师资资源

1. 加强行业认证

潜专会是我国第一个从事人的潜能开发理论研究和方法技术应用推广的学术团体,于 1999 年 3 月成立。该团体以中国特色社会主义理论为指导,结合中国国情和社会实际,传承国学经典、引进国外精华,传承与创新并举,学术研究与实践服务相结合,在教育潜能、学习潜能、艺术潜能、健康潜能、心理潜能、国学潜能等领域凝聚了潜能领域的专家、学者、专业人才和大批骨干。

2、加强专业合作

通过与学校相关专业,如幼儿教育、中医药护理等专业合作,以就业和创业为指导,培养符合社会需要的潜能开发专业人才。

3. 加强专业课程建设

目前,潜能开发已经出版的专业著作有《潜能开发指南》《6Qσ 综合素质教育手册》《情绪分析入门》《创新潜能开发研究》《6Qσ 职业素质训练》等,但这些远远没有达到潜能开发专业化和体系化的学科建设要求,还需要广大学者、学生积极参与,形成一个老中青帮带发展模式,开辟我国潜能开发新局面。

(三) 具体措施

1. 师资队伍建设

建立专业的潜能开发师资队伍,对“融合困难”的儿童,有针对性地实施融合训练,必要时一对一辅导,使这些儿童具备入学能力,为其顺利进入小学打下坚实基础。

2. 制定“个性化潜能开发方案”

通过专业的潜能开发师资团队,对已经入学但“融入困难”的小学生进行专业服务,与这些孩子共同商议、制定“个性化潜能开发方案”,做好课程设计,实施“融入训练”。

教育故事

一个孩子在学校里的功课差极了，老师说他的智力有问题。看上去，孩子的确有些沉默寡言，他可以一个人坐在屋前的花园里看着花草小虫很长时间。他的父亲教训他："除了打猎、养狗、捉老鼠以外，你什么都不操心，将来会有辱你自己，也会有辱你的整个家庭。"

他的姐姐也看不起这个学习成绩平平、行为怪异的弟弟，他在家庭中是一个不受欢迎的人。但是他的母亲怜悯他，她想如果孩子没有那些乐趣，不知道他的生活还会有什么色彩。她对丈夫说："你这样对他不公平，让他慢慢学会改变吧。"

丈夫说："你这是怜悯，不是教育，你会毁了他的一生。"但母亲固执己见，他是她的孩子，需要她的安慰和鼓励。

她支持孩子到花园里去，还让孩子的姐姐也一起去。母亲耍了一个小心机，她对孩子和他的姐姐说："比一下吧，孩子们，看看谁先从花瓣上认出这是什么花。"孩子比他的姐姐认得快，于是，母亲就吻了他一下。这对孩子来说是多么令人兴奋的一件事情，他回答了姐姐无法回答的问题。他开始整天研究花园里的植物、蝴蝶，甚至观察到了蝴蝶翅膀上斑点的数量。

对于妻子的做法，丈夫觉得不可理喻，他认为那种怜悯是无助无望的，除了暂时麻痹孩子之外，根本毫无益处。但是，就是这位醉心于花园中的孩子，多年后成为一位伟大的生物学家，创立了著名的进化论。他就是达尔文。

人生需要鼓励，一点微小的支持就可以改变一个人的一生，所以，请多给你的亲人和朋友以善意的支持吧。

（选自雅宁《小故事大道理十年精选》）

项目三

少儿国学潜能开发

任务一　国学精髓与潜能开发

教学情境

国学教育在我国已经逐渐成为一种时尚,越来越多的人开始认可国学,学习国学。然而,有些人知其然而不知其所以然,只知道国学好,可是又不曾真正领略到国学的精髓和魅力,不知为什么好,好在哪里,如何去实践。杨老师班上有几个孩子的家长花高价把孩子送到各种各样的教育机构学习国学。可是后来发现孩子们学来学去,并没有很大的改变,孩子原来怎么样,还是怎么样。于是纷纷找杨老师沟通:"杨老师,我们花了这么多钱送孩子去学习,回家让他给我们朗诵一下古诗词,他不愿意啊。我们还是放弃吧,看来我的孩子并不适合学国学。"

其实,我们的国学,是关于所有人的文化,适合全人类。但参与教育的各方,家长、老师、学生,把国学停留在照本宣科的"文字游戏"上,孩子们读来读去,读的都只是一些文字,疲倦了,厌烦了。尤其国学的主题内容完全脱离孩子们的生活,脱离了学问的核心,脱离了国学的精髓。把国学教育看作如同体制学校的知识教育一般,是否同样陷入了一个学习的怪圈?

课堂提问

1. 请你代替杨老师为家长解释应该怎样学习国学。
2. 网络查询:国学精髓与潜能开发之间存在怎样的关系?

小组活动

设计国学经典教学主题。

表3-1所示是某幼儿园的国学经典教学主题内容,是否合理?请你根据幼儿的学习

能力设计幼儿小班、中班、大班教学主题内容？

表 3－1 国学经典教学主题

基础一主题	基础二主题	基础三主题
1. 蒙学与家训经典精选	1. 先秦原典文化著作选读	1. 先秦南北朝诗歌精选
2. 诗骚风采	2. 民歌神韵	2. 文人诗品
3. 唐诗览胜	3. 宋诗精粹	3. 唐宋元诗词精选
4. 先秦南北朝散文	4. 唐代散文	4. 宋代散文
5. 明清散文	5. 史传文学	5. 明清小说
6. 明清诗粹		

教学评价

请同学们填写表 3－2。

表 3－2 教学评价表

评价 / 设计者	个人自评（30%）	小组互评（30%）	教师点评（40%）	总体建议	总评分

知识拓展

一、国学与幼儿教育

（一）国学可以提高幼儿自身素质

《弟子规》有曰："入则孝，出则悌。"孝敬父母，尊重兄长，这对幼儿园的孩子来说是首先应该具备的品质。为此，幼儿园可以在教会孩子《弟子规》的同时，结合孩子们的实际生活，组织对幼儿进行爱心、孝心教育的活动，应该包括听父母的话，尊敬父母和其他长辈，关心体贴父母，做力所能及的劳动，珍惜父母的劳动成果，热爱学习，与家人共同创造和谐快乐的生活，等等。

（1）制定幼儿文明礼貌、爱心、孝心细则，并发放到家长手中，让孩子在园在家都能对照执行。

（2）充分利用本土文化，营造"孝"的文化氛围。加强校园文化建设，提供与教育相适应的、具有"孝"文化特色的、富有童趣的室内外环境，形成有利于幼儿身心健康和谐发展的教育氛围。

（3）围绕"孝心献给父母"进行一系列德育活动。

① 利用重大节日、生日音乐会等举办各种形式的亲子活动，对幼儿进行感恩教育。

② 要求幼儿在一周内听一个"孝"的故事和一首"爱"的歌曲、"为父母做一项家务"、"帮父母做一种农活"、"给父母做一回健康服务"等，使幼儿学有榜样，爱有行动，真实地感受父母养育之恩，有效地培养孩子关爱家庭、孝敬父母的优良品质。

③ 做小小"孝子"。组织幼儿开展"我自己进教室""我是妈妈的小乖乖"等幼儿活动，让幼儿通过演一演、做一做、说一说等形式，学会孝敬长辈，养成良好习惯。

④ 评"孝"星。通过一定阶段的活动后，组织幼儿及家长召开家园联谊会，由教师、家长、幼儿共同参与评出最佳"孝"星，并进行表彰奖励，让每个孩子都享受到成长的快乐。

（二）精心选择经典作品

《唐宋诗词》《三字经》《增广贤文》《千字文》《笠翁对韵》等经典作品特别适合幼儿诵读，可将这些作品引入课堂，进行课程教学。

（三）布置经典环境

让我们的环境与经典作品所描述的环境对接，收集有关宣传资料、图片布置幼儿园的环境、氛围，营造幼儿成长环境。

（四）利用传统节日

利用传统节日对幼儿进行渗透教育。如介绍春节、元宵节、清明节、端午节、中秋节、重阳节等节日的由来、庆祝方式、各地风俗习惯等，组织活动，让幼儿在接受传统文化知识的同时形成良好的行为习惯及个性品质。

古为今用，是我们学习古代文学的主要目的。学习国学，让我们了解了中华优秀文化传统，丰富了知识，懂得了做人的道理，陶冶了情操，提高了文化素养。因此，国学潜能开发是培养幼儿德商最有利的内容，能让孩子们永远知道自己的根，树立民族自豪感。

二、少儿国学经典课程

（一）文化课程主题

1.《二十四孝故事》

本书可用于故事教学，寓学于乐。

“孝”是儒家理伦理思想的核心，是千百年来中国社会维系家庭关系的道德准则，是中国传统美德、传统文化之精髓。元代郭居敬辑录古代24个孝子的故事，编成《二十四孝》，成为宣扬孝道的通俗读物。本经典的选讲旨在通过通俗易懂的孝敬长辈的故事，让少儿形成孝亲的价值观，改变身心。

2.《千家诗》

本书可用于诗歌教学，通过诗词熏陶，让少儿出口成章。本书可以陶冶少儿的性情，旨在通过歌咏古诗“以养其性情”，共选诗200余首，大部分语言流畅，词句浅近，易读易记，包括不少脍炙人口的名篇，如李白的《静夜思》，孟浩然的《春晓》，王之涣的《登鹳雀楼》等。通过经典古诗的讲读让少儿的文学修养得到提升，到了学校学习阶段，孩子的语文成绩也会得到提高。

3.《论语》

本经典著作中的名句选讲，可以奠定理性基石。

“学而不思则罔，思而不学则殆。”“见贤思齐焉，见不贤而内自省也。”我们熟知的很多名言都来自《论语》。本书影响了全亚洲及更广范围，其中许多思想至今仍被人们视为至理。本经典的学习使少儿对我国基本价值观念的仁、义、礼、智、信等有一定理解，摄取经典智慧，奠定国学基石。

4.《道德经》

本经典中的玄妙哲理，可提高少儿的悟性。

《道德经》是中国历史上首部完整的哲学著作，被誉为“万经之王”，对我国哲学、科学、政治、宗教等发生了深刻的影响。越来越多的西方学者不遗余力地探求其中奥秘，使此书成为世界上除了《圣经》外发行版本最多的著作。幼儿园可以在课程中选讲其中一些体现做人智慧和事物哲理的名句，提高少儿的悟性。

5.《弟子规》

本书可以精读精解，学以致用。以《论语》中“弟子入则孝，出则悌，谨而信，泛爱众，而亲仁，行有余力，则以学文”为纲，分五个部分讲述弟子在家、出外、待人、接物与学习上的守则规范。该书被认为是启蒙养正、教育子弟的最佳读物。国学堂通过解读、引导背诵及实践指导等方式让少儿无形中将圣贤言行贯穿于日常生活。

6.《笠翁对韵》

作者李渔，号笠翁，因此叫《笠翁对韵》。全书分为卷一和卷二两部分，按韵分编，包罗天文、地理、花木、鸟兽、人物、器物等的虚实应对。从单字对到双字对，再到三字对、五字对、七字对到十一字对，声韵协调，朗朗上口，孩子们可从中得到语音、词汇、修辞的训练。从单字到多字的层层属对，较之其他全用三言、四言句式更见韵味。

7. 其他经典，如《大学》《易经》

其他经典作品可以简单了解，使孩子们博学多闻。通过对其他经典的介绍和一些经典语句的简单讲解，让少儿接触更多的经典，为其以后的国学学习提供参考。同时，可以增加其知识量，以达到博学多闻的目的。其他经典有《大学》《中庸》《易经》《心经》等。

（二）体验课程主题

1. 国画教学

欣赏国画经典，可以提高孩子们的审美能力。

“国画”一词起源于汉代，汉朝人认为中国是居天地之中者，所以称为中国，将中国的绘画称为“中国画”，简称“国画”，主要指的是画在绢、宣纸、帛上并加以装裱的卷轴画。国画是汉族的传统绘画形式，是用毛笔蘸水、墨、彩作画于绢或纸上。工具和材料有毛笔、墨、国画颜料、宣纸、绢等，题材可分为人物、山水、花鸟等，技法可分为具象和写意。国画在内容和艺术创作上，体现了古人对自然、社会及与之相关联的政治、哲学、宗教、道德、文艺等方面的认知。国画学习既能提高幼儿的审美能力，也能够开发艺术潜能（PQ）。

2. 书法教学

学习书法，可以提高个人修养。

书法是中国及深受中国文化影响过的周边国家和地区特有的一种文字美的艺术表现形式，包括汉字书法、蒙古文书法、阿拉伯书法和英文书法等。其“中国书法”，是中国汉字特有的一种传统艺术。从广义上讲，书法是指文字符号的书写法则。换言之，书法是指按照文字特点及其含义，以其书体笔法、结构和章法书写，使之成为富有美感的艺术作品。汉字书法为汉族独创的表现艺术，被誉为“无言的诗，无行的舞”“无图的画，无声的乐”等。书法不仅仅能够提升幼儿的。

3. 茶艺与茶道

茶艺与茶道，具有中华文化独特神韵，可以弘扬中华民族文化。

茶艺与茶道是一种文化，在中国优秀文化的基础上又广泛吸收和借鉴了其他艺术形式，并扩展到文学、艺术等领域，形成了具有浓厚民族特色的中国茶文化。茶艺与茶道包括选茗、择水、烹茶技术、茶具艺术、环境的选择创造、修身养性等一系列内容，其背景是衬托主题思想的重要手段，它渲染茶性清纯、幽雅、质朴的气质，增强艺术感染力。不同风格的茶艺有不同的背景要求，只有选对了背景才能更好地领会茶的滋味。

4. 民族器乐

中国民族器乐的历史悠久，从西周到春秋战国时期民间流行吹笙、吹竽、鼓瑟、击筑、弹琴等器乐演奏形式，涌现了师涓、师旷等琴家和著名琴曲《高山》和《流水》等。秦汉时的鼓吹乐，魏晋的清商乐，隋唐时的琵琶音乐，宋代的细乐、清乐，元明时的十番锣鼓、弦索等，演奏形式丰富多样、灵活多彩。近代的各种体裁和形式，都是传统形式的继承和发展。民族器乐有各种乐器的独奏、不同乐器组合的重奏与合奏。不同乐器的组合，不同的曲目和演奏风格，形成多种多样的器乐种类。各种乐器的独奏乐是民族器乐的重要组成部分。

琴曲《广陵散》《梅花三弄》，琵琶曲《十面埋伏》《夕阳箫鼓》，筝曲《渔舟唱晚》《寒鸦戏水》，唢呐曲《百鸟朝凤》《小开门》，笛曲《五梆子》《鹧鸪飞》，二胡曲《二泉映月》等，都是优秀的独奏曲目。

学习民族器乐，可以充分挖掘孩子们的艺术潜能，提升孩子们的音乐智能。

5. **陶艺教学**

陶艺，广泛地讲是中国传统古老文化与现代艺术结合的艺术形式。从历史的发展可知，陶瓷艺术是一门综合艺术，经历了一个复杂而漫长的文化积淀历程，与绘画、雕塑、设计以及其他工艺美术等有着无法割舍的传承与比照关系。二十世纪八十年代中后期，随着西方现代艺术的介入，西方的“当代陶艺”观念对中国陶瓷艺术产生了广泛而深刻的影响，“陶艺”的概念也一度成为陶瓷艺术界的新时尚。

学习陶艺，可引导孩子们追求生活品质。

6. **民族舞蹈**

民族舞蹈是一种起源于人民生活中的肢体动作语言，以日常活动抽象化为表现形式，亦可称为土风舞、民俗舞蹈或国际民俗舞蹈。不同于着重表演的芭蕾舞或是制式化的运动舞蹈，土风舞源自于各地不同环境、生活及风俗，与各地的特色音乐服装相互的搭配，表现形式十分丰富。中国56个民族都有自己的舞蹈表现形式，学习中国民族舞蹈，可以提升幼儿深厚的文化素养。

7. **中国象棋**

中国象棋是起源于中国的一种棋戏，属于二人对抗性游戏的一种，在中国有着悠久的历史。由于用具简单，趣味性强，成为流行极为广泛的棋艺活动。

中国象棋是中华民族的文化瑰宝，它源远流长，趣味浓厚，基本规则简明易懂，千百年来长盛不衰。中国象棋是模拟的古代战争、直线战争、陆地战争、平面战争。在中国古代，象棋被列为士大夫们的修身之艺。现在，则被视为是怡神益智的一种有益身心的活动。象棋集文化、科学、艺术、竞技于一身，不但可以开发智力，启迪思维，锻炼辩证分析能力，培养顽强的意志，而且可以修身养性，陶冶情操，丰富文化生活，深受广大群众的喜爱。古今中外男女老少皆宜，由于用具简单，趣味性强，大街小巷常常可见纹枰对弈的象棋爱好者。掌握象棋技法，可以开发个人智力。

8. **传统武术**

中国传统武术，即中国功夫，主要体现为个人在武术上的应用和造诣，以制止侵袭为技术导向。中国功夫是中华民族智慧的结晶，是中华传统文化的体现，是世界上独一无二的“武化”。它讲究刚柔并济，内外兼修，既有刚健雄美的外形，也有典雅深邃的内涵，蕴含着先哲们对生命和宇宙的参悟，是中国劳动人民长期积累起来的宝贵文化遗产。

中国功夫在世界上影响广泛，不仅出现了大量中国功夫题材的中外影视作品，而且少林、太极、咏春拳等中国功夫在全球广泛传扬。目前，少林、太极、咏春拳等在全国得到较全面的保留与发扬。学习中国功夫,可以强身健体,传承中华文化。

教育故事

孟子一生所取得的成就,与其母亲的教导是分不开的。一天,孟子的妻子独自一人在屋里,叉开腿蹲在地上。孟子进屋看见妻子这个样子,就向母亲说:"这个妇人不讲礼仪。"

孟母说:"她怎么了?"

孟子说:"她叉开腿蹲在地上。"

孟母问:"你怎么知道的?"

孟子曰:"我亲眼看见的。"

孟母说:"这是你不讲礼仪,不是妇人不讲礼仪。《礼经》上不是这样说吗?将要进门的时候,必须先问屋里谁在里面;将要进入厅堂的时候,必须先高声传扬,让里面的人知道;将要进屋的时候,必须眼往下看。《礼经》这样讲,为的是不要让别人措手不及,无所防备。而今你到妻子闲居休息的地方去,进屋没有声响,她不知道,因而让你看到了她蹲在地上的样子。这是你不讲礼仪,而不是你的妻子不讲礼仪。"孟子听了孟母的教导后,认识到自己错了,对礼仪的认知更深刻了。

任务二　基本礼仪与尊重他人

教学情境

幼儿园里孩子们在玩气球,小伟在气球里面装上水,往外面甩。他甩气球的过程中,不小心甩到了晓红的气球上。看到气球被溅上水,晓红很生气,她想去告诉老师。但当她准备离开的时候,她的气球爆炸了。晓红以为气球是小伟弄坏的,特别生气,大声哭起来,让小伟赔她一个气球。

听到晓红的哭声,杨老师立即跑过来,晓红指着小伟大叫:"他弄坏了我的气球,我要让他赔我一个气球。"

小伟站在一边,怯怯地说:"我没有,气球自己破了。"

杨老师说:"小伟,看来你让晓红很伤心了,怎么办呢?你是否应该道歉呢?"

小伟马上对着晓红说了一句:"对不起!"

晓红还在使劲大哭,哭一会儿又叫:"杨老师,你再给我一个气球吧,就一个!"边说边抓住杨老师的手。

杨老师说:"晓红,那是教学材料,每个人只能有一个啊。"

晓红气急败坏地朝杨老师大哭大叫:"我就要,就要一个。"

杨老师耐心地劝说:"老师知道你特别难过,但小伟已经道歉了,咱们原谅他吧。"

在杨老师的耐心劝导下,晓红的情绪慢慢平静下来,高高兴兴跟着小伙伴们一起玩游戏了。

课堂提问

1. 杨老师的处理方式是否合理?
2. 是否还有更好的处理办法?

小组活动

请每个小组从以下训练项目中选择其中一个项目进行训练。

一、进餐礼仪训练

训练内容:训练孩子进餐前勤洗手,打喷嚏、遮住口,轻轻嚼、漫漫咽,不挑食、不剩饭。

训练目标:训练孩子了解进餐时的礼仪要求,并能按要求去做,培养良好的进餐礼仪要求。

训练要求:

(1) 在家进餐时,家长应按相应的礼仪要求引导孩子进餐,逐步培养孩子良好的进餐习惯。

(2) 对孩子应进行隐行教育,注意自己的行为规范,为孩子做好榜样。

(3) 吃饭时规定孩子前十分钟要保持安静,十分钟以后可以小声交谈,不能边吃饭边看电视。

(4) 营造良好的就餐环境,气氛和睦愉快,不要在餐桌上教育孩子。

二、掌握礼貌用语

训练内容:"见面问声好,你我大家好;一声'谢谢您',温暖他人心;一声'对不起',彰显大格局;用心赞美人,生活显精彩。"

训练目的:让孩子掌握见面用语、感谢用语、道歉用语、赞美用语等。

训练要求:

(1) 见面语:引导孩子打招呼,表达尊重和礼貌。

早晨见面:"爷爷奶奶早上好!""爸爸妈妈早上好!""叔叔阿姨早上好!""哥哥姐姐早上好!""您好!"

中午见面:"爷爷奶奶好!""爸爸妈妈好!""叔叔阿姨好!""哥哥姐姐好!""您好!"

下午见面:"爷爷奶奶下午好!""爸爸妈妈下午好!""叔叔阿姨下午好!""哥哥姐姐下午好!""您好!"

(2) 感谢用语:引导孩子及时对他人的好意或帮助表达谢意。

"谢谢爸爸!""谢谢妈妈!""谢谢爷爷奶奶!""谢谢叔叔阿姨!""谢谢哥哥姐姐!""谢谢您!"

(3) 道歉用语:指导孩子勇敢承认错误,对别人表示歉意。

"对不起!""对不起,我以后会改正的。"

(4) 赞美用语:指导孩子掌握赞美他人的语言。

"你太棒了!""这太好了!"

(5) 十字文明用语:"您好""请""谢谢""对不起""再见"。

教学评价

请同学们填写表 3-3。

表 3-3 教学评价表

评价 扮演者	个人自评(30%)	小组互评(30%)	教师点评(40%)	总体建议	总评分

知识拓展

一、礼貌是做人之本

我们学做人是从学礼开始的。无论是牙牙学语"说'再见''谢谢'",还是听爸妈讲"孔融让梨"的故事,都在我们幼小的心灵里种下了让彼此喜悦的种子。尽管那时我们还不懂什么叫礼貌,但礼貌的神奇功效已经深深地在我们为人处世中生根发芽。讲礼貌,可以给别人带来愉悦,给自己赢得赞赏,给彼此带来欢乐,给世界带来和平。

我国是礼仪之邦、文明古国,讲礼貌是中华民族的优良传统。"明礼"作为基本道德规范之一,已写进了《公民道德建设实施纲要》。礼貌是个人立身处世的要求,是国家文明进步的体现。一个人要有高德商,首先从讲礼貌开始;一个国家要有平和的民风和文明的国际形象,也是从讲礼貌开始。礼貌是我们留给他人的第一印象,也是最深刻的印象。

孔子说:不学礼,无以立。没有礼貌,怎么做人!一个人要有礼,才能有理,这是做人做事的根本。做人就是要做一个让人尊重、令人快乐、受人喜欢的好人。礼貌是我们在人际交往中体现出来的相互尊重和友好的行为规范,以及相应的风度和风范。礼貌的核心问题是尊重人,它的目的就是为了建立良好的人际关系,把自己培养成一个让人接受、受人喜欢的好人。

潜能开发呈现阶段性,少儿时期培养孩子的礼貌待人非常重要。这是德商的基本内容,也是潜能开发的基本内容。

二、礼貌的基本内涵

1. 说话追求语言美

“言为心声”,语言是人际交往的最直接方式,是我们表达情感和意愿的媒介,它是我们心灵的窗户,反映了一个人的修养和情操。与人交往,要注意语言美,言之有礼,谈吐文明。记住这十三个字的礼貌用语“请、您好、谢谢、再见、对不起、没关系”,可以让我们终身受用。语言美是减少生活中的摩擦、冲突,建立良好人际关系的润滑油,是避免麻烦、苦恼和治疗敌对情绪最廉价的药方。

“病从口入,祸从口出”,口没遮拦,招惹是非。如果不能文明用语,还不如不说。所以,为了避免出口伤人,我们要学会怎样说话,说文明礼貌的话。语言美要求我们谈吐要清洁干净,不讲粗话、肮脏话和忌讳话;要自然大方诚恳,不造作、不虚伪、不假情假意;要尊重人格,不取笑他人和侵犯隐私。谈吐文明,就是要求我们学会尊重人,多讲敬意话;学会同情人,多讲体谅语;学会夸赞人,多讲称颂言;学会称呼人,多讲礼貌语;学会感激人,多讲感谢语;学会谦让人,多讲自谦语;学会推托人,多讲委婉语;学会致歉人,多讲道歉语。

2. 举止文明行为美

心理学家艾伯特提出:信息的全部表达 = 7% 语言 + 38% 声音 + 55% 表情、动作和举止,这说明行为举止是我们彼此认识、产生感觉的最直接方式。行为在人际交往中更能体现出一个人的修养和素质,抢一个座位、插一下队、吐一口痰、跷一下二郎腿、做一个不文明的手势等不文雅的举止,都会让人感到不愉快,给人留下坏印象,成为不受欢迎的人或落聘者。

行为美,作为判断一个人行为的标准,体现在是否符合社会公德的要求上。公德是社会认可和维护公共秩序的行为准则,它调整社会与个人的利益关系。最基本的行为准则是尊老爱幼、弱者优先。老人、小孩和女人作为社会的弱势群体,应该受到社会的尊重、照顾、关爱和体谅。产生于欧洲的“女士优先”礼仪正成为国际上公认的交际礼节。在公共场合,一律是“Lady first”(女士优先),一律是“Lady and Gentleman”(女士和先生)。任何时候,都关心爱护弱势群体，这就是行为美，一个男士的绅士风度往往体现在这一行为准则上。

3. 重礼仪真诚待人

(1) 礼节和仪式。这是传统的解释，“礼”字和“仪”字指的都是尊敬的方式，“礼”，多指个人性的，像鞠躬、欠身等，就是礼节；“仪”，则多指集体性的，像开幕式、阅兵式等，就是仪式。

(2) 人们约定俗成，表示尊重的各种方式。这是现代通俗而简洁的解释，这里的方式分行动型和非行动型，像鞠躬、给老人让座等，就是行动型的，也就是尊重的形式，这需要行动才有效果；而像庄严场合不嬉笑、别人睡觉不吵闹等，就是非行动型的，也就是行为规范，它不需要行动就有效果。

(3) 简单地说，礼仪就是人类在日常交际中总结出来最不会伤人的话，既是对他人尊重的体现，也是对自己有好处的事。

礼貌出自于内心，源于真诚的态度。“对人有礼，这无非是善意地表示真正的诚意”，一个笑容，一句问候，一个手势，一次握手，没有了真诚，无论做得多逼真，都会让人觉得虚伪。在人际交往中，只要我们出于真诚，就会设身处地地了解别人、关心别人，为他人着想，以礼待人。“己所欲，施于人”，希望别人真心对待自己，我们也要真心真意对待别人。

真诚需要用爱来播种，只有真爱才有真情，有了真情流露，彼此才会互相理解、关爱和体谅。真诚让我们用心去感动，需要主动和热情。主动不是冲动，热情不是激情，主动热情就是采取积极的态度，把握好分寸，亲切诚恳地表达我们的诚意。

4. 笑脸相迎大方得体

人是最赋有表情的动物，微笑是最甜、最美、最动人、最心旷神怡的表情。动物有痛苦、愤怒，但它们绝对微笑不起来，微笑是人类特有的精神财富，是以礼待人的最感人表情。达·芬奇的名画《蒙娜丽莎》的微笑，令人陶醉，令人痴迷，令人赏心悦目，永远是一个神秘的难解之谜。俗语说：一笑泯恩仇；笑一笑，十年少。微笑的魅力是任何人都无法抗拒的，伸手不打笑脸人。

卡耐基说过：微笑是别人喜欢我们的规则，是一个给人良好印象的简单方法，一个人的面部表情，比穿着更重要，笑容能照亮所有看到它的人，像穿过乌云的太阳，带给人们温暖。微笑是人际交往的催化剂，它散发出凡人无法抵挡的吸引力。我们轻轻地一展笑颜，胜过千言万语，“此时无声胜有声”。微笑永远是我们表达愉悦情感的心灵之窗，透过窗口，可以看纯真、亲切、友善、慈祥和诚意。

微笑让我们青春常驻，笑口常开，健康永在。微笑来自真诚，是心花怒放在脸上的表现。微笑与生俱来，孩子的笑容最惹人喜爱，我们要鼓励孩子用微笑、用笑脸面对他人和世界。

教育故事

林肯的故事

亚伯拉罕·林肯,1809年2月12日出生于美国肯塔基州哈丁镇,死于1865年4月15日,享年56岁。由于家里很穷,童年的林肯在学校里学习的时间非常有限,加起来不到一年,但他从来没有放弃过学习。他勤奋好学,不耻下问。家里没钱买纸笔,他就在土沙地上和木板上写写画画,练习写字,不能到学校学习,他就在干活的时候怀里揣着一本书,休息的时候,一边啃着粗硬冰凉的玉米饼子,一边津津有味地看书。长大后,他什么活都干,打过短工,当过水手、店员、乡村邮递员、土地测量员,还干过伐木工,后来做律师。1860年,林肯当选为美国第16任总统。不管干什么,林肯都非常认真负责,诚恳待人,以礼待人,很受他人的喜爱。

《林肯传》中有这样一件事:一天,林肯总统与一位南方的绅士乘坐马车外出,途遇一老年黑人向他鞠躬,林肯点头微笑并摘帽还礼。同行的绅士问道:"为什么你要向黑鬼摘帽?"林肯回答道:"因为我不愿意在礼貌上不如任何人。"可见林肯深受美国人民的热爱是有其原因的。1982年,美国举行民间测验,要求人们在美国历届的40位总统中挑选一位"最佳总统"时,名列前茅的就是林肯。林肯向老年黑人脱帽致礼说明了什么?要得到别人的尊重就必须学会尊重别人;尊重别人不是挂在口头上的,而是需要每时每刻体现在行动上。

任务三 勤俭感恩与遵章守纪

教学情境

随着中国经济发展,很多新名词涌现,如"官二代""富二代""拆二代""星二代"等,这些新名词代表着某种人格特征,比如炫富、不守规矩、贪图享乐等。他们也许并非真的那么富有,只是希望别人把自己看得或猜想得远超出自己真实的富有水平,所以要装富和炫富,所以自以为是。

幼儿园里的小朋友或多或少受到一些社会风气的不良影响,有的孩子完全不具备控制个人欲望的能力,没有延迟个人欲望实现的能力。这些问题将伴随孩子一生,成为学校问题或者社会问题。

课堂提问

1. "官二代""富二代""拆二代""星二代"问题对社会有什么影响?
2. 资料搜索:如何引导孩子学会控制个人欲望?

3. 如何提高孩子的财商?

小组活动

请为幼儿园中班小朋友设计一张财务收支记录。

教学评价

请同学们填写表3－4。

表3－4 教学评价表

评价 设计者	个人自评 (30%)	小组互评 (30%)	教师点评 (40%)	总体建议	总评分

知识拓展

一、勤劳俭朴是德商之本

中国人自古信奉一个朴素的道理:小到个人、家庭,大到民族、国家,凡是勤劳、俭朴的就能兴旺发达;凡是懒惰、浪费的就会破败灭亡。自古以来,中国人就尊重劳动,珍惜一切物质和劳动成果,并把勤劳俭朴视为一种美德。

中华民族的祖先用自己勤劳的双手改造自然、创造文明,炼石补天的女娲,教人种庄稼的后稷,治理洪水的大禹……都是通过辛勤劳动为民造福的英雄。随着历史的发展,勤劳的美德成了中华民族的传家宝,无论做工、务农还是经商,人们都勤勤恳恳地努力劳作,并常常用"勤俭持家远,耕读继世长""遍地是黄金,单等勤劳人"等信条告诫后人:只有通过辛勤的劳动,才能开创美好的生活。

中华民族一向十分珍爱自己的劳动成果,以节俭朴素为荣,以奢侈浪费为耻。无论民间百姓还是统治者中的开明之士,都主张节俭,反对浪费。早在2000多年前,孔子就把俭朴视为美德,他对齐国宰相晏婴一件皮袍穿30年的俭朴作风大加赞赏,认为齐国有这样的宰相执政,真是天大的幸运。三国时期的诸葛亮把俭朴生活和个人道德修养联系起来,提出了“俭以养德”的道德名言。意思是说,俭朴生活能够培养和增进人的高尚道德。劳动人民作为社会财富的创造者,更是珍惜自己的劳动果实,反对铺张浪费。这种精神代代相传,就形成了中华民族崇尚俭朴的道德风尚。

在传统农业社会中,青少年在其成长过程中多是跟随着父母的脚步,参与社会生产劳动。有些人十几岁就担负起家庭生活的责任,他们的独立生活能力无疑是很强的,那时候,勤俭是一种必备的美德。但今天,都市工业化,社会多元化,有人不再注重培养孩子勤劳、节俭的品质,不少孩子很少参加劳动。据统计,中国小学生每日劳动时间平均只有12分钟,远远低于一些发达国家。而根据有关方面的统计,美国的小学生每天需要做家务活72分钟,韩国为42分钟,法国为36分钟,英国为30分钟。德国的法律规定:所有6—18岁的孩子必须帮助父母做家务,包括洗餐具、扫地、擦皮鞋、洗衣服、洗汽车、种花、种菜、进行房间大扫除等。这看起来近乎于残酷,但当孩子长大以后,他们可以感受到这种磨练增长了才干、锻炼了意志,增强了个人独立生活以及生存的能力,一辈子都受用无穷。

古今中外,许多名人名家,甚至商人富豪都出自贫寒家庭,而且他们当中不少人一生都艰辛奋斗。不少同学都梦想成为有钱人,可以享受荣华富贵。殊不知,实现这样的梦想,需要付出多少艰辛的努力!有位名人曾这样说过:“你假如想成为我,就应该去走我所走过的漫长而艰辛的道路。”是啊,“不经历风雨,怎么能见彩虹”。从这个方面来分析,从小懂得生活的艰辛,从小承担家庭责任的人,就容易养成勤劳、节俭、勤奋的好品质。这些人能够在学习上勤奋进取,在集体劳动中积极肯干,在家里分担父母的劳动,将来在工作岗位上也能任劳任怨。所以,这些年来,用人单位特别青睐那些出身贫寒或者来自边远山区的毕业生。这实际上已经给城市学生,尤其是那些养尊处优的学生敲响了警钟。

如今在商品经济时代,人们很容易用经济能力衡量一个人的价值。这不正常,也不合理,著名科学家爱因斯坦曾说过:“衡量一个人价值的大小,不是看他获得了多少,应该看他奉献了多少。”

在我们身边就有一些家里贫穷但能够自立自强的人,经过艰苦生活的磨砺,他们往往能够克服困难,最终成才。然而,有的孩子拿着父母的血汗钱来炫耀自己的身份,这是十分幼稚可笑的。可以肯定地说,会花钱绝对体现不了一个人的能力,更无法体现出他的品德。

生活中,不是每一件东西都能用金钱来衡量的,许多最为宝贵的东西是用钱买不来的。比如说钱可以——

※ 买来时装,但买不来美丽;

※ 买来食物,但买不来食欲;

※ 买来医药,但买不来健康;

※ 买来住房,但买不来家庭;

※ 买来婚姻,但买不来爱情;

※ 买来娱乐,但买不来快乐;

※ 买来床铺,但买不来睡眠;

※ 买来书籍,但买不来智慧;

※ 买来钟表,但买不来时间;

※ 买来随从,但买不来朋友。

当然,我们在此强调的并不是谁贫穷谁就会成为宠儿,也不是以贫为荣,而是希望大家贫穷时并不气馁,富有时也不挥霍浪费。贫穷就是一种磨砺,"穷能思变","节俭朴素,人之美德;奢侈华丽,人之大恶"。在我们周围,有些同学生活上不愁吃穿,但他们反而不思进取,追"星"学"腕",比"派头"讲享受,他们认为这是在赶潮流。其实不然,享受惯了,物欲膨胀,又不想花力气去创造财富,当然是会"坐吃山空"的。

同学们,你们听说过日本日立以及松下两家公司勤俭持家的故事吗?

日立公司内部所使用的信封都是多次使用过的。每个信封正面都贴着一张画着几条横线的纸。第一次使用时,收信人写在第一行,第二次使用时,收信人写在第二行,以此类推。公司内的信纸也都是正反面使用的,或者将单面打印过的纸张订起来作为便条使用。即便是送给董事们的报告或董事使用的笔记本也是如此。

日本松下公司,这么一个闻名全球的大公司,居然没有自己的办公大楼。凡是参观过该公司的人都会感到惊讶,办公室坐落在一个无名的街道上,室内拥挤不堪,没有地毯和华丽的装饰,公司用的草稿纸都是单面使用过的纸张装订而成的。

这两家公司的做法告诉我们:勤俭持家是创业者成功的必要条件,上帝把成功送给那些实实在在的人,而把失败留给那些爱慕虚荣、肆意挥霍的人。"历览前贤国与家,成由勤俭败由奢"的古训,很值得我们借鉴。

二、学会感恩

1. 感恩是一种能力

感恩是有能力的表现,这种能力带给我们人生的快乐。因此,从这方面讲,感恩使人快乐、使人幸福。

有人说,一个人最大的不幸,不是得不到别人的"恩",而是得到了,却漠然视之。一个不懂得感恩的人,只会把别人的给予当作理所当然,只会一味索取却不知回报,他的生活会因体验不到相互给予的快乐和为他人创造的快乐而枯燥乏味。相反,一个懂得感恩和回报的人,会生活得轻松而满足,因为他能够从为他人创造的快乐中享受给予的乐趣。所以,我们说,感恩是一种生存的智慧,是一个人维护自己内心的安宁感和提高幸福感必不可少的能力。感恩,不仅是一种内心情感,还是一种外在行为,是以"寸草心"报"三春晖"的赤子之举。

2. 感恩是一种情趣

感恩有时只需一句问候、一束鲜花、一次拥抱,甚至一个笑容。我们只有学会感恩,才能尊重每一份平凡的劳动,在未来的生活中少一份怨天尤人的抱怨,多一份发自内心的满足与快乐。只要我们心怀感恩,便会发现,生活原来是如此美丽,如此丰富多彩!

3. 感恩伴随我们生活

我们要感恩时代。时代给予我们丰富的物质生活和精神生活,我们由于感恩,更懂得珍惜现在的拥有,增强奉献意识和社会责任感,懂得回报社会。

我们要感恩我们的国家。国家给予我们尊严和归属感,并赋予我们时代使命。

我们感恩团队。感恩集体中的每一个人给予我们的关心、帮助和支持,珍惜集体中每一份荣誉和成功。

我们感恩父母。父母赐予我们生命,赐予我们无私的爱和养育之恩,要对父母长辈多一份体贴、多一份关怀、多一句问候,尽孝心、重人伦、报亲情。

我们感恩老师。老师的启迪和对我们成长的帮助,老师的辛勤付出和谆谆教诲,为我们前进指明了方向。

我们感谢自己的对手。对手的挑战和进步,给予我们竞争的压力和行动的动力,促使我们不停止前进!

我们感恩生活。生活给予我们成长的机会,给予我们磨砺,给予我们友情和亲情,给予我们快乐和幸福。

4. 感恩是一种健康的心理状态

感恩心态跟一个人的性格紧密相连。比如真诚、理解、善良、乐意助人等,跟大家和睦共处,不斤斤计较,这些都是感恩的一种表现。感恩其实并不复杂,只要你有一颗感恩的心,感恩就无处不在!

5. 感恩之心在于有意识的培养

(1) 得到帮助应该懂得回报。在我们困难的时候得到了别人的帮助,马上就应该产生对对方的感激之情:“他们能够这样帮助我,令我感动。在别人需要我的时候,我要帮助别人。”

(2) 从身边的人学起,从小事做起。积极参与家务劳动,劳动直接体现我们的感恩之心;再如积极参与感恩活动,给父母制作礼物,关爱家人等,善于从小事入手。

(3) 关心弱势群体,养成悲悯之心。同情弱者,帮助弱势群体,可以养成一个人的悲悯之心,悲悯情怀是感恩的基础,而整个社会的悲悯之心是促进社会和谐发展的基础。

(4) 学会爱别人。从小懂得爱父母、爱老师、爱同学、爱学校、爱家乡、爱祖国、爱大自然、爱人类等等。通过接受教育,我们可以渐渐形成积极、健康、向上的性格,我们终会因为有爱,才有快乐。

三、自觉遵守纪律

古今中外,没有哪个纪律涣散的人能够成就大的事业,更没有哪个纪律涣散的军队能够取得一场战役的胜利！无视纪律的存在，往往等于无视集体的利益，其结果往往会被集体淘汰。尤其在职场中，纪律涣散有悖职业道德的要求。职业道德规范要求从业人员爱岗敬业、诚实守信、办事公道、服务群众、奉献社会。一个没有纪律观念的从业者，绝不可能达到这些要求。试想一下，一位业务员，跟顾客谈业务的时候，无视别人的时间，无故迟到，如此，他不仅仅损坏了自己个人的形象和利益，还损坏了整个集体的利益。这种人不可能受到别人的青睐，最终集体会抛弃他。

有的人也许认为，在学校里和班级里，一位同学经常迟到、旷课，甚至还存在打架行为，似乎与其他同学关系不大，因为同学之间并不存在什么利益关系。但是，实际情况并非如此，身处一个没有纪律的学校，我们绝不会感到自豪，身处一个纪律涣散的班级，我们绝不可能团结向上。一所校风良好的学校令人向往，一个班风良好的班级催人奋进。因此，加强守纪意识建设，养成良好的守纪习惯，不仅是学校的任务，也是班级的共同目标，更是每一位学生的基本职责。

然而，我们身边不守规矩的现象却不少，有的同学上课迟到，课间大声喧哗、打闹；有的同学公然在教室里、校道上吸烟；有的同学不守校规，夜不归宿或者深夜强闯校门；有的同学随意破坏公物或公然在宿舍里违纪用电；等等。这些现象严重地影响了学校形象，也毁坏了个人的声誉。今天学校的规章制度和学生行为规范其实就等同于明天要求我们遵守的社会道德要求以及法律制度要求，不要以为道德与法律离我们很远，其实它就在我们的身边。

学习需要规矩，成长也需要规矩，没有规矩不成方圆，遵守校纪校规，就等于遵守规矩。火车要在轨道上行驶，才能一日千里。人也如此，只有文明守纪，不违反法律法规，才能享受权利和自由。一个人从小就要养成遵守纪律的好习惯，遵守《少儿行为规范》、遵守《小学生守则》、《学生日常行为规范》以及其他相应的校规校纪；遵守班级纪律，团结拼搏，共同进步；讲究卫生，爱护环境，爱护公物；积极参加有益的文体活动，强健体魄；为创建文明班级，良好校风而奋斗。可以说，遵守校纪校规是学生的天职。长大以后遵守社会文明公约，遵守职业道德规范，这个人才能成为对社会有用的人才。

教育故事》

小燕，20 岁，某大学学生。在小燕 8 岁的时候，父亲在外打工时，因操作失误从高处跌落，造成高位截瘫，生活再不能自理。小燕的妈妈在丈夫瘫痪七个月以后就离家出走了。小燕，这个外向开朗的 8 岁小女孩，承担起照顾瘫痪父亲的责任。她一边学习，一边照顾父亲，洗衣做饭，给父亲翻身喂饭，样样会做。干完家务，赶紧把作业做好，温习学过的知识，预习第二天的功课。多年来，她没有因为照顾父亲耽误一节课，没有因为做家务落下一次作业。她学习刻苦，成绩优异，终于考取理想的大学。小燕的父亲是个很诚实、讲信用的人，由于治病，他不得不向亲戚朋友借钱，他让小燕记录下每一笔账，希望有一天能够还债；有些好心人捐助给小燕家一些钱，爸爸也让小燕记下来，以后有机会慢慢还清。

小燕靠国家助学金上大学。为了继续照顾爸爸，她把爸爸接到学校附近的一间简陋的出租屋里，她没有星期天，没有休息日。除了学习，照顾爸爸，她还利用节假日到外做兼职，以补贴家用。后来，小燕的同学都跑来帮忙。虽然不能从根本上解决小燕的困难，但小燕很满足。她在自己的日记里记录下同学们、老师们的好："我的身边总有那么多的好心人，我多希望能报答他们呀！"

现在，小燕已经是个大二学生了。她经常拿出账本，跟爸爸一起商量、筹划还款计划。

任务四　良好习惯培养

教学情境

心理学家威廉·詹姆斯说："播下一个行动，你将收获一种习惯；播下一种习惯，你将收获一种性格；播下一种性格，你将收获一种命运。"好的习惯对于人生是十分重要的，它可以让人的一生发生重大变化，唯有良好习惯的人，才能实现自己的目标。人的习惯是一个庞大的体系，它像一棵大树一样，有干、有枝、有叶，有工作方面的、生活方面的、学习方面的、人际交往方面的，有思维方式的、行为方式的。习惯的养成是阶段性的，在某一个时间段就要养成相应的一些好习惯，否则会给自己的生活和工作造成很大的负面影响。比如，从小就应该养成文明礼貌、干净整洁的习惯，小学时就应该养成良好的学习习惯以及遵守规章制度的习惯，等等。如今很多家长过分关注孩子的智力发展，忽视孩子良好习惯的养成，最终导致孩子出现品德问题。

课堂提问

1. 请你查询网络，少儿应该如何养成好的生活习惯？
2. 良好习惯有什么重要意义？

小组活动

习惯养成训练

请每个小组从以下训练项目中选择其中一个项目进行角色扮演，体验训练活动的基本过程。

第一，进餐时爱惜粮食。

训练内容：让孩子自己吃饭，坚持不给孩子喂饭，要求孩子吃干净、不浪费、爱惜粮食。

训练目标：引导孩子明白粮食的来历和爱惜粮食的道理。

训练要求：

(1) 不论在家还是外出就餐，提醒孩子根据自己的食量盛饭，不浪费。

(2) 给孩子介绍农作物的生长知识，并进行爱惜粮食的教育。

(3) 让孩子适当参加劳动，身体力行地感受到农民种植粮食的辛苦。

第二，进餐时不挑食。

训练内容：引导孩子在成长中不挑食，满足各种营养需求，瓜果、蔬菜、鱼肉都要品尝，食五谷。

训练目标：引导孩子了解营养学常识，了解各种食物的作用，激发孩子摄取各种食物的愿望。

训练要求：

(1) 抓住适当的教育机会，耐心讲解各种食物的作用。

(2) 帮助个别小朋友纠正挑食习惯。

第三，分享玩具。

训练内容："小玩具，真新奇，大家玩，才有趣，懂谦让，知爱惜，共分享"，帮助孩子建立良好的人际关系。

训练目标：

(1) 引导孩子将自己喜爱的玩具与他人分享。

(2) 在分享的过程中，逐步建立轮流分享与"先宾后主"的分享规则。

(3) 培养孩子良好的社交礼仪。

训练要求：

(1) 有针对性、有意识地进行言语、表情、动作的鼓励，强化孩子的愉快体验，从而激发孩子再次尝试分享玩具的愿望。

(2) 鼓励孩子大方地用语言表达分享玩具的愿望。

(3) 注意防止孩子在分享时产生攀比的心理。

(4) 注意解决分享过程中出现的问题，培养孩子爱惜他人玩具的品质。

(5) 注意杜绝个别孩子私自占有伙伴们的玩具。

第四，分享食物。

训练内容："小食品，甜又香，尊长辈，您先尝，你也吃，我也尝，好朋友，共分享"，帮助孩子建立良好的人际关系。

训练目标：

(1) 愿意将自己喜欢的食物与他人分享。

(2) 在分享的过程中逐步建立平等分享的规则。

(3) 培养孩子良好的礼仪行为和习惯。

训练要求：

（1）选择时机举办“食物分享会”，让孩子体验分享所带来的快乐。

（2）每次分享食物时，教师都要对孩子的分享行为进行赞誉，激发孩子再次尝试分享食物的愿望。

（3）选择特殊的日子，如孩子生日或者其他节假日，组织“生日（或节日）分享活动”，每位伙伴携带最喜爱的食物与大家共同分享。

教学评价

请同学们填写表3－5。

表3－5　教学评价表

评价 扮演者	个人自评（30%）	小组互评（30%）	教师点评（40%）	总体建议	总评分

知识拓展

一、帮助孩子养成良好的行为习惯

（一）坚持以身作则

作为幼儿教师，必须明白孩子的行为习惯都是后天学习形成的，成人以身作则，示范表现好的行为，孩子学会不良行为的几率会大大下降，或者即使出现不良行为，矫正起来也较为容易。

（二）坚持赞扬为主

最重要的是要了解每个孩子都有与生俱来的一种气质特征，或外向好动，或内向羞涩，气质是没有好坏之分的。因此，家长与教师不应逆水行舟，正确办法是发现孩子所擅长的、所感兴趣的，在此基础上多表扬多鼓励孩子的些许进步，逐渐引导孩子发挥长项，纠正短项。试想哪个孩子不喜欢被夸，他有了自信才有胆量尝试他原先不擅长的事情。

比如，对好动的孩子，我们可以这样说："你表演得真好，老师再讲个新故事你来表演。"他会不会安静坐下听故事呢？对好静的孩子可以这样说："你画画都这么棒，跳个舞肯定也很棒。"在鼓励下，他如果开始跳舞，我们就更应该立即给予称赞和鼓励。

还有一点必须强调，孩子的每一点小小进步都需要及时地、大张旗鼓地称赞，使他认识到这样做的重要性和可以得到成人的注意，这在孩子的成长过程中是非常重要的。注意需要赞扬孩子们付出的努力，不需要赞扬孩子天生的能力。"你这样认真，非常棒！""老师很高兴看到你付出了努力。"千万不能简单说一句："你真聪明！"

（三）坚持让孩子自己的事情自己做

力所能及的事情要让孩子自己做，再辅以赞同和鼓励，逐步提升孩子的自信心。"请你把自己小手洗干净吧！""自己的事情要自己做哦。来，把自己的碗筷洗干净！你们真棒！"

二、帮助孩子纠正不良行为习惯

（一）认真对待第一次

孩子某种不良行为的第一次出现而没有认真对待可能会错失了一次最佳的教育时机，导致以后的矫正困难重重。比如，第一次哭着、闹着拿别的小朋友的玩具，或者第一次打小朋友，老师们都应该非常严肃地进行批评教育，同时给予小小惩戒，如让他独自站在一边或大家不理睬他一段时间。然后安慰他，并再次认真地告诉他这样做为什么不好，应该怎样做才能达到自己的目的。孩子的不良行为第一次就被及时责罚，即使以后二次出现，稍作劝阻孩子就听从了，出现三次、四次的可能性更少，甚至不会再出现。

（二）发现问题，及时惩罚

既然是不良行为，那么一旦出现，就应该立即施以惩罚，这样可以让孩子明白自己是因为什么错误行为被责罚的，明白应该改正自己的什么错误。

千万不要采用口头威胁、恐吓如"等下我告诉你爸爸妈妈""你不听话，警察会来抓你"等，学前儿童的思维能力只能了解眼前的直接后果，不能想象也不能顾及将来可能发生的结果。相信大家一定经常发现此年龄段的孩子哭的同时转眼就笑，更不用说一个漫长白天之后他怎能记得爸爸（或其他人）回家批评他的原因，而且家长自己往往也已经忘记了应该责罚孩子，或者不能正确对待孩子的问题，反而错失了教育的机会。

（三）冷处理

心理学上又称"爱的剥夺"。比如孩子有骂人现象，一旦他脏话出口就应采取措施帮助孩子纠正错误。

首先，需要告诉孩子为什么受罚，他的错误在哪里。

其次，态度坚决，采取罚站、不许周围人理睬的方式，可以让孩子单独处于房间的角落，使他更深刻地体验到不被人理睬的孤独难受滋味。

需要强调的是很多人不了解合适的冷处理的时间期限，并不是越长越好。应该是年龄几岁就罚几分钟，比如孩子三岁就应只罚站三分钟，并在此期间周围人不理睬他的任何举动。这样既让他认识到为什么被罚与体验孤独的滋味，又没有超过他的心理承受能力。

（四）确立行为标准

每个孩子的行为背后往往都隐藏着良好的动机，都是为了满足自己的某种欲望。矫正的极有效的方法是，责罚孩子之后，应该教给孩子合适的满足个人欲望的方法，告诉孩子正确的行为标准，并帮助孩子不断去实施这些标准行为。

（五）抓住重点，持之以恒

这一点十分重要。“你怎么总是不长记性啊，昨天才说你，怎么忘得一干二净！”其实，孩子就是这样：事过就忘，哭过就笑。况且冰冻三尺非一日之寒，不良行为的形成非一日之果，自然不可能在一朝一夕得到矫正。因此，在一段时间内应先针对最不能忍受的不良行为进行矫正，反复责罚以使这种行为彻底消失。不应该一会为孩子骂人，一会为孩子说话或不停地批评他，这样会使孩子变得无所适从，自卑消沉，或者变得叛逆、自负。

（六）用孩子的眼光看问题

每个孩子的行为背后往往都隐藏着良好的动机，我们需要去解读孩子行为背后的动机。比如孩子说谎，往往是害怕受到责骂；孩子拿别人的东西，往往是缺乏关注，希望得到关注；等等。我们不能简单粗暴地看问题，应该学会“调频”，用孩子的眼光看问题，进入孩子的思维模式里，引导孩子纠正不良行为。

教育故事

鲁迅教子：尊重孩子的意见

鲁迅先生在教育孩子方面，认为要教育好孩子，首先要尊重和理解孩子，“如果不先行理解，一味蛮做，更大碍于孩子发达”。曾经有一次，先生在家中宴客，儿子海婴同席。在吃鱼圆时，客人均说新鲜可口。唯海婴说：“妈妈，鱼圆是酸的！”以为孩子胡说乱闹的妈妈便责备了几句，孩子老大不高兴。鲁迅听后，便把海婴咬过的那只鱼圆尝了尝，果然不怎么新鲜，便颇有感慨地说：“孩子说不新鲜，我们不加以查看，就说是不对的，看来我们也得尊重孩子说的话啊！”

商人无欺，信守诺言

有一位农民在一家银行的门口摆摊卖煮熟的老玉米，由于他的老玉米十分新鲜，来买的人很多。不久便积攒下了相当可观的一笔财产。他的一个熟人听到这消息后，专门跑来，想从他那里借一笔钱去做买卖。

这位农民当时就回答道："太对不起了，这事照理不成问题。不过当年我开始在这里设摊的时候，便已跟这家银行订下协议：彼此决不搞残酷的商业竞争。也就是说，银行不卖煮熟的老玉米，我也决不经营贷款业务，我怎能不信守合同呢？"

一个人信守诺言不仅仅停留在口头上，而应该在日常实际行动中体现。这种品格对身边人的影响十分深远。

小华盛顿砍树

美国第一任总统华盛顿小时候聪明伶俐，好奇心很强。一天，父亲送给他一把小斧头，小巧而锋利。华盛顿可高兴啦！他想：父亲的大斧头能砍倒大树，我的小斧头能不能砍倒小树呢？小华盛顿看到院子里那颗小樱桃树，决定试试看。他举起小斧头向樱桃树砍去，只听"咔嚓"一声，小树被砍成了两截，倒在地上。华盛顿又用小斧头将小树的枝叶削去，把小树棍往两腿间一夹，一手举着小斧头，一手扶着小树干，在花园里玩起了骑马打仗的游戏。

一会儿，父亲回来了，看到心爱的樱桃树倒在地上，很生气。他板着脸问华盛顿："是谁砍倒了我的树？"

华盛顿这才明白自己闯了祸，心想今天准得挨爸爸揍啦！可他从来不爱说谎，就对父亲说："爸爸！是我砍倒了你的樱桃树。我想试一试小斧头快不快。"

父亲听了华盛顿的话，不仅没有打他，还一下把他抱了起来，高兴地说："我的好儿子，爸爸宁愿损失1000棵樱桃树，也不愿你说一句谎话。爸爸原谅诚实的孩子。不过，以后再也不能随便砍树了。"

任务五　信仰使命与德商培养

教学情境

幼儿园里有许多年轻的"老师妈妈"，每天，她们都会带着自己的孩子一起上、下班，还有许多机会与自己的孩子在园里见面。每当此时，家长都会投来羡慕和关注的眼光，总认为这些孩子会得到格外的照顾。针对教师子女入园的问题，园长又该给予什么样的关注呢？不少家长对本园教师的子女入园会有猜忌和疑虑，教师是不是对自己的孩子关注更多一些，而对其他的孩子就会忽略？有没有抱我家孩子？帮孩子喂饭没有？虽然，这些担心看起来都是一些不起眼的小事，但对每个家长来说都是天大的事。

针对家长出现的这种担忧，幼儿园园长充分尊重家长，站在家长的角度深入考虑这个问题，也从教师的角度考虑。为了尽量减少教师接送孩子的时间，让教师安心工作，允许教师子女在本园入园，还批准教师在工作之余可以看望自己的宝宝，但要求教师要学会藏起一半的爱，要能够平等地对待每一个孩子，开展了“爱孩子赛妈妈”的活动，鼓励每位教师都像妈妈一样爱每一位孩子。

“藏起一半的爱”，“爱自己的孩子是本能，爱别人的孩子是责任和使命”。通过这样的引导，让教师真正理解教书育人的内涵，学会爱得深远，爱得博大。不仅仅爱自己的孩子，还要像爱自己孩子一样爱幼儿园的每一个孩子，给他们以母亲般的温暖和呵护。

课堂提问

1. 师德对幼儿德商培养有什么重要意义？
2. 在师德建设方面，你还有什么好的建议？

小组活动

阅读以下幼儿教师职业道德规范的资料，请你从少儿潜能开发的角度，对资料进行适当的修改。

（一）热爱幼儿，循循善诱

1. 对幼儿要有强烈的社会责任感。
2. 全身心地关爱每一个幼儿，熟悉每位孩子的发展状况，了解、关心每位孩子的成长。
3. 面对有害于学习、健康、安全的各种情况，应为保护孩子而做出相应的努力。
4. 不论种族、民族、性别、家庭出身，要对班内孩子一视同仁，不偏爱，不歧视。
5. 要善于激发孩子参与各种活动的积极性。
6. 要对困难儿、问题儿、特殊儿采取针对性教育，求得每位孩子的发展。

（二）尊重家长，互相配合

1. 加强与家长的联系，调动家长在培养孩子全面发展上的积极性。
2. 对家长要以诚相待，以礼相见，互敬互重。
3. 尊重家长，虚心倾听家长意见，不挫伤家长的感情，不训斥家长。
4. 帮助家长确立正确的教育观，正确教育孩子。
5. 不以任何理由向家长索要财物，以教谋私。

（三）严谨治学，勇于探索

1. 刻苦钻研业务，努力精通专业。
2. 认真施教，掌握教育规律。
3. 严谨求实，以知求善，掌握精深广博的知识。
4. 积极从事科学研究，努力探索科学真理。
5. 不断研究教学艺术，反思教育实践。

6. 自觉投身学校教育改革，开展创造性的教学活动。

（四）团结协作，服从领导

1. 与每一位同事都要热情打招呼，在工作中互相支持和配合。
2. 尊重同事，虚心倾听同事的想法，不挫伤同事的感情，不训斥他人，善于宽容同事。
3. 遇到困难用协商的语气和人沟通，别人有难主动帮助，别人有误悄悄提醒。
4. 正确地对待和开展竞争，在各种竞赛中展现自我、相互学习、共同提高。
5. 服从领导安排，支持领导工作，恪守岗位职责。
6. 关心幼儿园发展，善于接受领导的建议和意见。

教学评价

请同学们填写表3－6。

表3－6　教学评价表

评价 被评者	个人自评（30%）	小组互评（30%）	教师点评（40%）	总体建议	总评分

知识拓展

一、理想信念教育的重要性

从理论上说，理想信念也是价值观念，但不是一般的价值观念，而是处于价值观中的最深层次，是价值观的核心形态。

所谓理想，就是人们所信仰、所向往、所追求的奋斗目标，它是人生目的的直接反应，是人生价值的客观表现，是人类不断进步的强大动力。理想一般归纳为四类，即政治理想、道德理想、职业理想、生活理想。

（1）政治理想，这是最高层次的理想，是科学社会主义理想的坚定信念和执著追求。一个人有了远大理想，行动的动力就会很强烈，往往更容易实现理想。

(2) 道德理想是对理想人格与理想人际关系的追求和向往。共产主义道德理想以忠诚共产主义事业、自觉维护社会整体利益、全心全意为人民等作为根本内容，对于增强人们履行各种道德义务的责任感，提高人们道德品质修养的自觉性，具有巨大的感召力和鼓舞作用。

(3) 职业理想不仅反映了社会理想、道德理想的目标，也反映了生活理想的要求，是沟通社会理想与生活理想的渠道。职业道德要求从业人员爱岗敬业、诚实守信、办事公道、服务群众、奉献社会。

(4) 生活理想是人们对未来美好生活的憧憬与向往，涉及人们的生活方式、生活水平与生活质量。

二、培养孩子的责任意识

一般来说，很多人把孩子的责任感更多地限于针对孩子自我的责任，如听话、完成作业和其他学习任务，而忽略了孩子对他人、对社会的责任。实际上，后者的培养对孩子的成长更重要、更有意义。成熟的责任感应当是对自己、对家庭、对自己所属团体以及对社会的负责的意识和行为。

1. 教导孩子对自己负责

让孩子从小养成自强自立的习惯，尽可能自己照顾自己的衣食住行，自觉完成家庭作业，信守自己的承诺，到一定年龄时就应该工作挣钱养活自己等，从小培养孩子的自我独立意识，养成自己做决定并承担决定后果的习惯。

2. 教导孩子对家庭负责

作为家庭成员，让孩子承担家庭责任，把自己当作家庭所需要的、应当对家庭做出贡献的成员看待。过去的家庭里几乎所有的成员都要为家庭的生存做出贡献，比如承担家庭的所有事务和艰难，除了自己的事情尽量自己做，如整理好自己的房间、衣物、书籍等，同时还要帮助爸妈打扫房间、在厨房当帮手、看护弟妹，甚至参加农业生产，从小就培养了孩子对家庭、对亲人的爱和责任感。

现如今，随着家庭规模的变化以及家庭经济状况的改善，大多家长都期待自己为孩子奉献而并不要求孩子对家庭有所奉献。这样反而对孩子的成长不利，孩子永远长不大，永远需要别人的照顾。

3. 教导孩子热爱集体

让孩子从小学习各类社会角色的扮演，对自己所属的团体负责，热爱集体，培养团队合作精神。教育孩子与幼儿园小伙伴友好相处，尊敬和配合老师的工作，帮助老人等弱势群体解决困难，鼓励孩子的分享行为和助人行为，促进孩子的社会化，这样可以提升孩子的社会责任感，使其成长为对社会有用的人才。

4. 教导孩子对社会负责

教导孩子从小树立公民意识，让孩子懂得一个对社会有责任感并为之做出贡献的人才是一个真正有成就的人，教导孩子遵守社会公德和秩序，鼓励孩子参加各类有益的公益活动、义务募捐等，为更广泛的社会团体做出贡献，开拓和提升孩子的思想境界。

教育故事

常言道："吃得苦中苦，方为人上人。"吃苦、挫折是人生的一大笔财富。现在，随着社会的不断进步与发展，人们生活水平的日益提高，鼓励孩子吃苦，让孩子经历挫折，已成为父母培养下一代的一条重要途径，也应该是必经之路。但有些父母为了不让孩子吃苦，自己吃尽苦头，历尽艰辛，而当孩子无法满足要求的时候，又感到深恶痛绝，绝望无助！

我国著名演员姜文曾经用自己的行动说明一个道理：给孩子最好的营养品就是让孩子在成长历程中品尝苦头！

姜文的两个儿子一个六岁，一个四岁。对于两个孩子，姜文非常不满意。

两个小子在家如龙似虎，一旦出了门马上变成怯生生的小白兔，大气不敢喘。这样下去怎么得了？姜文决定给自己放个长假，把两个儿子带到新疆阿克苏，好好地对两个儿子展开军事化的吃苦主义教育。

在阿克苏，孩子们的苦日子正式开始……

早上6点半，他们就被姜文从热乎乎的被窝里拖了出来，三两下套上防寒运动衣，半梦半醒地被呵斥着开始了锻炼。虽然号称"塞上江南"，但阿克苏的昼夜温差很大，两个儿子出门就打哆嗦，本能地想往暖和的房间里钻。

但姜文不给他们机会，一手拉一个，几步就拖出了庭院，告诉他们："跟着我跑，跑不动了走也行，转完这一圈才能回家。"这一圈大概一千米，两兄弟只跑了不到两百米，剩下的八百米都是喘着气走下来的。

好不容易回了家，姜文端起在炉子上温着的羊奶给他们一人倒了一碗。到阿克苏的第一天，姜文就给他们喝过羊奶，两个儿子只喝了一口就吐了，说受不了那古怪的味道。这才隔了两天，羊奶一到手便仰着脖子喝了个底朝天。

姜文对两个儿子的饮食结构也做了很大调整，精心烹饪的儿童餐没了，取而代之的是当地民族餐食：菜品以手抓羊肉和大块牛肉为主，主食不是糙米饭就是馕，配餐的青菜既非白灼也非上汤，无公害的蔬菜洗干净后直接生吃，佐餐的饮料是新鲜牛奶。除了正餐外，不提供巧克力饼干、果冻之类的零食，但新鲜水果24小时敞开供应。

家里没请钟点工或保姆，两个儿子在姜文的指挥下担任起了保洁员。收拾床铺也包干到人。

姜文很少让儿子无所事事地待在屋里，只要天气不恶劣，他经常带他们出去转悠。不开车，就这么信步乱逛，不走到两个儿子气喘吁吁大汗淋漓不停下。说是转悠，更像是拉练。小孩子的潜力是无穷的,从最初的走不上几百米就叫苦叫累,到一个月后,两个儿子一左一右牵着姜文的手,一口气走上三千米,粗气都不喘。

每天坚持锻炼,加上原生态的饮食结构,两个儿子的身体就这样一天天结实起来。

么么亲子网刊登了姜文教子故事。对于这种新的教育方式,一些顾虑重重的家长并不买账:孩子还在长身体的时候,怎么经受得住这样的折腾?如果影响到孩子健康成长,谁来担负这个责任?

而一些持赞同观点的家长却认为:平日家里都对唯一的孩子疼爱有加,吃什么,穿什么,用什么,都尽量满足孩子,不想让孩子受委屈,但是日子一长发现孩子越来越难管了,所以,让孩子适当吃点儿“苦”,总比将来他走上社会了吃大亏好吧!

其实,给孩子适当吃些“苦头”未必是件坏事,毕竟经历过“想吃吃不到,想要要不到”生活的孩子会更懂得勤俭节约的重要性,有句老话“由奢入俭难,由俭入奢易”,要让孩子认识到劳动的价值所在,培养出社会义务感、责任感。

项目四

少儿学习潜能开发

任务一　注意力训练

教学情境

5 岁的小男孩贝贝开始上幼儿园大班了，幼儿园的教学内容开始设定很多课堂规则，同时也有简单的认字、计算、阅读等内容，贝贝跟其他小朋友一样需要完成学习任务，但是老师发现贝贝很难控制自己配合老师上课，他的注意力仅仅维持三分钟。老师让他看绘本，他随便翻两下后，就开始拿其他的物件玩。老师让他数数，他还没数到数字 5，就开始说之前和其他小朋友玩的小游戏了。老师让他和小朋友们一起打扫卫生，他东扫一下，西抹一下，总是不能在老师规定的时间完成任务。

课堂提问

1. 请你收集注意力不集中的孩子的行为表现，并了解"注意力"的概念。
2. 注意力不足的孩子，会对孩子自己和家长带来什么样的影响？
3. 作为一名教师，该如何引导家长和小朋友，帮助孩子提升注意力？

小组活动

角色扮演

1. 每三人为一组，一人扮演少儿，一人扮演教师，一人作为观察者；
2. 扮演少儿者表现各种少儿行为，扮演教师者进入教师角色选一话题与少儿交流，观察者分别记录少儿和教师的行为表现（如动作、语言、听知觉、视知觉等）。
3. 观察者分享自己看到和记录的少儿和教师的行为表现，并讲出心得。
4. 三人轮流替换角色做练习。

5. 每人写出各种角色扮演后的收获与心得。

教学评价

请同学们填写表4－1。

表4－1 教学评价表

评价者／扮演者	个人评价		小组评价		教师评价	
	效果	改进意见	效果	改进意见	效果	改进意见

知识拓展

一、提升孩子的注意力

注意力不足的孩子的特点：

注意力不集中、好动、坐不住、自我控制能力差、行为冲动、脾气暴躁、喜欢打闹、上课容易分神、爱做小动作 、作业拖拉、丢三落四、计算粗心、写字潦草、经常错漏字、无法流利阅读、缺乏自信、对学习不感兴趣等等。

从哪些方面来提升孩子的注意力？

1. **提升孩子身心协调能力**

3—6岁幼儿正是身体肢体协调能力发展的重要时期，在体育活动中，教师对幼儿的身体发育状况要做到心中有数，遵循幼儿身心发展的规律，采取游戏的形式，有计划、有目的地进行丰富多彩的体育活动。如小班幼儿的神经系统支配能力和肌肉活动能力有了一定增长，可利用体育器械和玩具发展他们的基本动作，培养他们对活动的兴趣。

中班幼儿是中枢神经和末梢神经机能发展的重要时期，应以发展他们的运动技能为主要目标。如利用各种信号练习走、跑动作的速度和能力，练习单脚跳，学会玩皮球的基本技能，学会拍球、抛接球、传球、踢球、运球，学会在垫子上爬、滚、翻等动作。当然，这些活动的实施要借助幼儿感兴趣的人物来进行。

大班幼儿身心发展比较稳定,活动能力迅速发展,对各项动作能够建立很好的条件反射,可以进行较复杂的动作练习,如会灵活躲闪地跑,会跳绳或跳橡皮筋,能够协调、灵敏地翻滚、钻爬、攀登,能够学习踩高跷、踢毽子、玩呼啦圈等。

2. 身心智慧能力、身心认识和调控能力

首先,学会控制自己的欲望。如果一个人能够克制物欲,心不随外境而动,他的心就会很定,而一个人定力越强,他的智慧就越高。对于一个孩子来说,他的心本来就很清净,可以说很定,但是往往很多父母在破坏孩子的定力,比如他在专心玩一个东西或者做一件事情的时候,他的全部精神都在上面,有时甚至忘记了吃饭,家长一看到他这样就轻易打断他,久而久之,他的心就定不下来了。因此,要培养孩子的注意力,不要轻易打断他,“制心一处,无事不办”,注意力是一个人学习和工作非常重要的一个能力。家长不要经常用物质刺激孩子的欲望,这样会适得其反。

其次,学会分享。一个人不吝惜自己知道的方法和正确的道理,分享给别人,或者把自己的聪明智慧经常用来帮助别人,其个人智慧就会增长。对一个孩子而言,懂得一个道理,他乐意去告诉别人,或者听到一个好故事,很愿意跟别人分享,或者有一个好玩具愿意与小朋友一起玩,这些都是智慧能力的具体表现。

3. 提升孩子感知觉能力

首先,设立良好的教学环境。应当保持活动地点周围的安静,教室墙面布置要突出主题,教师衣着要大方得体,用眼神或细微的动作提醒个别注意力不集中的幼儿,以免影响多数幼儿的注意。受到其他干扰的影响后,要尽快把幼儿的注意吸引到原来的主题上来。

其次,选用新颖的教具。幼儿的注意往往以无意注意为主,新颖的、活泼生动而又富于变化的材料容易引起他们的兴趣和注意,因此,在教育教学过程中应选用新颖的教具吸引幼儿注意。比如拼积木,可让幼儿在玩中认识各种色块,搭拼不同造型,让他们在玩中学、学中玩。内容比较抽象的教学,教具的选择就显得更为重要。十以内数的加减运算,教师可选用恰当的动物图片,以简单的故事形式编成应用题,这样可以引起幼儿的兴趣,让他们的注意紧紧围绕教学的主题。

4. 遵守规则能力

首先,让孩子充分理解规则。要让孩子先懂得为什么需要遵守规则,规则带来了哪些益处,它与生活有着怎样的密切联系。如不乱闯红绿灯这项规则,就可以游戏的方式帮助孩子理解其用意,感受有序的交通秩序,知道人人遵守交通规则有利于道路畅通。

其次,让孩子参与规则的制订过程。参与制订规则不但有利于孩子对规则的认识与理解,而且提高了孩子独立自主能力,增强了主人翁的意识,有助于孩子对规则的遵守与执行。如新学期开始时,我们在某个区域中投放了许多新的操作材料,有些幼儿为了能拿到自己喜欢的玩具,就与同伴发生了争执,影响了小伙伴间的关系。针对此情况,可以组织孩子讨论，自己来制订符合愿望而又不会影响伙伴关系的规则，我们从活动场地、材料使用方法、入区人数等方面入手，制订出图文并茂的《区域活动规则表》。由于孩子是规则的制订人，他们非常乐意去遵守和维护规则，由此产生的积极作用非常明显。

结合游戏活动对孩子进行规则教育。游戏是孩子们最喜欢的一种活动形式，抓住他们的兴趣点，通过角色游戏、结构游戏等活动，可以使孩子在认识周围事物、认识社会的过程中自然而然地接受很多相应的规则要求，避免那些脱离实际的说教。

5. 视听接收信息能力和分辨能力

帮助孩子通过观察和聆听，接受新信息和新知识，并帮助孩子分辨这些信息和知识与其他信息、知识的区别。

6. 抗干扰能力

给孩子一个相对比较安静的环境来学习或做事。切忌同时给孩子买太多的玩具或图书，以免分散孩子的注意力。以行为目标为导向，帮助孩子排除干扰，完成既定任务。

7. 视听—动作协调能力

选择一些游戏或者图形、色彩等训练孩子的视听—动作协调能力，由易到难，由简到繁，循序渐进，持之以恒。

二、注意力训练

根据教育专家调查研究，98% 的孩子智商都是差不多的，只有 1% 的孩子智商是天才，也只有 1% 的孩子智商是弱智，那为何在 100 个孩子当中，成绩相差那么多呢？最主要的原因是注意力不集中，上课没有听进去。注意力随着人的年龄发展而发展：

3 岁孩子的有意注意在 3 ~ 5 分钟；

4 岁孩子的有意注意在 10 分钟，其发展速度很快；

5—6 岁孩子的有意注意在 10 ~ 15 分钟；

7—8 岁孩子的有意注意在 15 ~ 20 分钟；

9—10 岁孩子的有意注意在 20 ~ 25 分钟；

11—12 岁孩子的有意注意在 25 ~ 30 分钟。

成年后注意力在 30 分钟以上。

注意力与个体的心理和饮食习惯有关，有些孩子听课爱走神，这可能与精神状态有关，如处在紧张和忧郁的情况下，孩子上课注意力就会下降。当孩子的学习压力过大，其注意力水平就下降了。家长应该关注孩子的情绪状态，多鼓励、多肯定、多建议，少批评、少否定。

有关学者研究发现，注意力与饮食密切相关。经常吃甜食或糖的孩子注意力比较差，因为糖所产生的胰岛素会直接刺激神经的注意力。

所以，家长要注意在孩子很小的时候就应该注意培养孩子良好的饮食习惯。

1. 视觉和听觉注意

对孩子进行注意力训练,从视觉注意力和听觉注意力等方面入手,训练孩子的上课注意力,因为上课必须使视觉注意力和听觉注意力高度结合起来,这样才能达到良好的听课效果。

例如,在某一段时间里只盯住一个目标,而不为其他事物所动;在某一段时间里,只听某一种声音,从众多声音中抽离出这种声音来聆听;在某一段时间里,专心感受某一种事物,如感受太阳、月亮的存在,空气的温度、树的动静等。

2. 提高孩子的自信心

自信往往通过多肯定、多鼓励来达到。多一些正面暗示,尽量避免负面暗示,例如家长说:"孩子,你记住这个单词,真棒!""孩子,你付出了努力,我们为你高兴!"

不要说"我家孩子注意力不集中""我家孩子总是不专心"等,这不利于孩子自信心的培养。

3. 营造良好环境

为孩子创造一个舒适、安静、良好的环境。最好有单独的房间,家里干净整洁,物品摆放有序;从小培养孩子的归位意识及良好的生活习惯;家长尽量不在家里打牌、搓麻将,尽量减少电视、音响等带来的干扰,也不要一会儿送个苹果、一会儿送杯开水或饮料……这样既分散了孩子的注意力,又弄得孩子心烦意乱,根本无法专心学习。

4. 提高抗干扰能力

培养孩子的抗干扰能力,让孩子参加静心训练、稳定情绪训练,增强孩子抗外界干扰能力。

教育故事

把注意力集中在你要达成的目标上,而不是你所恐惧的事情上。——安东尼罗宾

力量的秘密在于专注。——爱默生

人一生中最重要的是专注。——巴菲特

故不积跬步,无以至千里;不积小流,无以成江海。骐骥一跃,不能十步;驽马十驾,功在不舍。锲而舍之,朽木不折;锲而不舍,金石可镂。——荀子

以上著名人士对注意力的理解十分深刻,注意力是成功的基本条件之一。

任务二　观察力训练

教学情境

丁丁是个 5 岁 2 个月的小男孩,在幼儿园的游戏活动中,老师会让孩子们玩"纸上捉

迷藏"的游戏，丁丁每次都不能做到100%正确地找出小动物，他玩这项游戏花费的时间也比其他孩子长。

"老师，我全部都找到了！"花费很长时间，丁丁终于完成任务了。

"好的！我们一起来再检查一遍，看看还有没有小动物藏起来呢？"老师说。

课堂提问

1. 是什么原因导致丁丁不能100%准确找出小动物？

2. 作为一名幼儿教师，丁丁的老师对丁丁的引导正确吗？对此，你有什么看法和建议？

3. 除此之外，你还学习或实践过哪些观察力训练的小游戏？

小组活动

观察力训练

1. 静态动作观察力训练：两人或多人一组，其中一人观察其他人做静态动作。观察者先睁开眼睛，仔细观察对方做出的静态动作，一分钟后闭上眼睛，其他人变换动作并提示观察者已变换完毕，请观察者睁开眼睛仔细观察，变换后的动作与变换前的动作有何不同。

2. 动态动作观察力训练：两人或多人一组，其中一人观察其他人做动态动作。观察者先睁开眼睛，仔细观察对方做出的动态的动作，一分钟后闭上眼睛，其他人变换动作并提示观察者已变换完毕，请观察者睁开眼睛仔细观察，变换后的动作与变换前的动作有何不同。

教学评价

请同学们填写表4－2。

表4－2　教学评价表

评价者 观察者	个人评价		小组评价		教师评价	
	效果	改进意见	效果	改进意见	效果	改进意见

（续表）

评价者 观察者	个人评价		小组评价		教师评价	
	效果	改进意见	效果	改进意见	效果	改进意见

知识拓展

一、教会孩子观察

虽然视力的发育在婴儿时期已经完成，视觉识别的发展却是持续不间断地发展的。对物体的整体和细节能力的观察力，随着年龄的增长而不断提高。儿童需要具备分辨空间、线条的能力，并随着年龄的增长而不断提高。他们需要分辨相似的字母、汉字，如“b和p”“己和已”，这样他们才能了解到其准确的含义和用法。他们需要分辨不同的颜色、不同的形状，才能理解事物的属性。

从三岁开始，孩子应该定期监测视力，唯有这样才能诊断出是否弱视，或者患有“懒眼症”。如果眼睛的疾患没有得到及时的治疗，孩子有可能丧失视力。在孩子观察事物的过程中，让孩子描述孩子看到的一切，无论是实物还是图片。随着孩子年龄的增长，这些描述可以复杂化。

（1）在周围环境中，教孩子指认不同的颜色、物品、形状。帮助孩子大量认知“帽子”“小狗”之类的物体。

（2）教孩子如何识别身体语言，并将其与感受联系起来。测试面部表情、手臂动作和站姿。将感受和具体动作联系起来，由此他们可以分辨出愤怒与高兴。尝试保持开朗积极的面部表情，给孩子安全感。

（3）将各种色彩的、多元文化的海报或图片放在儿童的视力范围内，以此吸引孩子的注意，向孩子描述那些目光所及的事物。

（4）经常阅读书刊和其他印刷品。孩子越是经常看到有情境意义的印刷品，越能做好阅读的准备。

（5）通过增加视觉惊喜，对重复性的活动不断进行变化。

（6）为孩子提供放大镜，供其近距离观察花朵、树叶和贝壳等。让孩子通过万花筒看世界，甚至讨论佩戴太阳镜看物体时的不同感受。

二、帮助孩子提升观察能力

以下具体方法可以帮助孩子提升观察力：

1. 确立观察目标

孩子5—12岁以后，我们在指导其进行观察训练之前，一定要明确观察的目的。不要盲目，而要有目的、目标明确，这样孩子观察才有针对性，观察才能仔细，才能发现问题，得到收获。在这个过程中，老师要加强指导，不要使孩子们的观察偏离目标。通过观察提出一些思考性的问题，促进学生的思维发展，提高其观察能力。

2. 感知事物

要利用自己的感官，观察事物。不论哪种观察都要利用自己的器官，如眼、耳、口、鼻、手、身等去感受事物，观察事物的特性，比如是什么颜色的、什么形状的、什么味道、透明不透明等。只有利用我们的器官全面观察，才能得到事物的具体特征，这也有利于我们分析问题，解决问题。

3. 实事求是

必须要求孩子用实事求是的态度观察任何事物。在具体指导过程中，老师首先要排除孩子头脑中已有的各种经验及先入为主的印象干扰，引导孩子如实地、仔细地观察客观事物，提高观察力。

4. 指导孩子总结

5—7岁孩子，我们可以鼓励他们用语言说出自己观察的结果；7—12岁孩子，我们可以指导他们学会做好观察记录。记录是知识的有效收集，收集起来的知识再加以整理就是知识的吸取过程。做记录的作用一方面可以加深观察的印象，另一方面可以使知识系统化。做记录要求简单明了。要注意从一些小型的观察活动开始，制作好观察记录表，培养孩子做观察记录的好习惯。

5. 强化观察训练

孩子们的观察是在学校内外、课堂内外逐渐培养起来的，除了做演示实验观察外，还要对课外具体事物进行详细观察。要多进行类似的观察活动、强化训练，以达到观察的要求，使孩子形成良好的观察习惯。

观察训练的范围要广泛、全面。有时我们只观察事物的局部，这样不容易使我们观察得透彻。为了使观察目的明确，我们观察要全面，横向的、纵向的都要观察，以便突出观察的效果，加强印象，了解事物内在的联系，也便于孩子大脑思维的拓展，使孩子逐渐积累系统知识，有利于孩子记忆！

教育故事

德国著名内科医生约翰·舍莱恩不但有着高超的医术，他的启发式教学方法同样受人称颂。在一次实习课上,他给大学生们讲述:“作为一个医生应该具备两种品质:第一,不苛求清洁;第二,要有敏锐的观察力。一些老医生在诊断糖尿病时,往往亲口尝一尝病人尿液的味道。”说完,舍莱恩给同学们进行了示范——把一根手指浸入盛有尿液的小杯子里,然后伸到嘴里舔了舔。做完这个动作,舍莱恩问学生们:“谁来试一遍?”一名勤奋的学生照样尝了尝尿液的味道。舍莱恩摇摇头对他说:“同学,你的确不是洁癖,这很好,但是,你没有观察力。你并没有发现,刚才我把中指浸入小杯子里,而舔的却是无名指。”

任务三　记忆力训练

教学情境

小华5岁了,刚刚上幼儿园大班,小朋友们都会背诵一些唐诗、儿歌等,老师教的一些简单舞蹈动作他们也能很快转化为自己的动作。可是,小华学起来很吃力。老师发现这种情况时,特别关注小华。在小华的认读课上,小华看到一句诗“两个黄鹂鸣翠柳”,老师把小华抱在怀里,让她坐在自己腿上,开始跟她讲绘本中的这句诗歌,并拿起彩笔,引导她一起将这句诗歌变为图片,让她亲手呈现出一幅绘画作品。

课堂提问

1. 老师为什么要把小华抱到怀里,让她坐在自己的腿上?

2. 老师为什么要引导小华将诗句变为绘画作品呈现出来?

小组活动

制作思维导图

1. 5人一组,准备大白纸一张,24色彩笔一盒,一首古诗。

2. 要求孩子将这首古诗以绘画的形式,呈现在大白纸上,并将自己理解的意境写出来。

3. 练习将古诗以思维导图的方式呈现出来。

教学评价

请同学们填写表4-3。

表 4－3　教学评价表

评价者 练习者	个人评价		小组评价		教师评价	
	效果	改进意见	效果	改进意见	效果	改进意见

知识拓展 》

一、培养幼儿记忆力

1. 激发兴趣与主动性

在兴趣活动中，幼儿积极而投入的情绪状态可以有效地提高幼儿识记的效果。游戏是幼儿的主要活动与学习形式，因此要用生动活泼的操作性活动来开展教育，同时尽量调动幼儿的各种感官参加。因为眼、耳、鼻、舌、手等多种感官共同参与活动，可以使大脑神经联系广泛，有助于记忆。

2. 丰富生活经验

孩子观察到的事物越多，所获得的知识经验就越多，记忆内容就越丰富。大量的实验证明，丰富的知识经验可以为幼儿意义识记的发展提供良好的基础，促进其更好地理解内容，并真正牢记内容。

3. 培养有意记忆

不论是经验还是实验都充分证明了随着年龄的增长，儿童有意记忆的效果必将大大超过无意记忆。孩子到了 2 岁半的时候，有意记忆就开始萌芽了。这时，家长或教师对幼儿无论是讲故事，还是说事情，都可以向幼儿提出明确的记忆要求，使孩子通过自己的意志和能力去完成任务。给孩子讲故事，语言要生动、活泼，讲一段后，提出一些简单的问题，帮助他记住这些内容。还可以让孩子做一些力所能及的事情，让孩子记住简单的委托，帮助他记住一些内容。

4. 传授记忆策略

记忆策略是在主体有意识的控制下，用来提高记忆水平的认知或行为活动。

(1) 复述。我们常常观察到,幼儿在探索、游戏等活动中,十分喜欢重复。事实上正是这种不断重复,使幼儿对世界的认识更清晰更丰富了,幼儿的身体技能、语言技能、记忆技能等也获得了锻炼。

(2) 组织。孩子对信息进行有效的组织,可以看成是对信息进行编码的过程,这对于长时记忆的作用更为明显。

(3) 选择性注意。幼儿的许多注意都是不自觉的无意注意,因此很大程度上要受刺激物本身的特点所制约。但伴随复述和组织策略的发展,选择性注意策略则逐渐普遍被幼儿采用。幼儿的注意随着年龄的增长变得更加集中于相关信息(如有对应关系的信息等)。而系统化的策略提高了记忆的效果。

二、记忆方法运用

1. 有意记忆法

首先,要有明确的任务。任务明确,就能调动心理活动的积极因素,全力以赴地实现记忆的任务。任务越明确、越具体,记忆效果就越好。例如,英语单词不好记,但又必须记住,因此,你可以把生词写在小卡片上,规定自己每天必须记住20个生词,并及时进行复习与检查。这样,日积月累,你的词汇量就会大增。

其次,有意记忆要有意志努力的参与,也就是我们常说的"专心致志"。要下决心记住一段材料,就要进入"两耳不闻窗外事""头悬梁,锥刺股"的境界。如果面对着要记的东西,连连叫苦不迭,或漫不经心,或知难而退,或者在边学边玩时背下来的东西都是短期记忆,都不会取得好效果。

2. 理解记忆法

在积极思考、达到深刻理解的基础上记忆材料的方法,叫作理解记忆法。

理解记忆的基本条件是对材料的理解和进行思维加工。有些材料,如科学要领、范畴、定理、法则和规律、历史事件、文艺作品等,都是有意义的。人们记忆这类材料时,一般都不采取逐字逐句强记硬背的方式,而是首先理解其基本涵义,即借助已有的知识经验,通过思维进行分析综合,把握材料各部分的特点和内在的逻辑联系,使之纳入已有的知识结构,以便保持在记忆中。理解记忆的全面性、牢固性、精确性及迅速有效性,依赖于学习者对材料理解的程度。

理解记忆的效果优于机械记忆。德国著名心理学家艾宾浩斯在做记忆的实验时发现:为了记忆住12个无意义音节,平均需要重复16.5次;为了记住36个无意义音节,需重复54次;而记忆6首诗中的480个音节,平均只需要重复8次!这个实验告诉我们,凡是理解了的知识,就能记得迅速、全面而牢固。如果在可以运用理解记忆的时候不去运用,而偏偏要使用机械记忆进行无意义的重复,那可就不止事倍功半,而是相差十倍二十倍了。

3. 联想记忆法

利用联想来增强记忆效果的方法,叫作联想记忆法。联想,就是当人脑接受某一刺激时,浮现出与该刺激有关的事物形象的心理过程。一般来说,互相接近的事物、相反的事物、相似的事物之间容易产生联想。用联想来增强记忆是一种很常用的方法,分为以下三种具体方法:

(1) 接近联想法。两种以上的事物,在时间或空间上,同时或接近,这样只要想起其中的一种便会接着回忆起另一种,由此再想起其他内容。

(2) 相似联想法。当一种事物和另一种事物相类似时,往往会从这一事物引起对另一事物的联想。把记忆的材料与自己体验过的事物联系起来,记忆效果就好。在外语单词里,有发音相似的,有意义相似的,这些都可以利用相似联想法来帮助记忆。

(3) 对比联想法。当看到、听到或回忆起某一事物时,往往会想起和它相对的事物。对各种知识进行多种比较,抓住其特性,可以帮助记忆。这就是对比联想法。

三、有效记忆法

有效提高记忆力,一般来说有两个途径(方法):

1. "吃"出来的记忆力

是的,吃也可以提高记忆力,而且还是科学家们说的。吃一些富含磷脂的食物可以补充大脑记忆所需,比如鱼头、核桃、花生等,还有蜂花粉、蜂皇浆等保健品也有一些奇特功效。但是这种方法不是最有效的。

2. "练"出来的记忆力

好的记忆力都是练出来的,包括世界级的记忆大师们也都是靠后天训练才培养出超级记忆力的。一般来说,比较有效的训练方法有三个:

(1) 速读法(又叫全脑速读记忆):速读法是在快速阅读的基础上进行记忆训练的,实际上,两者是同时进行也是相辅相成的。这里的记忆不是依靠左脑意识的逻辑记忆,而是右脑潜意识的图像记忆,后者比前者强很多倍。通过速读记忆训练的朋友都知道,速度越快记忆越好,详细的学习资料家长们可以到"速读记忆训练网站"学习,并指导孩子进行科学的训练。

(2) 图像法(又叫联结记忆术):图像法也是运用右脑的图像记忆功能,发挥右脑想象力来联结不同图像之间的关系,从而使其变成一个让人记忆深刻的故事来实现超大容量的记忆。

(3) 导图法(又叫思维导图):思维导图是一个伟大的发明,不仅在记忆上可以让大脑里的资料系统化、图像化,还可以帮助个体分析问题,统筹规划,这种思维导图可以根据孩子的需求进行升级和改进。

教育故事

一位40岁的妇女，如今成为美国加州大学尔湾分校神经科学家的研究对象。她的名字一直被严格保密，人们只知道这名特殊的妇女在研究中的代号叫“AJ”。

尔湾分校的研究人员称，“AJ”是他们迄今为止发现的第一个不用记忆技巧，就拥有近乎完美记忆力的人。

说起来确实让人难以置信，但在这世界上，还真的有能记住每件事情的人。对于这个代号叫“AJ”的女人来说，无论是多久以前发生的事情，都会清晰地出现在她眼前。

1978年，只有12岁的“AJ”第一次发现自己拥有不同寻常的记性。当时，正是7年级的期末，她坐在家里听妈妈不停地说话。这时候，她开始回想一年前，自己在上6年级时的情景。那一天是1978年5月，因此她开始想在1977年的5月自己都在做什么。她开始在脑海里回忆起从那时起的每一天，令她感到不可思议的是，她竟然能把每一天的事情都回想得那么清楚。“AJ”说：“说真的，当时我自己都吓了一大跳，我不明白我怎么可以记得这么清楚。”

只要是曾经发生在她身边的事情，“AJ”都能记得非常清楚。比如，某一天是星期几，当时世界上发生了什么新闻，在她的生活中当时都有些什么人，而且她也能把那天的天气记得非常清楚。“AJ”说：“我对天气特别敏感，所以我总能记得当时的天气。如果你告诉我你结婚的日子，或是你孩子的出生日期，只要是在过去30年里的，我都能告诉你当时的情况。”

在童年时期，“AJ”曾经经历过一些对她造成伤害的事情，科学家曾怀疑这些事情对她的记忆能力产生了影响。在8岁那年，“AJ”随家人搬到了一个陌生的州生活。16岁那一年，她发生了一次严重的车祸。“AJ”回忆说：“从美国东岸搬到西岸的那一次经历，对我来说确实是一次很大的打击。在头几个月的时间里，我总是回忆过去的时光，那时候我就意识到自己总是努力记住以前的每一件事情。从那次事件以后，我开始记每天的日期和星期。至于16岁那一年的车祸，对我倒没有什么影响。”

“AJ”有一个很特别的习惯，那就是写日记。她从11岁开始，一直写到了34岁。“当时我和家人一起出去度假，我玩得很开心，于是就想把这些事都写下来，好记住这些事情。从那时起我就一直写日记，直到2000年年初才中断。”

“AJ”说，由于自己在工作中要与很多出生日期打交道，因此每看到一个日期，比如1995年4月11日，她就会不由自主地在脑海中“看到”那一天的情景。“就像有人把录像带放进录像机一样，当时的情景就会在我的脑海中重现出来。我会记得那一天是星期二，记得我都做了些什么。”

当被问到是否觉得记日期和事情是强迫性的，“AJ”回答说：“我不知道是不是强迫性的，我只知道自己没办法控制。我曾经试图停止写日记，但是根本没用。虽然中断了几年，但我后来还是不得不重新回顾过去，把2000年至2004年这5年的日记都补写了出来。这是因为如果我不写的话，我就会觉得有东西在咬我一样，于是我不得不重新回忆过去，把它们都写下来。”

因为这种特殊的记忆力，“AJ”成了朋友眼中的“历史学家”。她说：“大家总是找我来证实一些事实。当他们对过去的回忆发生分歧时，总能在我这里找到正确的答案，因为我现在回想这些事情，就像当时看着它们发生一样。”

然而，从来都忘不了任何事情，对“AJ”来说也是负担。“当我站在那里，和其他人说话时，他们永远不会知道，我的脑子里正在想着1973年在家里后院发生的事情。”对于过去每件事情细节的回忆，仿佛在她的脑海里会互相挤压，强迫她一遍一遍地回忆，就像“脑子从来不停地在放电影”。

作为科学研究的对象，“AJ”表示，自己很高兴。她说：“在读过教授们写的关于我的文章后，我哭了，因为终于有人能够理解我在过去几十年里的感受了。”

“AJ”还表示：“这些回忆让我感到欣慰。我的家人都觉得，我的记忆力是上天的一份礼物。我也这么觉得。”

美国加州大学尔湾分校的科学家詹姆士·迈克高夫一直在对“AJ”进行研究。他表示，“AJ”是一个非常特殊的例子，她和其他那些在音乐、艺术和记忆等方面拥有特殊能力的人都不一样。

对于拥有普通记忆力的正常人来说，忘记或记错事情都是正常的。我们在记东西的时候，有点像是用一台电脑将大脑的不同区域相互连接起来，这样能够更好地记住那些基本的事实。

科学家分析说，“AJ”的大脑有可能在某些地方“接错线”了，导致她能够记住很久以前非常细节的东西，同时也不会妨碍她记住基本的事实。

目前，科学家正打算对“AJ”的大脑进行核磁共振扫描，以观察她的大脑是否与普通人的有所不同。不过，摆在科学家面前的，是一条艰难而漫长的道路。

美国佛罗里达州的认知科学家安德斯·艾里森表示，他的研究表明，即使是正常人，要拥有像“AJ”这样的超凡记忆能力也不难。艾里森说：“她曾连续24年坚持写日记，而且她也承认，自己经常反复想着日期和时间，这种强迫性的特征有可能是她记忆力的关键。”

迈克高夫也说：“如果普通人每天都花上半个小时的时间，回想一天发生过的事情，也是有可能拥有像‘AJ’这样的记忆力的。她并不是研究记忆技巧的专家，她只是在不经意间自然而然地做到了这一点。”

任务四　思维认知训练

教学情境

月月是妈妈的独生女，今年5岁半，相比较同龄的孩子，她的语言组织能力比较薄弱，不过月月的思维想象力和创造力却十分丰富，她似乎生活在一个童话世界里面，所有的生活事件都和童话故事人物有关系。她经常把自己比作一位童话世界中的小公主。在老师与月月的沟通下，发现月月的常识量不足，比如“太阳公公从哪边升起来，从哪边落下去”“胡萝卜是什么颜色”等，月月常常回答不上来。

课堂提问

1. 如果你是月月的老师，该如何引导月月？
2. 如果你是月月的老师，该如何跟月月的父母沟通？
3. 在课程设计中，你会采用什么方式让小朋友提高认知？写出两种以上的方案。

小组活动

心理沙盘游戏

1. 10人一组，定出心理沙盘游戏的主题。
2. 根据商定的主题，在心理沙盘中通过小组配合做出表现主题内容的沙盘世界。
3. 作品完成后，请每位组员分享沙盘游戏过程中的故事，并推选代表将共同完成的主题沙盘和大家分享，请现场所有同学和老师进行评价。

教学评价

请同学们填写表4-4。

表4-4　教学评价表

评价者 / 小组成员	个人评价		小组评价		教师评价	
	效果	改进意见	效果	改进意见	效果	改进意见

（续表）

评价者 / 小组成员	个人评价		小组评价		教师评价	
	效果	改进意见	效果	改进意见	效果	改进意见

知识拓展

一、幼儿认知特点

幼儿认知特点如表 4－5 所示。

表 4－5　幼儿认知发展的主要特点

年龄(岁)	认知发展
0—2	9 个月左右的孩子的共同关注有了显著的变化,但 1 岁以前,该能力的发展水平都较低。1 岁以后,言语的产生与发展使幼儿的注意又增加了一个非常重要而广阔的领域,使其注意活动进入了更高的层次:第二信号系统。当他听到成人说出某个物体的名称时,便会相应地注意那个物体,而不管其物理性质如何、是否是新异刺激、是否能满足其机体的需要。也就是说,物体的第二信号系统特征开始制约、影响幼儿的注意活动
2—4	表征能力有巨大的发展,反映在语言的发展、假装游戏、绘画以及对双重表征的理解上。在简单而熟悉的环境中、在日常面对面的沟通中,能够认识到他人的观点(观点采择)。能够区分动物和非动物;否认魔法能够改变日常经验。掌握守恒,会逆向思维,能够理解熟悉背景中的很多因果关系。根据共同的功能对物体和行为进行分类,提出关于每一类别共享的基本特征。对熟悉的物体进行分层,组织分类。区分外表与真实
4—7	越来越意识到假装游戏(以及其他的思维过程)是表征活动。用似是而非的解释来替代仙女、妖精等魔法信念对违反期望事件的解释,表明幼儿有了更为可靠的理解

二、少儿思维训练

少儿思维训练最好的方法就是游戏。有专家研究表明,一天一个游戏,孩子聪明出众。

清华大学教授郑人杰认为，在信息时代，要让孩子远离电脑和网络是不切实际的。电脑和网络本身没有错，关键在于用什么样的内容去引导孩子。游戏原本是儿童所喜爱的活动项目之一，但随着科学技术的发展，出现了电子游戏机，我们要引导孩子利用电子游戏机或其他游戏进行各种复杂的智力训练，继而提高孩子的思维能力。另外，还有以下思维训练方法。

1. 鼓励孩子参加娱乐活动

娱乐活动不但具有趣味性，而且还可以开发孩子的智力。孩子积极参与个体或群体娱乐活动有助于培养孩子的聪明才智，比如打球、下棋、猜谜等涉及思维的各种活动，能够锻炼孩子的思维能力。

2. 专业思维训练

可以指导孩子参加专业的训练活动，如脑筋急转弯等智力问答，在训练中提升孩子的思维能力。

我们可以根据孩子的性格特征，选择适合其年龄特点的一些智力训练题进行有目的、有方向性的思维能力训练，使孩子的思维品质在某一方面得到迅速强化和训练。比如脑筋急转弯不仅可以训练孩子的敏捷性和灵活性，还可以开发孩子的智力。当孩子遇到困难时，不要急于告诉孩子答案，而要引导孩子打破顺向思维的条条框框，另辟蹊径去独立思考，这样找到答案后会让孩子有成就感。如果孩子在努力思考后仍找不到解决问题的途径，我们再进行及时的点播和帮助也未尝不可，但切记嘲讽和戏谑孩子，伤害孩子的自尊心，家长决不能剥夺孩子思考的权力而越俎代庖。

3. 鼓励孩子学习知识

我们要在平时的学习中对孩子进行思维能力的训练。对知识孜孜不倦的学习和思考，本身就是一种训练孩子思维能力的重要途径。在孩子做家庭作业时，我们如果能训练孩子长期坚持以快为前提，以正确为关键，让孩子做到快、准、稳，定时定量地训练做作业的好习惯，对于培养孩子思维的灵活性和敏捷性是非常有效的。

教育故事

伽利略，1564 年生于意大利的比萨城，就在著名的比萨斜塔旁边。他的父亲是个破产贵族，当伽利略来到人世时，他的家庭已经很穷了。17 岁那一年，伽利略考进了比萨大学。在大学里，伽利略不仅努力学习，而且喜欢向老师提出问题。哪怕是人们司空见惯、习以为常的一些现象，他也要打破砂锅问到底，一定要弄个一清二楚。

有一次，他站在比萨的天主教堂里，眼睛盯着天花板，一动也不动。他在干什么呢？原来，他用右手按左手的脉搏，看着天花板上来回摇摆的灯。他发现，这灯的摆动虽然是越来越弱，以至每一次摆动的距离渐渐缩短，但是，每一次摇摆需要的时间却是一样的。

于是,伽利略做了一个适当长度的摆锤,测量了脉搏的速度和均匀度。从这里,他找到了摆的规律。钟就是根据他发现的这个规律制造出来的。

家庭生活的贫困,使伽利略不得不提前离开大学。辍学后,伽利略仍旧在家里刻苦钻研数学。由于他的不断努力,在数学的研究中他取得了优异的成绩。同时,他还发明了一种比重秤,写了一篇论文,题目为《固体的重心》。此时,21 岁的伽利略已经闻名全国,人们称他为“当代的阿基米德”。在他 25 岁那年,比萨大学破例聘他当了数学教授。

在伽利略之前,古希腊的亚里士多德认为,物体下落的快慢是不一样的。它的下落速度和它的重量成正比,物体越重,下落的速度越快。比如说,10 千克重的物体,下落的速度要比 1 千克重的物体快 10 倍。

1700 多年前以来,人们一直把这个违背自然规律的学说当成不可怀疑的真理。年轻的伽利略根据自己的经验推理,大胆地对亚里士多德的学说提出了疑问。经过深思熟虑,他决定亲自动手做一次实验。他选择了比萨斜塔作为实验场。这一天,他带了两个大小一样但重量不等的铁球,一个重 100 磅,是实心的;另一个重 1 磅,是空心的。伽利略站在比萨斜塔上面,望着塔下。塔下面站满了前来观看的人,大家议论纷纷。有人讽刺说:“这个小伙子的神经一定是有病了! 亚里士多德的理论不会有错的!”实验开始了,伽利略两手各拿一个铁球,大声喊道:“下面的人们,你们看清楚,铁球就要落下去了。”说完,他把两手同时张开。人们看到,两个铁球平行下落,几乎同时落到了地面上。所有的人都目瞪口呆了。伽利略的试验,揭开了落体运动的秘密,推翻了亚里士多德的学说。这个实验在物理学的发展史上具有划时代的重要意义。

任务五 实践能力与智商训练

教学情境

每天晚饭后是彤彤一家最快乐的时光,三口之家一起做游戏、唱歌、听音乐,笑啊,闹啊,玩得可高兴了。有一天晚饭后,妈妈提议道:“我们今天做一个词语接龙的游戏吧!”“词语接龙? 妈妈,怎么玩呀?”彤彤问。妈妈说:“这词语接龙呀,就是爸爸先说一个词,然后你用这个词的最后一个字作为开头另说一个词语,我再用你说的词语的最后一个字再说一个词语,重复进行,但不能说重复的词,比如天天、娃娃,明白了吗?”彤彤答道:“好啊好啊,我还没玩过呢,我要玩,我要玩……”新的游戏又其乐融融地开始了……

课堂提问

1. 彤彤一家玩的游戏是属于规则性游戏中的哪一类?
2. 彤彤一家玩的词语接龙游戏可以发展哪几个方面的能力?

小组活动

运算能力训练

游戏内容:自愿组合,每两人一组进行游戏,以“剪刀、石头、布”决胜负,胜者先抽牌,另一名同学凑数,进行50以内的加减运算练习,算得对又快的同学得相应奖励。游戏结束,奖励多的同学为胜。

游戏规则:牌面朝下,每次只能抽一张,多抽不抽都是违规。

教学评价

请同学们填写表4-6。

表4-6 教学评价表

评价者 / 练习者	个人评价		小组评价		教师评价	
	效果	改进意见	效果	改进意见	效果	改进意见

知识拓展

一、韦氏智力测验(WAIS-RC)各分测验的主要功能

(1) 知识:29个一般性知识题目,主要测量人的知识广度、一般学习能力、接受能力、记忆力及对日常事物的认识能力。

(2) 领悟:14个按难易程度排列的问题,主要测量判断能力、运用实际知识解决新问题的能力。该测验对智力的G因素影响较大,与知识测验相比,受文化教育影响小,记分方面难把握。

(3) 算术:14个算术题,重点测量数学计算的推理能力和主动注意的能力。

(4) 相似性:13对名词,每对词表示的事物都有共性,要求受测者概括出两者的相似

点。主要用来测量抽象思维能力、逻辑思维能力与概括能力，是G因素很好的测量指标。

(5) 数字广度：12组无关的数字按长短分两队排列，最短的2个数字，最长的12个数字。重点测量人的注意力和短时记忆能力。数字广度测验对智力较低者主要测量的是短时记忆能力，对智力较高者主要测量的是注意力，且得分未必会高。

(6) 词汇：40个词汇，按难度排列，要求个体解释词意。重点测量个体与抽象概括能力有关的言语理解能力，能在一定程度上了解其知识范围和文化背景。它是测量智力G因素的最佳指标，可靠性很高。

(7) 数字符号：1～9诸数各有一个规定符号，要求个体按照相应方式，迅速在每个数字下的空格中按从左到右的顺序填表，限时90秒钟。重点测量一般学习能力、知觉辨别能力、灵活性及动机强度等。该测验与个体的性别、工种、性格和个人缺陷有关，不能很好地测量智力的G因素，但记分快、不受文化影响。

(8) 图画填充：由21张卡片组成，要求受测个体在20秒内指出欠缺的部位及名称。重点测量人的视觉辨认能力及视觉记忆与视觉理解能力。填图测验有趣味性，能测量智力的G因素，但易受个体性别、经验、生长环境等影响。

(9) 木块图：呈现10张几何图案卡片，让受测个体用4个或9个红白两色立方体积木照样摆出来。重点测量个体辨认空间关系的能力、视觉结构的分析和综合能力及视觉与运动协调能力等。该测验对于诊断知觉障碍、老年衰退具有很高的效度。

(10) 图片排列：材料为8组随机排列的图片，要求受测个体按内在联系等方式把图片组成一个完整故事。重点测量个体的社会计划性、分析综合能力、观察因果关系的能力、预期力和幽默感等。可用于测量智力的G因素和跨文化测验。此测验易受视觉敏锐性的影响。

(11) 图形拼凑：共4套切割成若干块的图形板，要求受测个体拼出一个完整的图形。重点测量局部与整体关系的处理能力、概括思维能力、知觉组织能力及辨别能力。

二、动手实践能力的作用

心理学研究表明，儿童的思维是从动作开始的，切断了动作与思维之间的联系，思维就得不到发展。苏联著名教育家苏霍姆林斯基说过："儿童的智慧在他的手指尖上。"我国著名教育家陶行知先生也提出了"手脑并用"的理论，提倡让孩子通过自己的口、眼、手，在亲自感知、观察、操作的过程中去感知世界，习得知识。动手训练不仅能有效促进幼儿手部肌肉的灵活，还具有多种作用，具体表现在以下方面。

1. 增强幼儿记忆力

人的一举一动都要受到大脑的支配，各种各样的动作，能使相应的脑细胞得到锻炼，提升幼儿记忆力。

2. 有利于幼儿思维发展

幼儿在动手拼拼、搭搭、拆拆活动中,能根据问题的变化,按照不同材料和条件及时地改变思维方法,并会用创造性的方法抓住问题的本质。

3. 促进幼儿非智力因素发展

(1) 动手实践能有效发展注意力。对幼儿来说,让他认识一个物体,掌握一种技能或明白一个道理,光靠家长的说教或直观演示是不行的,必须让幼儿亲自感知动手来实现,只有直接施于动作,被认识的对象才能进入意识中。

(2) 动手实践有利于培养幼儿的意志力和独立性。在训练幼儿动手实践能力的时候,我们可以根据孩子的年龄特点、个性特征等,有意识地设置一些困难来磨炼幼儿,培养他们专心致志、克服困难的毅力,并让孩子独立解决难题,培养孩子的独立性。

教育故事》

进化论的奠基人达尔文在7岁那年对植物和动物产生了浓厚兴趣,他搜集了许多风干的植物和死了的昆虫,还有硬币、图章、贝壳和化石等许多东西,并自己在家里做一些简单的化学实验。达尔文上学后,常常利用课间活动采集植物。有一次,达尔文受到校长的当众训斥,并被警告:如果还玩这些玩意儿,就把他赶出学校。回到家里,达尔文把这件事告诉了父亲,不但没有受到批评,反而还得到了父亲的支持。父亲只是告诉他不要在学校采集标本,那样会影响功课。父亲还把花园里的一间小棚子交给孩子做化学实验,并对他说:"你要善于并敢于想象,只有大胆想象,你才能有所发现。"父亲的鼓励使达尔文更加痴迷于自己的研究,终于发现了生物的进化规律,写出了足以影响整个人类的巨著《进化论》。后来,达尔文说:"没有想象,一切都不会存在。"开启孩子的思维,首先要让孩子学会梦想,敢于梦想。其实每个孩子都有五彩缤纷的梦想,尽管有些异想天开,脱离眼前的实际,但毕竟是一种积极的态度,是孩子最有价值的精神财富。

项目五

少儿教育潜能开发

任务一　适 应 环 境

教学情境

小满刚满3周岁，父母选择了离家比较近的幼儿园让小满入园。小满3岁之前一直是由妈妈和奶奶照顾的。爸爸妈妈担心孩子不能适应，上学前两天，就开始给孩子做准备工作，首先从孩子的心理状态开始调整，爸爸妈妈给小满构建了一幅非常快乐的幼儿园环境画面，小满在这两天会不断地问爸爸妈妈有关幼儿园的问题，爸爸妈妈也用最美好的设想来回答小满。入园第一天，小满非常兴奋地来到幼儿园，并且很快就独立融入班级环境中。

在幼儿园的区域活动课中，老师带来了很多玩具让小朋友们玩。小满迫不及待地跑过去挑选了自己最喜欢的一件，同班小朋友们都在挑选自己喜欢的玩具。这时有一个小朋友看见小满手中的玩具，一把夺了过去。小满很着急，就去跟这个小朋友争夺，但争夺失败，小满顿时哇哇大哭。班主任老师耐心地哄了很久才让小满停止哭泣。

第二天，小满早上一起床就拒绝去幼儿园，对爸爸妈妈还有奶奶发脾气，不管怎么样劝说，都没有用，妈妈只好强迫小满去幼儿园。到幼儿园后，班主任老师说："孩子刚入园都会有这样的情况，请您放心回去，孩子放心交给我们就好！"

课堂提问

1. 你认为小满爸爸妈妈的做法怎么样？你有什么更好的建议。
2. 作为小满老师，应该采用什么方式与小满沟通？
3. 从小满的年龄特点看，应该设计什么样的幼儿园环境，孩子才能更好地适应？

小组活动

头脑风暴法

请你写出生活、学习或人际交往过程中遇到的一个问题，并把这个问题交给小组长，小组长将问题分发给本组其他成员，由其他成员帮你想一想，怎么解决你的问题。找出更多解决问题的办法，与同学进行交流。

教学评价

请你记录下你的问题：____

____

解决问题的办法：____

____

知识拓展

一、社会适应能力训练

社会适应能力是生存必备的能力，与生俱来。随着年龄的增长，每位孩子的社会适应能力会逐渐提高，他们逐渐将关注的对象由自己转向他人，开始感到自己有许多方面不如别人，更加愿意与同伴共处，为了让小伙伴接纳，甚至不惜拿出自己最珍爱的玩具或食品。此时的孩子非常希望能融于同伴之间，融于社会之中。他们也与同伴争吵，但是开始讲究方法和技巧，一般的孩子就不会表现出“胡搅蛮缠”“蛮不讲理”的态度了。根据孩子社会性发展的特点，我们应该注意以下问题：

1. 为孩子提供更多的交往机会

可以邀请邻居家的孩子到自己家玩或带孩子去做客，遇到合适的场合都可以带孩子“光临”，这样就满足了孩子渴望交往、渴望得到他人接纳与认同的意愿。

2. 培养孩子与人交往的技能

孩子喜欢与他人，尤其是同伴交往，但是，假如他不掌握交往的技能，就得不到同伴的认同甚至受到冷落或孤立，这会给孩子社会性的顺利发展带来阻碍。家长应告诉孩子与人交往时要谦让、友好、协商、分享，若孩子这方面做得很差，家长可以提供一定的情景，加强对孩子的训练。学会交往的技能，这是交往的前提条件之一，也是交往的基本功夫。

3. 不要过分干预孩子之间的交往

因为孩子为了得到他人的接纳，可能会表现出迁就他人、宽宏大量等行为。家长可能为此不高兴，认为自己的孩子受了委屈、受别的孩子欺负，有的家长甚至出面干涉或阻止孩子们之间继续交往。这样很不好,如果发现确实是因为孩子本身的性格特点所致,家长应注意教育孩子,在他每次与小朋友交往中,家长仔细观察,再与孩子单独沟通,帮助孩子分析问题所在,指导孩子如何正确结交朋友,如何与朋友相处。

二、幼儿园适应能力培养

1. 心理上的准备

平时要多跟孩子聊聊幼儿园的事。建议有时间的时候带孩子在幼儿园里玩玩,让孩子发现幼儿园有各种好玩的玩具、童话般的环境布置,同时,多引导孩子讲一些幼儿园里有趣的故事,这样对他熟悉幼儿园生活有很大的帮助。

2. 语言交流上的准备

平时家长需要多用语言跟孩子交流,鼓励孩子把他的想法说出来。这样到幼儿园遇到问题才能准确地告诉老师。

3. 生活自理能力的准备

孩子的语言表达能力再好,老师也不可能事事帮着他做。最起码的穿脱衣服、上厕所提裤子、喝水、吃饭等,小家伙是要有能力自己做的。适当奖励和适当的惩罚也是必要的。教孩子就是一个玩游戏的过程,让他感受到快乐,自然就会在玩中学。

4. 做好物品方面的准备

孩子适应环境的能力是后天培养的,要在社会活动和劳动中形成。家长和老师要给孩子创造社交的机会,让小朋友一起做游戏,开展各种有益的活动;让孩子加入自己的活动圈中,培养孩子大胆在别人面前说话,热情大方介绍自己和接待客人;让孩子参加力所能及的家务劳动,让他们掌握一些劳动技能,在劳动中培养他们的团队合作意识和协作精神。我们应该充分培养孩子的综合能力,以更好地让孩子适应环境。

教育故事

据今天7000万年到2亿年的中生代是爬行动物的盛世,恐龙是那个时代地球的霸主,统治着海陆空三界。恐龙刚刚出现时,就生活在一块古陆地上,那里是恐龙的乐园。可是到了侏罗纪,古陆地开始分裂,并且开始漂向不同方向,由于大陆漂移,在白垩纪晚期,恐龙生活的环境发生了巨大的变化,气温逐渐下降。这样一来,像没有御寒装备和生理机能的恐龙这样的冷血动物就变得不能适应了,气候变冷体温就跟着下降,忍受不住寒冷就会死亡。它们的呼吸器官只适于对付湿热的空气,却对付不了变得又干又冷的空气。由于气候的改变,原来很茂盛的蕨类等裸子植物绝迹了,代之以能开花结果的被子植物。一到冬天,万物凋零,恐龙的食物匮乏。在新的环境面前,在漫长的进化过程中身体构造已经定型的恐龙,只能走上灭绝的道路。而能够进行冬眠的蛇、蜥蜴类,身上长毛能御寒并能躲进山洞避寒的小型哺乳类动物和鸟类,却得以生存下来。

任务二 情绪管理

教学情境

一群小女孩在跳皮筋,其中一个孩子在跳的时候经常踩到皮筋,导致和她一起跳的孩子中途败下阵来。败下阵来的孩子着急地骂这个女孩:“你怎么这么笨呢!笨得像头猪一样,连这也不会玩,我们不跟你玩了!”被骂的女孩也很生气:“就你会玩,你自己去玩呗!”她也赌气地把皮筋扔下,不和她们玩了。

课堂提问

1. 玩游戏让孩子们不欢而散,从教育者的角度分析,这是什么原因呢?
2. 该案例中,我们要培养孩子们的什么能力?
3. 家长又该如何引导孩子呢?

小组活动

面具交流会

1. 准备材料:每人一张纸面具,一盒颜料,一支水彩笔。
2. 将纸面具绘出自己想要的情绪面孔,绘制完成后所有人戴着面具,并跟尽量多的人交流,交流时注意观察对方的面具,并记下内心的感受。
3. 总结与不同同学交流时的感受,并做分享。

教学评价

描绘你的情绪面孔。

知识拓展

一、情绪的种类

情绪的种类按情绪发生的速度、强度和持续时间,分为心境、激情和应激三种。

1. 心 境

心境又叫心情,是我们平常的情绪状态,是一种微弱、持久而又具有弥漫性的情绪体验。愉快的心境令人轻松、愉快,看待周围的事物都带上欢愉的色彩,动作也变得更敏捷;不愉快的心境令人沉重、心灰意冷,对什么事情都提不起兴趣。

心境持续时间短的只有几小时，长的有几周、几个月，甚至数年，因此，心境深刻地影响人的生活、工作和心理健康。保持积极、乐观的心境会增强克服困难的信心，有益于健康；相反，消极和悲观的心境会降低人的活动效率，使人意志消沉，长期的焦虑可引发很多疾病，有损于健康。

持续稳定的积极心境有降低个体不良敏感的作用，对过程控制中的变异自控能力相对较高，所以，善于调节自己的心态，克服不良的心境是一种良好的能力。

心境是6Q中气质相融度的关键指标之一，是可以测量和量化的指标，其测量过程复杂，在此不作专题介绍。

2. 激　情

激情是一种强烈的、爆发式的、持续时间较短的情感表现形式，这种情绪表现具有明显的生理反应和外部行为表现。

激情既有积极的，也有消极的，往往由重大的、突如其来的事件或激烈冲突引发。在积极状态中的人，能做出平常做不好的事，甚至有意想不到的超级发挥；而消极状态可以让人的认识范围变窄，分析能力和自我控制能力降低，进而可能失控产生极端的行为。

3. 应　激

应激是出乎意料的紧迫与危险情况引起的快速而高度紧张的情绪状态。能够引起应激反应的事物叫应激源，对个体来说是一种能产生巨大压力的刺激物，是迫使个体必须适应和应对的环境要求。

应激源有躯体的，如辐射、疾病、地震、高温、低温、强烈的噪声等，也有心理社会性的，如非典等重大的生活事件、难以适应的社会变革以及工作中的重大不顺利等。

应激影响需要快速得到消除，强烈和持久的应激反应会损害个体的工作效能，可能会造成许多疾病或障碍。比如身体各系统和器官的生理不良反应，认知、情绪和自我防御反应引起认知障碍、焦虑、恐惧、愤怒、抑郁的情绪等。

应激发生后，个体可以通过听音乐、从事体育活动、寻求社会支持等方式来调整自己的情绪，也可以通过重新评价应激源或集中精力解决面对的问题来处理。

二、幼儿情绪发展的特点

1. 情绪不稳定

到了幼儿期，幼儿情绪和情感的稳定性虽然比婴儿期稍有提高，但仍然是经常变化不稳定的，甚至喜怒、哀乐两种对立的情绪也常常在很短的时间内互相转换。

2. 情绪比较外露

幼儿初期，幼儿的情感完全表露于外，几乎不加控制或掩盖。比如初上幼儿园的幼儿，由于离开了熟悉的家庭环境而大哭大闹起来，几乎不顾及周围是否有人看见自己的行为。

3. 情绪极易冲动

幼儿的情感非常容易受外界事物的影响而冲动，常常处于激动的情绪状态。这种现象在幼儿初期尤其突出。如班上来了许多客人参观、观摩时，幼儿往往容易兴奋、激动起来，不能抑制，并且幼儿间互相影响，这种兴奋情绪一下子就弥漫全班。这时，如果老师再紧张、慌乱，就会给孩子以消极影响，幼儿就越来越“疯”了。在日常生活中，我们也常常能见到，幼儿因为生活中的小事而使情绪处于激动状态。

教育故事

几十年前，波兰有个叫玛妮雅的小姑娘，学习非常专心。不管周围怎么吵闹，都分散不了她的注意力。一次，玛妮雅在做功课，她姐姐和同学在她面前唱歌、跳舞、做游戏。玛妮雅就像没看见一样，在一旁专心地看书。姐姐和同学想试探她一下。她们悄悄地在玛妮雅身后搭起几张凳子，只要玛妮雅一动，凳子就会倒下来。时间一分一秒地过去了，玛妮雅读完了一本书，凳子仍然竖在那儿。从此姐姐和同学再也不逗她了，而且像玛妮雅一样专心读书，认真学习。玛妮雅长大以后，成为一个伟大的科学家。她就是著名的诺贝尔化学奖获得者居里夫人。

任务三 有效沟通

教学情境

在某个快餐店里，一位年轻的妈妈气势汹汹地对孩子说：“今天要不是人多，我肯定要揍你！”孩子看着母亲，一脸无辜。这个孩子准是调皮让他妈妈生气了，还好，现在人多，孩子没有挨打。可是，后来孩子的妈妈依然没有控制住自己的情绪，一巴掌朝孩子打了过去，孩子顿时哭起来。虽然不知道事情的原委，但是有人还是替那个孩子打抱不平：“你刚才不是说不打孩子了吗？怎么一眨眼就等不及了。孩子犯了什么错，至于你出手这么重？”

课堂提问

1. 你认为，这种沟通方式会对孩子带来什么不良影响？
2. 我们该如何与家长沟通？将“有效沟通”的课题内容带给家长。
3. 对于类似的孩子，作为老师该如何引导孩子？

小组活动

制作家长小贴士

1. 5 人一组，准备白纸、彩笔。

2. 设计与亲子教育相关的“家长小贴士”，注意使用家长容易接受的、轻松愉快的语言，并使用合适的心理色彩搭配设计。

教学评价

请同学们填写表5-1。

表5-1　教学评价表

评价者 设计者	个人评价		小组评价		教师评价	
	效果	改进意见	效果	改进意见	效果	改进意见

知识拓展

一、亲子沟通方式

(1) 不迎合孩子的观点，也不批评孩子的观点，利用自己的阅历向孩子说明自己的观点和看法。

(2) 对孩子适当的宽松。孩子做得好，要给予表扬，孩子如果做错了，也不要直言批评，应该用包容的心，用客观事实让孩子明白这样做是不对的。

(3) 语言要简明扼要。在与孩子的沟通过程中，不要一个劲地说个没完没了，而应该挑选一些重要的告诉孩子，然后让孩子能够做到自己吸收这些知识，而不是左耳进、右耳出。

(4) 不要一味地表示你为孩子付出了多少，也不要老拿自己小时候和孩子比，更不要在孩子之间作比较。

(5) 给孩子做最好的顾问。孩子的叛逆心理，是孩子成长的一个过程。我们不需要言辞说教，但孩子要有个顾问和参谋，在孩子考虑事情的时候能够给他们出主意、想办法。所以老师可以将这部分知识分享给家长，并引导其做好孩子的顾问。

(6) 给孩子言论的自由。给孩子说话的机会和平台，孩子说话的时候，让孩子能够把话说完。事实证明:给孩子说话的机会,是一种成功的教育方法。

(7) 不要把孩子的学习成绩作为核心,不用物质来满足孩子、激励孩子。

二、最会爱孩子的六句话

微信上曾经多次转发这六句最具爱心的话语:

第一句:“孩子,不管发生什么,我都会和你在一起,我永远爱你!”(给予孩子安全感)

第二句:“你是独一无二的,走你的路,做你自己!”(给予孩子价值感)

第三句:“也许你是对的,我只是建议,决定权在你。”(给予孩子尊严,让孩子学会自我负责)

第四句:“相信你能处理好自己的事情,如果需要,我会和你一起面对,尽我的力量陪伴你。”(给予孩子自信与支持)

第五句:“你无论做得怎么样,表现如何,你都是我亲爱的孩子,我依然爱你。”(给予孩子接纳与鼓励)

第六句:“我喜欢你这种行为,不喜欢你那种行为。这不表示我是对的,你是错的。但一切都必须自己体验并承担。”(鼓励孩子个人化与自我负责)

这个世界按照自己的方向流动,每粒种子按照原本的样子成长,每个孩子生来就是圆满具足,如上所述,带着对生命无比的信任和祝福,轻轻地对孩子说这些滋养心灵的语言,这是孩子收到的最终珍贵的财富!

教育故事》

春秋战国时期,耕柱是一代宗师墨子的得意门生,不过,他老是挨墨子的责骂。有一次,墨子又责备了耕柱,耕柱觉得自己真是非常委屈,因为在许多门生中,大家都公认耕柱是最优秀的人,但又偏偏常遭到墨子指责,让他面子上过不去。

一天,耕柱愤愤不平地问墨子:“老师,难道在这么多学生当中,我竟是如此差劲,以致要时常遭您老人家责骂吗?”墨子听后说:“假设我现在要上太行山,依你看,我应该要用良马来拉车,还是用老牛来拖车?”耕柱回答说:“再笨的人也知道要用良马来拉车。”墨子又问:“那么,为什么不用老牛呢?”耕柱回答说:“理由非常简单,因为良马足以担负重任,值得驱遣。”墨子说:“你答得一点也没有错,我之所以时常责骂你,也只因为你能够担负重任,值得我一再地教导与匡正你。”耕柱从墨子的解释中得到欣慰,放下了思想包袱,从此潜心修道。

任务四　融合融入与情商培养

教学情境

一个春光明媚的日子,公园里有许多孩子正在快乐地玩游戏,其中一个小女孩不知绊到了什么东西,突然摔倒了,并开始哭泣。这时,旁边有一位小女孩立即跑过来,别人都以为这个小女孩会伸手把摔倒的小女孩拉起来或安慰鼓励她站起来,但出乎意料的是,这个小女孩竟在哭泣着的小女孩身边也故意摔了一跤,同时一边看着小女孩一边笑个不停。泪流满面的小女孩看到这个情景,也觉得十分可笑,于是破涕为笑,两人滚在一起大笑起来,非常开心。

课堂提问

1. 是什么原因让哭泣的小女孩能破涕而笑?
2. 请说说我们培养孩子的情商需要从几个方面着手?
3. 情商跟孩子或成人的发展有什么直接的关系?

小组活动

游戏:一只青蛙

参与者围成一圈,面朝中央。当中主持人念"一",顺时针下一位念"只",再到"青",到"蛙",到"跳",到"进",到"水",到"中",到"咚",接着"两只青蛙跳进水中咚咚"……依此类推,跟不上节奏或出错者表演节目。

沟通是孩子每天生活随时需要的技巧。尤其,当孩子年龄渐长,欲望增多时,语言沟通的需要就越多,孩子情绪的波动也将越发强烈。这个游戏可以锻炼孩子的倾听和分析能力。

教学评价

请你记录下自己出错的原因:____

你打算如何改进:____

知识拓展

一、沟通能力训练

沟通意识,是指人自觉、积极、主动沟通的倾向,必须从小培养。通过语言等交际手段达到宣传、告知、说服他人的目的,最终目标是让他人行动。

现代社会是一个沟通世界,关系世界,从亲子关系到同学、师生关系,到以后的同事关系、上下级关系、婚姻关系及其他社会关系,个人在处理这些关系时需要不断地学习各种知识、技能、规范。只有这样,孩子的个性才得以按照社会角色的期待被培养,才能具有适应社会、求得生存和发展的能力。

人际沟通需要先注意面部表情语言,以眼睛最为重要,在现实生活中,人的眼睛会说话、人的眼睛招人爱,这种现象我们常常可以见到。目光的运用应注意以下几个方面的问题:

1. 眼睛是心灵的窗口

注意观察孩子目光注视的部位,在孩子清醒状态下,通过各种不同的物品和丰富的人物表情吸引孩子的目光,促使孩子眼睛自然转动。

2. 孩子的微笑

人是最赋有表情的动物,微笑是最甜、最美、最动人、最心旷神怡的表情,是最珍贵的、无需花费一分钱的化妆品。动物有痛苦、愤怒,但它们绝对微笑不起来,微笑是人类特有的精神财富,是以礼待人的最感人的表情。据调查,很多政治家、外交家、演员、公关小姐、运动员,他们事业上的成功,不仅仅因为他们有出众的才华,更重要的是他们那颇具魅力的微笑。达·芬奇的名画《蒙娜丽莎》的微笑,令人陶醉,令人痴迷,令人赏心悦目,永远是一个神秘的难解之谜。俗语说:一笑泯恩仇;笑一笑,十年少。

孩子天生就会笑,无需家长训练。家长只需要积极关注就可以了。随着孩子的成长,家长需要对孩子的微笑加以鼓励和训练。

(1)自然地微笑。微笑是发自内心的,是美好心灵的表露。需要引导孩子怀抱感恩之心,少一份怨天尤人的抱怨,多一份发自内心的满足与快乐。感恩生活给予自己成长的机会和磨砺,感恩生活给予自己友情和亲情。这样孩子的笑容才能自然、亲切、美好、得体。

(2)真诚地微笑。微笑其实包含的潜台词就是:“我喜欢你,你使我高兴,见到你真的很愉快。”真诚其实就是真切、诚恳之意,温暖人心。在家庭训练的时候,家长要给孩子传递正能量,微笑着面对孩子:“怎么了?孩子,发生什么事情了?可以告诉我吗?”

(3)把握微笑的时机。微笑并不是不讲条件的,也并不是可以用于一切交际环境。它的运用是很有讲究的,这讲究就是微笑的艺术。微笑首先要注意场所。出席一个庄严的集会,参加一个追悼会,或讨论重大的政治问题,自然不宜微笑。谈论一个严肃的话题,或者告知对方一个不幸的消息时,或者你的谈话使对方感到不愉快的时候,就不应该微笑了,如果不管不顾,自顾自地微笑,那就变成傻笑了。另外,微笑要讲究程度。笑得太放肆、太过分、太没有节制,就会有失身份,令人反感。微笑如果一笑即收敛,一闪而过,同样收不到什么效果,微笑的程度应该合适。具体合适的程度,需要你在实践中摸索。这些知识，家长可以适时传授给自己的孩子。

3. 倾听能力

家长需以身作则，积极倾听孩子的心声。有时候，孩子不会因为父母不停地说话感到快乐，反而因为父母愿意耐心倾听自己的心声而感到快乐。学会做个能耐心且善于倾听孩子诉说的家长，对建立良好的亲子关系很重要。有些家长往往不注意“倾听”，对孩子的话很不耐烦，从头到尾只说自己的事情，随意打断并插入自己的意见，动辄否定孩子的意见，这就关闭了孩子与父母沟通的大门。家长不仅要耐心倾听，还要表现出特别的好奇心，以此激励孩子发表个人见解。

同时，需要耐心指导孩子掌握倾听技巧，可以让孩子总结每次谈话的内容，提炼谈话的主题。

4. 赞美能力

提高孩子赞美能力的最佳途径就是家长以身作则，多赞美孩子。任何人都希望得到他人的认同和赞赏，从而证明自身存在的价值。赞美的话语最能激起孩子的自尊心。当然，赞美需要注意方式方法，赞美的事情应该是经过孩子个人努力取得的，孩子不劳而获的事情，千万不能赞美，以免助长孩子的虚荣心。

通过家长榜样的作用，孩子慢慢掌握恰当赞美别人的技巧，从而获得更多朋友的认可和接纳。

5. 自控调节能力

引导孩子学会自我调节，正确解决人际交往中出现的问题，经常保持愉快、满意、开朗的心境，当消极情绪出现时能合情合理地宣泄、排解、转移与升华，经常保持良好的心态，这对良好人际关系的建立十分重要。

总结起来，良好的沟通需要记住几句话：口出良言，面带微笑，善于倾听，把控情绪。

二、团队合作训练

众所周知，蚂蚁是自然界中最为团结的动物之一。一只蚂蚁的力量是微不足道的，但上百万只蚂蚁团结起来，组成一个蚂蚁军团，则可以在几分钟之内将豺狼虎豹啃噬得只剩下一堆骨头。这就是“蚂蚁效应”所产生的威力。当大雨冲垮了蚂蚁窝时，蚂蚁们为了重建自己的家园，团结一致，百折不挠，拼命地搬运沙子，艰难地往地势高的地方爬。一个传递一个，很快它们就把家园修好了，恢复了正常的生活。在蚂蚁的兵工团里，有默契弹性的分工协作，一只蚂蚁搬食物往回走时，碰到一只蚂蚁会把食物交给它，自己再回头，蚂蚁要在哪个位置换手不一定，唯一固定的是起始点和目的地，这启发了我们在工作中的互动和配合。

1. 自觉培养团队意识

在团队中，个人或许起到了重要的作用，但个人英雄主义是一定要杜绝的。球队获胜的关键,在于成员之间的配合和默契,而不是一两个所谓的"明星"球员;乐团如果想要走得长远,就一定要注重成员之间的平衡,而不是只突出某一个成员的才华和技巧。作为团队的一员,不要只想着展现自己的实力,而是要具有整体意识和大局观,更好地服务于整个团队。有一位公司老总曾经举过这样一个例子:在他的公司里有一个员工,不仅拥有出色的学历,而且在工作上也做出了很多成绩。按照他的才能,早就应该晋升到更高的职位,可是,事实却并非如此,那些能力比他差的人都得到晋升,而他却一直停留在原位。原来,这位员工做事喜欢独来独往,不能和同事很融洽地相处。当同事需要协助时,他不是拒绝就是敷衍,而他也很少向其他同事求助,宁可事事亲力亲为。

2. 参与合作训练

(1) 注重参与班集体活动。鼓励孩子积极参与班集体活动,千万不要怕麻烦或者担心孩子在活动中受到伤害而阻止孩子参加集体活动。

(2) 独立与合作相结合。培养孩子独立能力,引导孩子学会合作。两者相结合,给孩子营造一个宽大的心理空间。

(3) 有意识地营造同一性。在集体活动中,配合学校和老师,要求孩子必须遵守团队的同一性,必须牢记团队的统一口号、统一服装、统一语言、统一礼仪等,自觉地培养团队合作意识。

(4) 陪同孩子参加专门的社会活动。通过一系列精心设计、组织的体育活动,激发孩子的自尊,开发其心智,培养其团队精神,等等。适量参加社会实践活动,有利于孩子体验团队的伟大力量,增强孩子的责任心与参与意识,树立相互配合、相互支持的团队精神和群体合作意识。

EQ 高的孩子往往心理状态良好,情绪控制能力强,拥有良好的人际关系,人气指数较高。每个孩子爱的能量是无穷无尽的,父母家人的关爱、肯定和鼓励就是爱的"种子"。通过 EQ 训练,我们在孩子的心中,种下了这颗爱的"种子"。

3. 游戏、实践训练

(1) "搀扶老人"。

① 引导 3—5 岁的孩子模拟训练"给老人让座""搀扶老人",传授相关经验。

② 让 5—12 岁的孩子做亲子活动,引导孩子搀扶家里的老人或在公共场所搀扶老人。

(2) 参加公益活动。

与孩子们共同参与社会公益活动,提高孩子的沟通服务能力和社会奉献意识。

① 与孩子商议,共同制定活动的时间、地点、形式。

② 设计好活动的程序和活动的具体内容。

③ 活动结束后,请孩子写总结、谈收获。

(3) 叠报纸。

将两张4开的报纸放在地上，每张报纸上站五个人(一个小组)，每个小组派一个代表与对方猜拳，输的一方需要把报纸对折后站在上面(所有人的双脚都不能同时着地)，直到其中一方站不上去为止。

(4) 扮时钟。

①在白板或墙壁上画一个大的时钟模型，分别将时钟的刻度标出来；②找三个人分别扮演时钟的秒针、分针和时针，手上拿着三种长度不一的棍子或其他道具(代表时钟的指针)在时钟前面站成一纵列(注意背向白板或墙壁，扮演者看不到时钟模型)；③主持人任意说出一个时刻，比如现在是3时45分15秒，要三个分别扮演的人迅速地将代表指针的道具指向正确的位置，指示错误或指示慢的人受罚；④可重复玩多次，亦可有一人同时扮演时钟的分针和时针，训练表演者的判断力和反应能力。游戏意义：活跃气氛，同时训练个人反应能力。

教育故事

在火车将要启动的时候，一个人急匆匆地上了车，可是他的一只脚被门夹了一下，鞋子掉了下去。火车开动了，这个人毫不犹豫地脱下另一只脚上的鞋子，朝第一只鞋子掉下去的方向扔了下去。有人奇怪地问他为什么要这样做，他说："如果一个穷人正好从铁路旁经过，他就可以捡到一双鞋，这或许对他很有用。"

大家知道吗？扔鞋的这个人就是甘地。在印度，甘地被尊称为"圣雄"。伟人的伟大不仅仅在于呼风唤雨，一个细节就能体现他高贵的品质，自己不能得到，为何不让别人获得完美呢？

项目六

少儿健康潜能开发

任务一 热爱生命

教学情境

幼儿园小班里有个小姑娘楠楠，能歌善舞，活泼可爱。这几天她生病了，不是别的病，是情绪“感冒”了，整天闷闷不乐。班主任张老师问起缘由，楠楠不说话，低声哭泣。张老师打电话问楠楠妈妈：“楠楠妈妈，我想了解一下，最近家里出什么事情了吗？”

“没有啊。张老师，怎么了？楠楠这两天是不是很不开心？”看来楠楠的妈妈知道自己女儿不开心的原因。

听了楠楠妈妈的叙述，张老师很快了解了情况：楠楠家里养的小狗生病死了。小狗三岁，比楠楠小一岁，楠楠非常喜欢小狗。这些年来，楠楠回到家，小狗出门迎接，上蹿下跳，非常兴奋，楠楠唱歌跳舞，小狗好像能够看得懂，跟着楠楠一起蹦蹦跳跳。前几天，小狗突然生病死了，楠楠一时无法接受。楠楠妈妈带着楠楠把小狗埋葬在郊外一棵大树下，并安慰楠楠：“小狗在这里休息几天，很快就会回家的。”然而，一天、两天过去了，每天回家楠楠就哭着、吵着去接小狗回家。

课堂提问

1. 你认为生命教育应该从什么时候开始？
2. 张老师应该如何开展生命教育，引导楠楠和小朋友珍爱生命、快乐生活？

小组活动

请根据以下资料设计并派代表组织一次主题班会。

第一，生命的不易。

(课堂提问)

小朋友们,你知道你是怎么来到这个世界的吗?

知道妈妈把你生下来有多么不容易吗?下面,我们来做个小游戏。

(游戏环节)

男、女生胸前背着书包,弯腰捡地上的东西,并说说自己的感受,说说自己是怎样捡起东西的。

(视频解读)

是啊,当我们来到妈妈肚子里时,妈妈可就开始不舒服了。怀孕初期,恶心呕吐,吃不下饭,整天没力气,像生了一场大病。随着宝宝在肚子里越来越大,妈妈承受的痛苦也越来越大,有的妈妈脚肿了,自己的鞋已经穿不下,腿脚疼得厉害,有的甚至头疼头晕、疲乏无力,只好一直躺在床上。到生宝宝的时候了,妈妈更是撕心裂肺,痛苦难当,然而所有的这一切,妈妈都挺过来了。妈妈孕育我们,真的吃尽了辛苦!大家看看这些图,生命就是一个奇迹,是妈妈创造了这个奇迹。妈妈给了我们生命,而我们的生命在出生后,便已经不只属于我们自己,它属于爱你的全体的家人,属于我们这个社会。

(课堂提问)

你体会到妈妈的爱了吗?说给我们听听。

第二,生命的误区。

(视频解读)

当我们一来到这个世界上,我们生命的旅程就开始了,有生就有死,这是自然规律,一个人从一生下来就注定必然会死亡。因此,人们常把生命比作一张单程车票,只能往前,无法倒回。

(课堂提问)

但我们有不少小朋友好像不以为然,有的小朋友曾经玩一些游戏,游戏里的主人翁居然有 10 条命,死了一条又一条也没有关系,是不是啊?谁玩过这样的游戏?讲给我们听听。

还有我们在电视上看到过的打不死、摔不死的镜头,你看到过吗?

这里特别要跟小朋友讲一个时尚的词语"穿越"。大家都看过这类书或者电视吧?看过的举手。

大家有可能认为生命没什么,失去了还会再来一次的。这样想就大错特错了。电影上的这一切,都是经过艺术加工,为达到影视效果而特设的,要知道,在现实生活中这些是不可能的。现实生活中,生命是脆弱的,死亡就是失去,而且是永远失去,再也不可能回来了。

我们前面说过了,一个人的生命不只属于他自己,如果生命逝去了,那就把无尽的痛苦留给了他的亲人以及爱他的人们,所以,对于关心爱护他的亲人们来说,这是多么残酷的事情啊！家人根本无法承受。

人的生命只有一次，所以说人最宝贵的东西是生命。我们人人都要珍惜生命、爱护生命。这是我们每一个人的责任。

第三，生命的坚强。

（课堂提问）

大地震，相信我们每个同学都还有深刻的印象。当灾难来临的时候，当生命受到威胁的时候，还记得人们是怎么做的吗？谁来说说？

（视频或者幻灯片解读）

地震之后，部队战士、医生、护士、公安干警和志愿者……许多素昧平生却胜似亲人的人们，冒着余震的危险，在废墟里救出了一个又一个处在绝望中的生命。

生命是脆弱的，又是坚强的！

他们为什么能坚持这么长的时间？记者采访之后了解到，他们大都是这样说的：对生命的渴望，对家人的牵挂，乐观、积极向上的精神，创造了这一个又一个奇迹！

第四，如何对待生命中的不如意。

（课堂提问）

小朋友们，你会因为得不到一件礼物感到不开心吗？

你会因为自己的亲人或者宠物离去感到很伤心吗？

谁来说说自己的感受？

（活动）

请对你逝去的亲人或者宠物说几句话。

（总结）

生命是一个过程，从无到有，从有到无，我们每个人都是独一无二的，无比珍贵。只有经历过失败的人，才能逐渐成长起来，才能养成乐于尝试、勇于克服困难、敢于经受挫折的习惯。只有经历生死别离，我们才可能更珍惜亲人相聚的分分秒秒。小朋友们，我们一定要好好爱自己，照顾好自己，好好爱爸爸妈妈，好好爱家人，好好爱身边的朋友。

教学评价

请同学们填写表 6－1。

表 6－1　教学评价表

评价 / 被评者	个人自评（30%）	小组互评（30%）	教师点评（40%）	总体建议	总评分

（续表）

评价 被评者	个人自评（30%）	小组互评（30%）	教师点评（40%）	总体建议	总评分

知识拓展

一、儿童避险安全常识

成长中的儿童天真无邪，对周围的世界充满了好奇。当孩子不断探索，用自己的方式来了解周围的环境时，如果没有人告诉孩子“安全”是什么，“危险”是什么，那么单纯无知的孩子就不会远离危险，步入安全地带。

张小月主编的《儿童避险安全常识》一书，针对儿童在生活中可能遇到的各种安全问题，通过通俗易懂的文字、形象生动的画面做了详细的介绍，让儿童学会预防各种危险，应对突发事件，掌握必备的、正确的自救及自我保护的常识与技能，家长及孩子们不妨看一看。

二、掌握安全与应急技巧

安全防范知识是指预防治安、交通、火灾等事故的相关知识，包括安全防范意识、预防安全事故知识、安全事故处置知识等。要预防安全事故的发生，首先要有防范心理和安全防范意识。掌握预防安全事故知识可以帮助孩子了解在哪些情况下容易发生安全事故，并能够主动避开这样的环境和情势，保障安全。掌握常见安全事故处置知识，提高孩子处理各种突发事件、保障个人安全的能力，能够让孩子在遇到安全事故时正确应对，免遭伤害。

1. 慎防火灾

火灾距离我们永远不会太远。卧室里、厨房里、学校宿舍里的火灾常常就发生在微小的疏忽里。这些知识应该经常提醒孩子。利用案例或者实际演习，帮助孩子未雨绸缪、防微杜渐。

超负荷电器很容易起火！

劣质电器很容易起火！

私拉乱接电源，很容易引起短路起火！

手机充电器放在被窝内充电，时间长了也会起火！

台灯靠近枕头被褥过热也会起火！

床上吸烟，很容易引燃棉被或衣物！

蚊香或蜡烛会引燃蚊帐等物！

酒精炉、煤油炉、液化气炉灶等炊具容易引发火灾！

室内焚烧杂物、玩火或燃放烟花爆竹极易引起火灾！

公共场所也容易发生火灾！

对于少儿而言，应该利用视频资料告知孩子火灾是怎样引发的，告诫孩子一定远离火源，指导孩子学会拨打 119 火警电话和 120 急救电话，准确告知自己所在的位置。

2. 防止地震伤害

应该经常提醒孩子，并利用案例或者实际演习，帮助孩子掌握防止地震伤害的知识。

（1）户外避震办法：就地选择开阔地，蹲下或趴下，避开高大建筑物，如楼房、高大烟囱、立交桥等，避开高耸或悬挂物，如变压器、路灯、广告牌等。

（2）家里避震办法：在楼内，应选择小开间（如洗手间）或坚固家具旁就地躲藏；在平房根据具体情况或选择小开间、坚固家具旁就地躲藏，或者跑到室外空旷地带。地震后房屋倒塌有时会在室内形成三角空间，这是相对安全的地点，它包括炕沿下，坚固家具下、内墙根、墙角、厨房、厕所、储藏室等空间小的地方。

（3）学校防震办法：听从老师指挥，不要胡乱向教室外面跑，应迅速用书包抱住头部，闭眼，躲在各自的课桌下。待地震过后，在老师的指挥下向教室外面转移，在操场室外时可原地不动蹲下，双手保护头部。

（4）切忌慌张地向户外跑。地震发生后，慌慌张张地向外跑，碎玻璃、屋顶上的砖瓦、广告牌等掉下来砸在身上是很危险的。此外，水泥预制板墙、自动售货机等也有倒塌的危险，不要靠近这些物体。

（5）将门打开，确保出口。钢筋水泥结构的房屋等，由于地震的晃动会造成门窗错位，打不开门，曾经发生有人被封闭在屋子里的事例。请将门打开，确保出口。平时要事先想好万一被关在屋子里，如何逃脱的方法，准备好梯子、绳索等物品。

（6）在百货公司、剧场时依工作人员的指示行动。在百货公司、地下街等人员较多的地方，最可怕的是发生混乱。请依照商店职员、警卫人员的指示来行动。

3. 防止溺水

据统计，中小学生平均每天约有 40 人因溺水死亡，小学生溺水死亡人数占溺水死亡学生人数的 68.2%。

在我国，尤其到了夏季，雨水多发，水库、堰塘、小河极易涨水、溢水，其周围存在重大安全隐患。天气炎热，孩子们特别喜欢戏水游泳，常常发生危险。家长老师需要牢记防止溺水“六不要”，并经常告诫孩子：

不私自下水游泳；

不擅自与他人结伴游泳；

不在无家长或教师带领的情况下游泳；

不到无安全设施、无救援人员的水域游泳；

不到不熟悉的水域游泳；

不熟悉水性的学生不擅自下水施救。

特别要交代的是：南方的孩子要观看龙舟赛的话，必须要有家长或其他大人的陪同，并注意安全。

4. **防止交通意外**

少年儿童意外死亡中，交通意外死亡率多年来一直居高不下。街上、马路上行人、车辆特别多，要注意指导孩子提高自我保护意识，注意交通安全。

严禁孩子非法驾驶机动车、电动车和摩托车；

严禁孩子乘坐无证车辆；

严禁孩子在公路上玩耍；

严禁孩子在马路上嬉戏打闹；

严禁孩子闯红灯、横穿马路；

严禁孩子在马路机动车道上骑自行车。

经常提醒孩子遵守交通规则，横穿公路要“一停、二看、三通过”。当步行在人来车往的马路上时，要时刻保持清醒的头脑。

交通安全，时刻牢记！

5. **防止意外伤害**

(1) 患病孩子的家长应该主动告知孩子班主任或者体育老师，联系学校医务人员对疾病的防治提供准确的应对措施。

(2) 提醒孩子饭后也不宜立即参加剧烈运动。

(3) 提醒孩子运动前要做足准备活动，使体温略为升高，使肌肉、肌腱都处于良好的状态，弹性、伸展性都很好，不至于因为突然收缩而拉伤或撕裂。

(4) 提醒孩子正确使用刀具和各类玩具。

(5) 提醒孩子在公共场所要注意的安全事项，不要离开家长和老师的视线，确保个人安全。

教育故事

十年前，在深圳，一位名叫袁媛的7岁小女孩儿，在发现父母在浴室里煤气中毒昏死过去后，临危不乱，冷静机智地运用在学校里学到的自救知识迅速关掉煤气，巧妙地打开窗户，然后又跑到屋外打电话报警，从容清楚地报出家庭地址，将父母从死神的魔爪中夺了回来……

那天晚上，小袁媛的妈妈扶着受伤的丈夫去浴室洗脚。由于天气冷，妈妈把家里的窗户关上了，狭窄的浴室很快充满了二氧化碳，小袁媛爸爸妈妈很快就晕倒在地上。小袁媛听到声响，赶紧过来看看。闻到一股煤气味，见到爸爸妈妈倒地，7岁的小袁媛意识到爸爸妈妈煤气中毒了，她迅速跑到煤气阀前，关掉了煤气开关。见浴室的窗户太高，自己无法够到，她就找到一个晾衣架，捅开了窗户，以便空气流通。随后，小袁媛想起拨打110报警、拨120向医院求救，可当她拿起爸爸的手机准备拨号的一刹那，突然想到老师讲的残存的煤气遇到看不到的火花也可能会引起爆炸时，就立刻拿起手机跑到了门外。

“叔叔，我爸妈煤气中毒昏了过去！你们快来救救他们吧！”“赶快关掉煤气！慢慢打开窗户！”“煤气我已经关掉了，窗户也打开了。”“位置？位置？”“荔园新村14栋502房！”随后，小袁媛又迅速拨打了120，准确地说出了家庭地址。

放下电话，小袁媛又返回浴室察看父母的情况，见父母依然处在昏迷中，她马上意识到一个严峻的问题，煤气对躺在地面上的父母非常不利，就赶忙拿起衣服对着窗户往外扇。不一会儿，豆大的汗珠就爬上她的额头，可小袁媛一下也不敢停，她咬着牙，一次比一次扇得更快了。她对自己说：“多扇出一些，爸爸妈妈就多一些希望！爸爸妈妈一定会没事的！”时间一分一秒地过去，每一秒她都觉得那么漫长。她边扇边对着爸爸妈妈高喊：“爸爸妈妈，救护车马上就到！警察叔叔马上就到！”虽然父母不吱声，但是她相信他们一定能感觉到。于是，她扇得更起劲了。

3分钟后，南山区派出所的民警和救护车先后赶来了。他们简直不敢相信，在电话里如此镇定，能非常清楚地讲出地址的竟是眼前这个只有七八岁模样的小女孩儿。“叔叔，阿姨，快、快去救救……我爸爸妈妈吧！”见到人都来了，小袁媛却有些怕了，她的声音里带着哭腔。此时，她的父母一脸惨白，已经陷入深度昏迷中，死神正疯狂地吞噬着他们的生命！医生、民警们七手八脚地把他们抬上了救护车……

经医院的全力抢救，他们终于被从死亡线上拉了回来，是他们年幼的女儿把他们从死亡线上拉回来的。

任务二 照顾自己

教学情境

虽然老师们一再要求，最近还是有小朋友带一些垃圾食品到学校来，油炸饼干、火腿肠、炸薯片、炸鸡腿、汉堡包等。跟家长沟通，家长普遍反映，担心孩子在幼儿园里吃不饱，于是给孩子准备了一些平时爱吃的零食。

为了帮助家长引导孩子认识垃圾食品的危害，幼儿园园长动员各班老师开展“健康生活，拒绝垃圾食品”系列活动，并制定家庭训练任务单（见表6－2），要求家校结合，共同开展活动。

表6－2 训练任务单

<table>
<tr><td>任务名称</td><td>合理饮食习惯</td><td>完成时间</td><td>3—6岁</td><td>地点</td><td>以家庭为主</td></tr>
<tr><td>目标</td><td colspan="2">引导孩子认识各种食物的营养价值，鼓励孩子探寻不同食物</td><td colspan="2">内容</td><td>1. 树立合理膳食理念；
2. 鼓励孩子大胆尝试不同食物，感受丰富多彩人生；
3. 鼓励孩子自己动手制作美食</td></tr>
<tr><td>实施环境要求</td><td colspan="2">和谐、尊重、以身作则</td><td colspan="2">指导人员</td><td>家长、长辈</td></tr>
<tr><td>任务实施记录</td><td colspan="5"></td></tr>
</table>

课堂提问

1. 垃圾食品有什么危害？
2. 幼儿食品安全还包含哪些内容？
3. 如何调动家长参与的积极性？

小组活动

请小组讨论并设计以“健康生活，拒绝垃圾食品”为主题的家校联合教育系列活动方案。

教学评价

请同学们填写表6－3。

表6－3　设计方案评价表

方案 组别	主题突出 （30分）	内容充实 （30分）	可操作性强 （30分）	创新性 （10分）	总分

知识拓展

一、FQ与家务劳动价值化

孩子的FQ一定要从小培养。

孩子在3岁左右，就可以慢慢地培养他们开始做家务的劳动意识，特别是收拾好自己的玩具等，随着孩子逐渐长大，可以增加劳动的项目，比如擦茶几、自己洗小袜子等。

有家长采用经济强化手段，把家务劳动分类标价，实行月结支付工资的方式，来激励孩子参与家务劳动。比如扫地、拖地、洗碗、洗衣服等，每一项的单价分别是多少，孩子每天完成之后，自己记录好交给父母签名确认，每月月底时结算一次，如实支付工资。据不少家长反应效果很不错，多年来孩子都是积极主动地做家务，还能培养孩子的理财习惯。

当然也有家长强烈反对，认为家务劳动价值化培养孩子，会使孩子产生强烈的功利心，不利于孩子的成长。仁者见仁，智者见智，采用什么方法最好结合孩子的气质、性格及环境因素做综合衡量，适合自己孩子的方式才是最好的。方法和意识都是可以训练、激励和激发的。

FQ的培养需要从以下几个方面加以训练：

1. 延迟享受的忍耐观

有限的资源就像种子一样，只有给它足够时间、阳光、土壤、肥料等适宜条件，种子才能给我们丰厚的回报。所以，延迟享受不是不享受，而是通过暂时的忍耐去换取足够我们一生享受的丰厚资源。高 FQ 的人,会三思而后行,量力而行,他们享受筹划、购买、享有商品的每一个细节。低 FQ 的人缺乏自控力,缺乏筹划,经常是想得到什么就即刻要得到,得到了又不珍惜,甚至后悔!

2. 舍小求大的大局观

钓鱼还需要诱饵,没有不付出的收获。有时候多付出那么一点点,就会给自己带来丰厚的意外收获。眼光短浅、贪小利往往会错失良机。

3. 舍己为公的全局观

当自己成为一个焦点的时候,与自己有关的利益就会成为焦点中的焦点,主动舍弃眼前的一些微小利益,可以增加你的人气指数,成就全局;全局成功,自然自己的利益是少不了的。成功的企业和个人都是首先把顾客利益、公众利益放在第一位的。

4. 舍近求远的长远观

FQ 高的人往往会主动做好财富积累规划,从全局考虑问题。相反,很多人会看重并选择眼前或就近利益,而缺乏长远规划,最终难成大业。

5. 开源节流的践行观

开源节流要求长辈们以身作则,从自己的日常生活做起,从小事做起。长辈们,尤其是孩子家长的高 FQ 能对孩子产生非常深远的影响。

FQ 高的人不是吝啬,而是尊重每一分钱的价值。你不理财,财不理!你践踏钱财,钱财也不会眷顾你。

6. 远离赌博的淡定观

赌博难大富,即使赢了钱,也因不懂珍惜而很快花光。人生可能会有飞来横财的时候,2 元钱买彩票中大奖的事情确实有,但这是小概率事件。长辈们需要经常教导孩子面对巨大诱惑或者飞来横财的时候,保持淡定的心态。告诫孩子远离赌博!

二、确保孩子的合理膳食

伟大的医药学家李时珍说:“饮食者,人之命脉也。”合理的膳食结构,配合合适的烹饪方法,会给健康带来极大的裨益。生活中多讲究一点饮食,一日三餐就会成为营养之源、健康之本。FQ 高的人,首先注重个人的身体资源。

饮食结构中“五谷为养、五果为助、五畜为益、五菜为充”。然而,随着快餐文化迅速流行,传统的谷物类食物摄入量在减少,蔬菜水果摄入量偏低,高胆固醇、高脂肪的食物量大增,导致罹患各种慢性疾病的风险几率持续攀升。现在,我们需要回归厨房,回归科学的膳食结构,回归健康的生活方式,保护好我们的身体资源。

1. 确保健康膳食

如果条件具备,最好自己做饭,既能保证食材新鲜卫生,又可以控制油、盐等调味品的用量,最主要的是,可以对饮食结构进行合理安排,并选用合适的烹饪方式,让吃饭不再仅是“填饱肚子”，而是满足营养之需、健康之选。

2. 确保饮食多样化

饮食多样搭配是“饮食养生”的重要组成部分，吃得巧要比吃得好更为重要。

一般说来，成年人每日的食物类别及适宜摄入量如下：

奶类、豆及豆制品：牛奶、奶酪等奶类含有丰富的钙质、蛋白质，可以强健骨骼和牙齿，每日推荐摄入100克；豆及豆制品含有丰富的优质蛋白质、不饱和脂肪酸、钙、B族维生素等营养素，每日宜摄入50克左右。

肉类：包括各种肉类、家禽、水产类、蛋，含有优质的蛋白质。每日食用量以120～200克为宜。

蔬菜、水果类：含有种类繁多的维生素、矿物质和纤维素，可增强人体抵抗力，疏通肠胃。每日最少要吃500克新鲜蔬菜及水果。

五谷类：如米、面，含有淀粉物质，主要供应人体的能量，满足日常活动所需。每日食用量以300～500克为宜。

可根据孩子自身的情况，每天按照上面的四大类食物及推荐量来合理安排饮食，做到食物来源多样化，搭配科学，饮食结构中有主有副、有荤有素、有粗有细、有干有稀。

3. 确保健康的烹饪方式

最好选择低温、少油、低盐的烹饪方式，选择蒸、煮、焯、炖、炒等方式，少用煎、炸等方式。

孩子五六岁后，应该指导孩子自己到菜市场认识各种食物，并学会挑选新鲜食材，尝试做一些简单的饭菜，学会照顾自己。

三、认识垃圾食品的危害

油炸食品：导致肥胖、高脂血症、冠心病，致癌。此类食品由于热量高，含有较高的油脂和氧化物质，经常进食易导致肥胖，也是导致高脂血症和冠心病的最危险食品。在油炸过程中，往往产生大量的致癌物质，经常吃油炸食品，癌症发病率较高。

罐头类食品：使胰腺负荷加重，导致肥胖。此类食品的营养素都遭到大量的破坏，特别是各类维生素几乎被破坏殆尽。另外，罐头制品中的蛋白质常常出现变性，营养价值大幅度下降。还有，很多水果类罐头含有较高的糖分，并以液体为载体被摄入人体，使糖分的吸收率大为增高，可在进食后短时间内导致血糖大幅攀升，胰腺负荷加重。同时，由于能量较高，有导致肥胖之嫌。

腌制食品：导致高血压风险、胃肠炎症、溃疡。此类食物钠盐含量超标，造成肾脏的负担加重，发生高血压的风险增高。还有，食品在腌制过程中可产生大量的致癌物质亚硝胺，导致鼻咽癌等恶性肿瘤的发病风险增高。此外，由于高浓度的盐分可严重损害胃肠道黏膜，故常进食腌制食品者，胃肠炎症和溃疡的发病率较高。

加工的肉类食品(火腿肠等):导致血压波动及肾功能损害。这类食物含有一定量的亚硝酸盐,故可能有致癌的潜在风险。此外,由于添加防腐剂、增色剂和保色剂等,造成人体肝脏负担加重。还有,火腿等制品大多为高钠食品,大量进食可导致盐分摄入过高,造成血压波动及肾功能损害。

肥肉和动物内脏类食物:导致心血管疾病和恶性肿瘤。虽然含有一定量的优质蛋白、维生素和矿物质,但肥肉和动物内脏类食物所含有的大量饱和脂肪和胆固醇,已经被确定为导致心脏病最重要的两类膳食因素。

奶油制品:导致体重增加、血糖和血脂升高。饭前食用奶油蛋糕等,还会降低食欲。高脂肪和高糖成分常常影响胃肠排空,甚至导致胃食管反流。很多人在空腹进食奶油制品后出现反酸等症状。

方便面:心血管风险加大,影响肝脏。方便面属于高盐、高脂、低维生素、低矿物质一类食物。一方面,因盐分含量高增加了肾负荷,会升高血压;另一方面,含有一定的人造脂肪(反式脂肪酸),对心血管有相当大的负面影响。

烧烤类食品:含有强致癌物质三苯四丙吡。

冷冻甜点:导致肥胖、降低食欲、刺激胃肠道。这类食品有三大问题:因含有较高的奶油,易导致肥胖;因高糖,可降低食欲;还可能因为温度低而刺激胃肠道。

果脯、话梅和蜜饯类食物:致癌、损害肝脏。此类食品含有亚硝酸盐,在人体内可结合胺形成潜在的致癌物质亚硝酸胺,含有香精等添加剂可能损害肝脏等脏器,含有较高盐分可能导致血压升高和肾脏负担加重。

四、合理安排时间,保护身体器官

1. 过度使用电子产品的危害

如今电子产品可谓五花八门,它给我们带来方便的同时,也丰富着我们每个人的学习、生活、闲暇时光。手机与平板电脑已经成为我们生活中不可或缺的一部分。上课看手机,吃饭看手机,上厕所看手机,甚至睡觉也会看手机、玩平板电脑。电子产品逐渐“侵略”着大人、孩子的生活,改变着人类的生活方式甚至行为习惯,而随之而来的新型疾病也是层出不穷。

诺基亚公司一项调查显示,不少人对智能手机等电子产品“上瘾”,有些人甚至没事就看一眼手机,一天甚至能看150次。心理学家研究表明,过度沉迷手机会导致严重的心理问题,同时也会影响身体健康。像“手机依赖症、没手机恐慌症、震动环停放综合征”等过去从未听说过的心理疾病已普遍存在,由于长时间控制手机且拇指为“战斗”主力,久而久之可能导致腱鞘炎。

由于没有节制地使用电子产品,很多“90后”“00后”正在成为“电子娃娃”。他们把电子产品当成玩具,长时间沉迷其中,对身心健康造成不良影响。迷恋电子产品,不仅会引发孩子视神经疲劳，导致视力下降、“干眼症”等，长时间久坐不动，对孩子的身体发育也没有好处。而且过分依赖电子产品，会扼杀孩子的想象力和创造力，削弱孩子和其他人面对面沟通的技巧，从而变得孤僻。我们常说现在的孩子懂得多，会的也多，而这些与孩子长时间接触电子产品以及网络有关。

我国青少年近视发病率高居世界第二。全国现有盲人500多万，低视力者600多万，儿童斜弱视者1000万。而青少年近视率平均达40%，大学生近视率远远超过70%。“冰冻三尺，非一日之寒”，我国青少年视力不良、近视发病率高居不下是一个逐步发展的过程，而且伴随着生活现代化、信息化、电子化进程还有加速趋势。

许多年轻的父母，对婴儿哭闹很是没辙，这时手机、iPad、电视就充当了“电子保姆”，马上派上了用场。不少家长发现，电子设备是哄娃“神器”。只要把这些东西塞在孩子手里，就可以让他们立刻安静下来。但是，让小朋友用电子产品会对他们的视力产生影响。不仅如此，美国医学专家指出，常用iPad等触屏电子设备还会影响他们的手掌和手指部位肌肉发育。

2. 合理安排，避免电子产品侵害

家长要从小给小孩培养正确的生活习惯，尽量避免过早地让小孩接触电子产品：

3岁以下幼儿，图书和亲子游戏是这个年龄段最重要的学习工具，应该禁止孩子接触电视和其他电子产品。

3岁到6岁的孩子可以看电视，但要以儿童节目为主，每天时间最好不要超过半小时。

7岁以上孩子可以接触电脑或其他电子产品，但要与父母约定使用的时间、内容，不能让小孩长时间接触电子产品。

只要家庭、学校、社会、孩子自身几个方面齐抓共管，可以很快纠正孩子的电子产品“依赖症”。

五、科学的性教育

孩子的性意识从出生就有了，因此，孩子的性健康教育越早越好。正确的性教育可以预防孩子涉黄，培养其正确的性观念和健康的性心理。性教育缺失可能造成个人FQ低下，事业难成，做人没有尊严。在性成长中认知不健全不合理的孩子，在性体验方式、性对象上出现偏差的孩子，无论他取得多大的成就，他的生活质量都不会高，他的人生都是孤苦凄凉的。因为，真正决定人们生活幸福感的是和谐美满的性、爱情和婚姻。

一般来说，只要我们能掌握正确的教育方法，性教育并不是一件难事。

1. 将性教育自然地融入生活

“性”是生命赋予我们最珍贵的礼物。父母永远不要回避“性”问题，当孩子抚摸自己的生殖器的时候，千万不要反应过度，粗暴制止。要知道孩子有权利探寻自己身体的每一个部位，我们引导孩子探寻性器官就应该像教会他们识别其他器官一样，将性教育自然地融入生活，而且越早效果越好。

当孩子的性知识还是一张白纸的时候，“第一次”涂上去的颜色最重要，父母不能给予孩子科学的性知识，孩子就会通过某些渠道或是通过同伴交流来获取不健康、不科学的性知识。这些不健康的知识有可能对孩子的性意识、性观念、性道德观带来误导，同时对生理发育的错误认识也会给孩子的心理带来压力。

2. 通过科教视频和书籍对孩子进行性教育

现在各种传媒非常发达，对孩子进行性教育的电视、视频和图书很多，家长和老师可以与孩子一同观看这些影片，在观看中可以通过讨论、讲解向孩子传授性知识和解答一些常识性的问题，把健康的性观念、性知识在不知不觉中传授给孩子，帮助孩子科学地认知性问题。

3. 利用洗澡做性教育

为了避免性教育时，触及孩子的敏感和害羞的心理，母亲对女儿、父亲对儿子可以利用一同洗澡的机会来观察孩子的发育状态及用自己的经验向孩子介绍一些性发育的常识。与孩子一同洗澡，通过相互搓背、聊天，可以增加父与子，母与女之间的感情交流，建立起更融洽的亲子关系，同时也可以自然地展开性教育。

如果我们刻意地回避，儿童就会对我们的身体有更大的好奇心。他还会想尽一切办法去探索的，比如偷看浴室，这对儿童的心理发展是不利的。坦然地让孩子了解身体，是我们父母应该做到的。爸爸带着4岁以下的女儿洗澡是值得鼓励的。这样可以使孩子认识男性的生殖器，消除她对异性身体的好奇。如果他想看你洗澡，就让他看个够。一般来说，如果满足他的欲望两个月左右，他就不再对你的身体感兴趣了。4岁以下的孩子，对母亲的身体特别是乳房的部位感到好奇，这也是很正常的。当孩子对乳房感到好奇的时候，母亲一定要很坦然地解决孩子对乳房的问题。如果孩子问“这是什么”，可以直接告诉孩子是乳房，是妈妈给宝宝刚生出来的时候准备粮食的。总之，要让孩子消除对乳房的好奇，这种消除的办法，就是母亲回答孩子提出的任何问题，这需要一定的技巧。但是，最重要的是我们坦然的态度。

4. 正确处理孩子的“性行为”

2岁左右的小男孩开始用手玩弄小鸡鸡，这是他在对自己身体进行探索，就像他探索身体其他部位的感觉一样，所以，这不是什么大的问题，千万不要过分紧张。但是要告诉宝宝，摸弄自己的生殖器是隐私的行为，应该在没有人的地方进行就可以了。在他白天摸弄的时候可以用一些游戏或工作将他的注意力引开，当孩子被其他事物吸引的时候，他摸小鸡鸡的时间就少了。

3至6岁孩子的性发育使孩子开始摩擦生殖器，家长首先要认识到的是，这是正常的现象。如果我们处理得好，一段时间以后，孩子就不会摩擦生殖器了。现在的问题是，当发现孩子在摩擦生殖器的时候，不要呵斥孩子，也不要贸然地阻止孩子。你们可以去告诉孩子，做这个事情（摩擦生殖器）是可以的，但是要到自己的房间或没人的地方，这是个人隐私的行为。在白天，多给孩子安排一些游戏和工作，将孩子的精力消耗掉。

5. **尊重孩子的性游戏**

孩子的“性游戏”分为几种，“探究式”：比如男孩子和女孩子互相看对方是怎样小便的，男孩子互相比“看谁尿得高”等。“侵犯式”性游戏：通常发生在男孩子身上，比如，有的三四岁的小男孩会冲动地抱住小女孩亲吻。这种行为往往被家长呵斥，但其实孩子的行为完全符合此年龄阶段儿童的心理行为特点，小男孩的行为或许是看了类似的影视片而模仿，或许是出于对小女孩的喜爱，或许是由于顽皮。“友爱式”的性游戏则表现为孩子们互相玩耍着“过家家”“结婚”的游戏。他们往往很开心，很纯洁，千万不要粗暴干涉。

5. **性维护教育**

据媒体报道，3 岁女童遭姑父多次性侵犯，2 岁女童被幼儿园的保安大叔猥亵……这并非个案，儿童遭遇强奸、猥亵等性骚扰的案件，经常见诸媒体。无德的亲戚，无良的门卫，将他们罪恶的黑手，伸向幼小无助的儿童，天真活泼的孩子遭受着一生难以抚平的伤痛。更令人担忧的是，许多孩子性自我保护知识匮乏，不能正确认识自己的隐私部位，遇到性侵害茫然不知所措，甚至不知道这是危害自己的行为。

需要说明的是，无论男孩女孩都需要进行性维护教育，身体的敏感部位神圣不可触摸。要告诉孩子，如果有人对自己有如下行为，是不对的：

- 把孩子带到一个隐秘的地方，叫孩子脱下衣服或裤子，摸孩子的胸部或生殖器；
- 让孩子摸对方身体的某个地方（胸部、生殖器），或让孩子看他的裸体或隐私部位；
- 带孩子看有成人裸体镜头的电影或者视频；
- 用他身体的某个部位（生殖器或者嘴巴）接触孩子身体的隐私部位；
- 在公交车、电影院等公共场所摸孩子身体的隐私部位。

告诉孩子：我们人类会用身体接触来表达爱意，在生活中我们会亲吻拥抱，表达我们的亲密关系，父母的朋友同事在表达对孩子喜爱的时候也会与孩子有身体的接触，这样的身体接触让我们感受到爱与被爱，是好的接触。

如果成人与我们身体接触的时候，成人身体的某个部位（手、生殖器）在孩子身体的隐私部位反复触摸或者摩擦，这就是不好的接触。当孩子遭遇不好的接触时，要立即想办法离开这个成人，并把事情告诉父母。父母要让孩子明白，一旦遭遇性伤害，要做到以下几点：

- 在与他人的接触中，如果判断出了是不好的接触，尽快冷静下来，然后想办法机智地离开。
- 不要激怒侵犯者，这样会给自己带来生命危险。
- 如果被性伤害，要做三件事情：立即告诉爸爸妈妈、报警、到医院检查身体情况。

● 如果力量无法与侵害者抗衡，也没有机会逃离，在万般无奈的情况下先顺从罪犯，保护好自己的生命，事后立即告诉爸爸妈妈、报警、到医院检查身体情况。

教育故事

五岁小姑娘小越长得十分活泼可爱，妈妈总是把她打扮得漂漂亮亮的，大家都很喜欢她。

一天，爸爸妈妈出去买东西，小越一个人在家，这时门铃响了，小越一看是邻居莉莉姐姐的爸爸，就开门让他进来了。莉莉的爸爸问小越："爸爸妈妈呢?""他们出去买东西了。"

莉莉的爸爸笑着对小越说："到我家里玩吧，莉莉姐姐等下就回家了。"

小越回答："爸爸妈妈不让我出去，我要等爸爸妈妈回来。"

莉莉的爸爸不甘心，多次邀请小越去自己的家里玩。小越坚持不去。于是莉莉爸爸跟小越说："叔叔陪小越做游戏好不好? 叔叔教你鲨鱼吃小鱼的游戏。"

"好啊，好啊。"小越很高兴地答应了。

莉莉爸爸开始在小越身上摸索，还摸到了小越的内裤覆盖的地方。小越大声叫起来："我妈妈告诉我，不能给别人摸我的胸和屁股。"

莉莉爸爸愣了一下，笑着说："没关系。叔叔是喜欢你，让叔叔看一下吧。"

小越大声叫着："不可以看，不可以摸! 我爸爸妈妈等下就回来了。"

莉莉爸爸阴谋没有得逞，走了。

爸爸妈妈回来了，小越把家里发生的事情告诉了爸爸妈妈："我不让叔叔看，也不让他摸我。"

小越的爸爸妈妈非常庆幸从小就开始对女儿进行性教育，女儿懂得保护自己了。

任务三 资源整合

教学情境

幼儿园小凌老师对孩子特别好，每天最早来到门口，微笑着迎接每一个孩子；每天放学，凌老师总是将每一个孩子交到家长的手里。孩子们可喜欢凌老师啦。

可是，凌老师遇到了一件烦心事：有位家长在教师节这一天通过微信发来红包，并送上祝福，一再感谢凌老师对自己孩子的关心和爱护。凌老师打开红包一看，里面是三百元钱。她马上回发给家长，家长不肯接收。

课堂提问

1. 凌老师应该如何处理这个红包？
2. 幼儿园老师如何一视同仁地对待孩子？

小组活动

个人资源 SWOT 分析

S：优势，个人所拥有资源的积极方面。

W：劣势，个人所拥有资源的弱点或消极方面。

O：机会，个人潜在资源整合机会。

T：威胁，个人可能面临负面影响的事情。

根据以上分析填写表6－4、6－5。

表6－4　个人资源（一）

优势	劣势
合计	合计

表6－5　个人资源（二）

机会	威胁
合计	合计

根据以上内容，提出改善个人资源的具体措施。

教学评价

请同学们填写表6－6。

表 6-6　教学评价表

评价 被评者	目标明确 （30 分）	措施具体 （30 分）	客观性强 （30 分）	创新性 （10 分）	总分

知识拓展

一、6Q 潜能开发与个人资源整合

资源整合是系统论的思维方式，就是要通过组织和协调，把自身彼此相关的各项资源整合成系统，取得 1+1 大于 2 的效果。资源整合，是一种人生战略手段，也是自我品牌经营与管理的必要手段。整合就是要优化资源配置，就是要有进有退、有取有舍，就是要获得整体的最优化配置。

6Q 潜能是个人资源整合与个人品牌建设的工具，个人品牌是 6Q 潜能需要达成的综合目标，最优化的资源配置。

1. 德商 MQ 决定个人品牌的文明程度

道德和诚信是个人品牌的基础，德商高的人，善于承担社会责任，更多地参与慈善、公益等助人活动，不断提升个人文明形象，同时推动社会文明进步，个人品牌反过来促进其德商进一步提升。

2. 情商 EQ 决定个人品牌的人脉品质

情商高的人，善于处理人际关系，积累人脉资源，从情商的角度，个人品牌可以理解为圈子文化的海浪式延展，适用于中心连锁扩散法则；同时，个人品牌在文明、价值、公关、创新、智慧等方面的需要，制约着品牌方找到合理的目标客户群与之对应发展。

3. 智商 IQ 决定个人品牌的智慧高度

个性是个人品牌的必要条件，智商高且重视个人品牌建设的人，善于运用智慧能量，实现个人特有的魅力特质。

4. 财商 FQ 决定个人品牌的财富价值

个人品牌传播个人价值,为其带来财富,成功的个人品牌塑造者,财商助其实现财务自由或高度财务自由。

5. 逆商 AQ 决定个人品牌的危机公关能力

抗逆能力是逆商的主要特征,具有成功的个人品牌的人士善于危机公关;个人品牌考验品牌方的心理承受能力,由此可以测试其心理弹性的强弱。

6. 娱商 PQ 决定个人品牌的创新潜能

创新是个人品牌的生命线,始于兴趣、兴于实践,决定个人品牌的生命力。

二、培养孩子的 FQ

拥有一家企业,做老板是很多人的理想,如今这样的理想并不难实现,主要取决于孩子的素质以及个人愿望。有了愿望就应培养孩子的自身素质和技能,靠素质和技能取胜是根本的途径。FQ 高的孩子,都是后天离不开家长及学校的培养。这些基本素质和技能包括:

- 敏锐的观察力;
- 丰富的想象力;
- 独特的判断力;
- 广泛的兴趣和好奇心;
- 大胆的创新能力;
- 一定的心理承受能力;
- 较强的组织管理能力;
- 良好的人际交往能力;
- 良好的专业技能。

教育故事 »

广州市杰丽斯总裁王焕武从小家境贫寒。参加工作以后,王焕武开始积累自己的资产,他把部分工资寄给家里,部分留作个人生活,部分作为资本购买小商品晚上到夜市上卖。

同样的工资,很多人一下子就花光了。但王焕武通过节俭和投资经营,使他的钱增值了,逐步积累后,他开办了自己的企业广州市杰丽斯美容美妆有限公司。

我们知道,贫穷者的可悲就在于,他的钱很难由生活费用变成资本,更没有资本意识和经营资本的经验与技巧,所以,贫穷者往往只能一直穷下去。

财商理念告诉我们:渴望是人生最大的动力,只有对财富充满渴望,而且在投资过程中享受到赚钱乐趣的人,才有可能将生活费用变成“第一资本”,同时,积累资本意识与经营资本的经验与技巧,使其获得最后的成功。

华人首富李嘉诚常打一个比方：一个人从现在开始，每年存1.4万元，并都能投资到股票或房地产，获得每年平均20%的投资回报率，40年后财富会增长为1亿零281万元。

是不是有人要抱怨40年时间太长？没办法，基数有限，只能靠更多时间去弥补，想要更早实现财富目标，你需要先完成一定的财富基础。

任务四 理财规划与财商培养

教学情境

明明的爸爸妈妈都是公司高管，平时工作非常忙，明明交给外公外婆带。每次周末或者爸爸妈妈出差回来，明明都特别高兴，因为他总是收到很多礼物，各种玩具和食品，还有iPad呢。在明明心目中，爸爸妈妈可以满足他一切需求，总喜欢跟爸爸妈妈讲条件，要求爸爸妈妈买这买那。外公外婆觉得这样对孩子成长不利，提出意见："明明现在根本不听我们的话，做什么事情都讲条件。"

课堂提问

1. 对于没有时间陪伴孩子的父母而言，应该如何教育孩子呢？
2. "隔代抚养"应该注意哪些问题？
3. 应该如何纠正明明的行为？

小组活动

请收集理财小窍门，制作一份收支表，要求家长监督孩子做零用钱开支记录。

教学评价

请同学们填写表6－7。

表6－7 教学评价表

评价者／制作者	个人自评（30%）	小组互评（30%）	教师点评（40%）	总体建议	总评分

（续表）

评价者 / 制作者	个人自评（30%）	小组互评（30%）	教师点评（40%）	总体建议	总评分

知识拓展

一、FQ的基本指标

（1）数字敏感：数字敏感就是指个体对数字的一种特殊感知能力，包括对数字的记忆力、计算能力、分析推理能力等。如上所述，从小就应该有意识培养孩子的数字敏感度。

（2）收支记录：收支记录是把个人或者家庭的收支予以登记，并养成定期总结个人财务的习惯。青少年时期应该掌握个人收支记录，学会控制个人财务收支平衡。

（3）总结更新：总结更新是指对个人或家庭财务的规范化，通过总结旧的财务体系，找出不合理的地方，制定出新的财务体系，使之更加适合个人或家庭的财务运作。

（4）理财观念：理财观念是通过对现金流的管理或投资，使个人及家庭的财务状况处于最佳状态，从而提高生活品质。顺利的学业、美满的婚姻、悠闲的晚年……这一个个生活目标构筑着完美的人生旅程。成功的理财可以增加你的收入，减少不必要的支出，从而改善你的个人或家庭的生活水平，使你享有宽裕的经济能力，储蓄未来的养老所需。

（5）开源节流：开源节流是指在理财时开辟更多的赚钱渠道，对于浪费的开销进行有节制地控制，以达到积累财富的目的。

（6）商业规划：商业规划指预测商业的发展并管理各项资源以适应其发展的具体方式或过程，也指导商业项目的设计与开发。

（7）资源整合：资源整合是指个体对不同层次、不同内容、不同来源、不同结构的资源进行识别与选择、激活与有机融合、汲取与配置、平衡与协调，使其达到最佳的优化匹配，创造出新资源的一个复杂的动态过程。

（8）自由财务：自由财务是财务目标的高层次，指资产的被动收入不仅能够覆盖日常支出，而不必为了生活而工作，更重要的是可以做自己需要做的任何事情而不必为财务担忧。这是每个人都希望实现的梦想，但实现此目标的人只有极少数。

二、幼儿教育与FQ评估

（1）孩子的数字敏感需要后天训练，从小就要重视孩子的数字敏感度。通过训练，有的孩子可以在数字的记忆力、计算能力、分析推理能力等方面表现出超常的能力。

(2) 从小注重引导孩子掌握理财技巧,引导孩子控制个人欲望,掌握延迟个人欲望实现的能力。教会孩子做收支记录并定期总结个人消费情况。

(3) 通过收支记录训练,帮助孩子对旧的财务体系进行总结,找出不合理消费的地方,不断更新财务体系。

(4) 有意识地培养孩子学会控制现金流,学会必要的投资技巧。如果能够指导孩子拿出一部分个人的压岁钱储存到银行里,收效很不错。

(5) 以身作则,耐心指导孩子勤俭节约,杜绝浪费和不必要的消费。通过榜样的力量,鼓励孩子在力所能及的情况下靠劳动和智慧获得财富。

(6) 当孩子能够独立运作个人财务时,应该鼓励孩子热爱劳动,用双手创造价值,鼓励孩子参与市场调查,确立个人的创业方向,做好事业规划。

(7) 引导孩子学会爱自己,了解个人所拥有的珍贵资源,并进行资源整合。

(8) 这是 FQ 最高层次的标准,父母家长永远是孩子的楷模,如果不能达到这个层次,至少应该给予孩子正确的指导,以免错失 FQ 培养的最佳时机。

三、FQ 敏感期

物品交换,即孩子财商的萌芽在 2 岁左右,也是孩子对物权的敏感期,表现在孩子的物品交换上,如玩具交换。在此方面我们一定要介入引导,一是让孩子明白通过交换使用,可以让同伴的利益都最大化,只花了一个玩具的钱,便可以享受到很多种不同的玩具。二是让孩子从小懂得分享玩具、分享快乐的道理,这有利于孩子的身心成长。利益最大化(利润)是财务的根本,从小建立这些观念,使孩子终生受益。

购买物品(包括零食)敏感期在 3 岁左右。我们可以通过购物敏感,让孩子认识钱,明白钱与物品交换的道理。还要让孩子明白什么是孩子想要的,什么是孩子需要的;孩子需要的,父母要尽可能地满足,可是孩子想要而不需要的东西,父母不能帮其购买。为何有的"富二代"一长大,就把上辈辛苦积累下来的财富花个精光?这是因为在购物敏感期没有给孩子理清个人"想要的"与"需要"的基本概念和区别。

数字、符号与自然敏感期,4 ~ 5 岁左右。数字、符号的敏感有利于孩子学习数学,有条件的家庭可以陪孩子玩一些数阵、数独、数列等方面的游戏,来加强孩子对数字、符号等的印象。通过游戏活动,还可以锻炼孩子的短期记忆能力,在一定程度有助于提高孩子的智商。

幼儿园大班的孩子可以通过阅读关于成功者的财富励志故事如《松下幸之助》《李嘉诚传》等,从小在心智领域树立积极的财富观念,并且有自己的一些偶像。

四、理财小窍门

实际上,合理地理财也是一种投资活动,假如说挣钱困难的话,节俭还是相对容易的事情，省钱也可以说是一种投资。理财有哪些小窍门呢？

1. 学会自我控制

家长是孩子的榜样。但我们经常看到当一家人从商店满载而归，购物之多可能远远超出了原先的计划；孩子在商场看到一样东西，不管它的实用价值有多大，吵着、闹着要买下来，买回来后，往往不会珍惜！

这样随心所欲买东西的人还真不少。因此，家长期望孩子成为理财高手，就应该首先指导孩子学会自我控制，尤其是节制欲望，或者学会延缓实现自己的欲望，即使是必须购买的东西，也可以跟孩子一起先讨论一下，忍一忍，过几天再买，也许过几天孩子就不再需要了，这样就省下一笔钱，假以时日，细水长流必将为孩子节省下一些闲钱。

2. 学会记账

为了达到理财的目的，家长应找到能有助于家庭生活有度的窍门，比如：出门购物的时候，订出一张购物清单，只买清单上列出的东西；再如：养成每月开支记账的习惯，把家庭的花销都记录下来，周末或月末总结分析一下：哪些花销不应该花，哪些是可控制的，以后该如何避免，等等。限制家庭每月下馆子、请客吃饭的次数，限制购买一些不必要的衣物；每周预先估计一下需用多少现金，从取款机上提足；如果花钱不够节制，身上就不要携带太多的现金。

家长跟孩子商议，每周或每月给孩子一些零用钱，请孩子做好开支记账，并跟孩子分析总结开支情况。

3. 学习理财知识

一般情况下，家长先培养孩子节俭的好品质，给孩子设立一个银行账户，指导孩子掌握一些存储技巧。

教育故事》

一项调查显示，有86.4%的受访者认为："理财是一种积极的生活方式和人生态度"；同时，有80.3%的受访者清醒地认为，"个人理财有个性化和差异化，不可随波逐流"；对于"投资理财仅仅是富人的事"，有超过76.8%的受访者不予认同。对此，不少受访者认为："最需要理财的可能就是我们这样一般收入的工薪家庭，我们更应该精心打理有限的资金，不能有任何的马虎。"

小吴从小学开始，每天往零钱储存罐里放一元钱。有时候压岁钱除去购买一些自己所需要的物品，都放到零钱储存罐里，每月月底把积累的零钱存到银行里。初中、高中期间他一直坚持这个习惯，等待大学毕业的时候，他已经积累了五万元钱。他明确自己的发展方向，参加工作半年以后，决定自主创业。公司开办以来，他每月收入增加不少，但他依然保持习惯把零用钱放到储存罐里。这种习惯让他的生活、他的公司账务一直保持着持续发展的势头。

项目七

少儿艺术潜能开发

任务一　文学欣赏与潜能开发

教学情境

明明4岁了,他的妈妈抱怨说,自己的孩子不像别人家孩子那样愿意自己安静地看图识字,不愿自己翻书阅读,喜欢听家长一边又一遍地讲故事。可是爸爸妈妈是公司高管,平时连陪伴孩子的时间都很少,更没有时间给孩子讲故事了。所以,当孩子吵着、闹着让妈妈讲故事的时候,妈妈总是显得不耐烦,还会责骂孩子,明知道这样不好,但就是控制不住自己的情绪,为此很烦恼。

课堂提问

1. 明明到底怎么啦?
2. 明明妈妈在哪些方面需要做改进?
3. 明明是否具有文学艺术方面的潜能?应该如何开发?

小组活动

请在网络上搜索适合3—7岁少儿阅读的文学作品名称及简介,并填写表7-1。

表7-1　适合3—7岁少儿阅读的文学作品

特点 作品	适合对象	内容简介	作品形式 (文字、图画、视频等)	阅读建议	时间安排

（续表）

特点 / 作品	适合对象	内容简介	作品形式（文字、图画、视频等）	阅读建议	时间安排

教学评价

组织一次少儿文学作品欣赏沙龙，向大家推荐你的作品，并填写表7－2。

表7－2　教学评价表

评价 / 作品推荐人	作品针对性强（20分）	作品形式活泼（10分）	阅读建议合理（30分）	作品解析深入（30分）	时间安排合理（10分）

知识拓展

一、朗读可以开发右脑

犹太民族非常优秀，诺贝尔奖获得者约有30%都是犹太人，这个民族非常重视知识，从孩子一岁半开始就对他们进行记忆训练，而且非常重视反复地朗读。犹太人在孩子很小的时候就教他背《圣经》，这种早期背诵的方式不但没有限制孩子的想象力，也没有束缚孩子的思考能力，相反却使犹太孩子德商、智商、情商、财商、逆商、娱商普遍很高，也使这个民族成为世界上诺贝尔奖得主最多的民族。

朗读可以极大地提高孩子的记忆力。不少人认为这种机械记忆训练方式会抑制孩子思考能力和创造力的发展。

其实，这种认知是错误的，因为孩子们的思考和创造性的基础在于记忆。记忆分为左脑记忆和右脑记忆，一般人们所说的"记忆力"是左脑的记忆力，如果右脑的记忆力得到开发，事情就会完全不同了。创造性是右脑的属性，右脑记忆训练不仅可以帮助人们开发右脑记忆潜能，还能激发出人们的创造性、感性、灵感和直觉。孩子需要大量朗读，不求理解，大量背诵，这是培养天才的真实方法，也就是右脑教育法。

有的人认为"如果孩子连道理都不明白就这么读呀、背呀，不会有什么效果的"。事实并非如此，好的右脑教育是排除了"道理"的教育，要让受教者认真记忆基础知识，让孩子们热爱朗读，这样可以极大地开发孩子们的潜能。因为听觉刺激能够开启大脑的深层学习回路。通常声音由内向外发出，但是在背诵时，声音将向深层大脑传递，并在脑腔中产生振动音，和隐藏在大脑中的可发出振动音的部位发生共鸣，从而可以打开大脑的深层学习回路，开发右脑。

无意识存在于大脑的深处。通常只有大脑的表层意识来工作，处于深层大脑的无意识受到了压抑，所以无意识的力量不能够自由地发挥出来。

但是，无意识中隐藏着巨大的力量，过目不忘或是能够创造出充满感性的优秀作品都是无意识的功劳。引发无意识的力量有很多方法，听觉刺激是其中比较容易的一种。古典音乐刺激又是听觉刺激里的一种方法。虽然音乐分为很多种，但是古典音乐更适合进行听觉刺激。

除了音乐，朗读和背诵是儿童潜能开发最有效的方法。大量地反复地朗读、背诵经典诗词、经典作品，能够让孩子在不知不觉中进入无我状态，注意力完全集中，意识达到统一，无意识的回路打开。这就是大脑工作的秘密。

目前，很多专业训练机构选择"音乐、朗读和背诵"等方法开发儿童右脑潜能，效果非常好。

二、科学开发儿童的语言智能

1. 尽早开发语言智能

其实从胎儿形成，孩子就是一个独立的个体了。这时候爸爸妈妈就应该承担教育的责任了。胎教工作者研究发现，在怀孕 5 个月胎儿听觉出现的时候，爸爸妈妈就要跟胎儿说话，呼唤他的名字，为孩子播放音乐、朗读文章等。

早期教育工作者建议从婴儿出生第一天起，就将语言交流融合于生活照料中，这有极重要的潜在作用。与 3—5 个月婴儿"交谈"时，要让他做出口部及出声反应；8—9 个月开始咿呀学语时，要让他做出积极的反应，用语言说出他的需要。孩子一岁时，要不断鼓励他说出单词、电报式语词，并逐渐要求他说出单词句、双词句直到完整的语句。

婴儿期是口语发展的关键期，从单词句（15—20 个月）到双词句（18—24 个月），再到简单句及语法掌握（2—3 岁）的语言发展过程，一刻也离不开成人的引导，因为在没有语声的环境里绝不可能发展语言智能。

2. 保持幼儿对语言的好奇

语言智能高的人有一个突出特征：对语言有好奇心，他们喜欢语言，表现出极好的语感和对语言的鉴赏力。而事实上，出生几个月的婴儿就对话音刺激十分敏感，当亲人对他说话时，他会以微笑、手脚活动等做出积极的反应。语言智能高的幼儿表现出对话音、节奏、语调反应灵敏，喜欢听、读、说故事，说话清晰有条理。父母或老师若对这些语言智能品质给予早期关注和引导，便能使幼儿保持对语言的好奇和敏感。

3. 创设发展语言智能的环境

婴幼儿的语言环境是成人与婴幼儿共同构成的相互交流的情境，成人对婴儿语言智能发展的关注和婴幼儿自身言语活动的自发倾向创造了一个动态的、婴幼儿自己也参与其中的环境。理想的发展语言的家庭环境包括：

（1）摆放幼儿感兴趣的玩具、物品和材料，如皮球、风铃、卡片等，让他们边探索边学习说出它们的名称和功能。

（2）带幼儿走出家门去商店、动物园、公园，从多种场合观察、体验、丰富和充实孩子的个人经验，增加其学习和表达的愿望。

（3）鼓励幼儿与人交往，因为语言智能发展是一种不可抑制的人类特性。当幼儿想表达时，消极词汇变成积极词汇，由听到说才成为可能。

（4）让幼儿听儿童广播、看儿童电视，形成亲子共读的图书环境，可使他们在学习、欣赏文学语言的同时，激发表达自己的愿望，发展语言智能。

教育故事

《CCTV 家庭幽默大赛》第二季里，第一位萝莉小玉玉，一段“拿着灯牌自演粉丝自捧场”的表演让评委惊叹不已，朱丹、高亚麟还被小玉玉邀上台伴舞，小玉玉自然大方宛若大明星。

小玉玉，原名王亭玉，大家都喜欢叫她小玉玉，父母是普普通通的农民，爸爸特别热爱音乐，经常演唱一些熟悉的歌曲。据了解，小玉玉从小就很喜欢音乐，歌词只要听上一两回，就能如数背下来，对音乐有着超强的乐感和独特的见解。

小玉玉父母或老师发现孩子的音乐天赋后开始专门培训她，小玉玉两岁开始登台演出，小小年纪，积累了丰富的舞台经验，是一个集智慧与天赋的超级萌宝，也是出现在中国舞台上迄今为止年龄最小的歌唱小演员。

任务二　音乐舞蹈欣赏与潜能开发

教学情境

孩子的潜能开发需要遵循孩子自身的发展规律。有的家长很担心自己的孩子在音乐方面没有天分，浪费了时间又学无所成；有的家长认为自己的孩子应该选择钢琴或其他乐器，于是逼着孩子每天做专业训练；有的家长认为孩子绘画能力差，即使孩子喜欢绘画也不能让孩子浪费时间。

到底如何为孩子选择特长进行培养呢？

课堂提问

1. 在如何选择儿童特长进行培养方面，你有何建议？
2. 资料搜索：如何发掘孩子的音乐天分？
3. 音乐为何能够开发儿童的潜能？

小组活动

请在网络上搜索适合3—7岁少儿聆听的音乐作品名称及简介，并填写表7－3。

表7－3　适合3—7岁少儿聆听的音乐作品

特点 作品	适合对象	内容简介	作品形式 （轻音乐、歌曲、民族器乐等）	阅读建议	时间安排

教学评价

组织一次少儿音乐作品欣赏沙龙，向大家推荐你的作品，并填写表7－4。

表7－4　教学评价表

评价 作品推荐人	作品针对性强（20分）	作品形式活泼（10分）	欣赏建议合理（30分）	作品解析深入（30分）	时间安排合理（10分）

知识拓展

一、提高儿童音乐欣赏能力

对于儿童潜能开发训练来说,提高儿童的音乐欣赏能力是非常简单又非常有必要做的一件事情。提高音乐欣赏能力有助于儿童潜能开发训练,但如何提高儿童的音乐欣赏能力？这个问题成了很多家长和老师特别关注的事情。

1. 营造音乐环境

创造良好的音乐欣赏环境,可以激发儿童从不同角度感受音乐。几乎每个孩子都能理解和享受音乐的魅力,听觉正常的孩子通过美妙的音符感知这个美好的世界。所以父母或老师应注意随时让孩子在各种环境下体验音乐,理解音乐可以活跃他们的音乐思维,培养他们的想象力和创造力。

2. 生动活泼的引导方法

音乐欣赏教育应该遵循艺术本身的规律,充分重视审美体验在教学过程中的重要作用。父母或老师应在音乐欣赏教学中,注重多引导儿童运用多种感官来参与并体验音乐,从而表达他们的独创性,促进想象力和创造能力的发展。比如,可以让孩子随意扭动,边听边动或者边唱边跳,也可以让孩子踩着音乐进行模仿。

3. 因材施教，循序渐进

由于年龄、智力发展不一样等方面的原因,儿童在欣赏音乐的过程中,对音乐的表现和感悟不太一样,父母或老师在教学中要具有很强的观察能力,针对实际情况提出要求,随时帮助孩子感悟音乐,理解音乐内涵,要在所有的教学中体现一个特点:以兴趣为导向,以创造为目标。

4. 因势利导，鼓励创新

欣赏音乐不能只停留在乐曲的好听或不好听上，父母或老师要因势利导，在音乐欣赏的过程中，用发问让儿童参与讨论，或用色彩表现音乐，或用图画表现音乐，或用诗歌吟咏音乐，或用故事讲述音乐，或用舞蹈展现音乐；等等。总之，音乐开发孩子的潜能，提高孩子的创造力，使他们既有创造性想象，也有音乐之外的创造性活动。

上小学以后，很多家长更关注孩子的学科成绩，孩子也要为综合素质发展付出很多努力，没有更多的时间开发艺术潜能了。幼儿园时期是孩子艺术潜能开发最好的阶段。这里推荐一些适合儿童听的古典音乐：

（1）莫扎特的曲子。莫扎特的曲子欢乐、轻巧、诙谐、有趣、正面，是儿童最好的选择，如《小星星变奏曲》《土耳其进行曲》《第 40 号交响曲》《幽默曲》《小夜曲》。

（2）柴可夫斯基的作品。他的作品也非常适合孩子们听的，他的芭蕾舞曲、交响曲都是以童话故事做原型的，如《胡桃夹子》《睡美人》《天鹅湖》，非常优美动听。

（3）柏辽兹的曲子，如幻想交响曲等，音乐旋律是非常好的。

（4）班德瑞的钢琴曲或是长笛，轻音乐更好。

（5）维瓦尔第的《四季》，通俗易懂，旋律很美妙。

（6）约翰·施特劳斯的《春之声》《蓝色多瑙河》《维也纳森林的故事》。

（7）李斯特的《爱之梦》《匈牙利狂想曲》。

二、注重 PQ 培养的敏感期

1. 音乐、舞蹈敏感期

1.5—6 岁时，听到音乐，孩子就想扭动身子，有模有样的，这是孩子对音乐和舞蹈的敏感。从婴儿开始，我们提供一些悦耳欢快的音乐给孩子听，让孩子从小就感受音乐的节奏感和积极的能量，可以有效缓解孩子的情绪，在未来的生活中孩子遇到不开心的事情时可以选择音乐这种积极的方式舒缓个人不良情绪。而遇到开心的事情时，孩子同样需要激发身体快感。音乐和舞蹈可以随时随地随心运用，是缓解压力和情绪的最佳选择。

2. 绘画敏感期

在孩子对绘画敏感的时期，满足孩子天生的需要，是激发孩子想象力的重要开始。

人的创造力发展有原发性创造力和继发性创造力两种，原发性创造力是“从无到有”的思维创造，继发性创造力则是“从有到更好”的改良性思维，这两种创造力的培养有先后顺序，须先培养孩子的原发性创造力，如果颠倒培养顺序的话，孩子的原发性创造力则可能被继发性创造力给埋没。过分注重临摹、结构化的培养模式虽然很快就见到成效，让家长、孩子和培训机构皆大欢喜，但从潜能开发的角度来看实则是不科学的。

幼儿阶段孩子想象的特点是：①无意想象经常出现，有意想象日益丰富；②再造想象占主要地位，创造想象开始发展；③通过良好的教育和训练，幼儿的创造想象会等到显著发展。

在此期间,孩子通过绘画表现出来的对想象的新颖性、神奇性、超越性及对未来的指向均可超出我们的预料。所以,给孩子提供一个良好的艺术环境是至关重要的,把孩子对绘画表现出的一种痴迷和创作潜力带到对自然的观察中去,从而促使孩子实现自由创作。

3. 模仿敏感期

模仿敏感期是1岁左右。模仿是孩子在发挥思考的表现,孩子今后的创造力很大程度上来源于这些细节。作为大人,一定要满足孩子的模仿需求,鼓励他们,适时地安慰、激发孩子的积极情绪,不要谴责他们让他们产生焦虑和恐惧心情。

4. 游戏敏感期

游戏敏感期是1—6岁。婴儿期是机能游戏时期,主要有亲子游戏和模仿性游戏。幼儿时期主要是象征性游戏,又称假装游……童年期及以后,主要就是规则性游戏。

作为影响孩子身心发展的幼儿游戏敏感期,其社会性发展过程分为三个阶段:第一阶段是非社会性游戏阶段,即孩子独自游戏或在旁边观看别人游戏。第二阶段是平行游戏阶段,幼儿具有参与其他儿童游戏的意向,他们靠近他人游戏的场所,或独自进行相同或相近的游戏活动。这是相互之间没有交流,也不会相互影响的游戏行为。第三阶段是社会性游戏阶段,该时期的孩子具有协同游戏和合作游戏的意愿,此时孩子具有自我控制、言语沟通、理解他人需要及理解游戏规则的能力,这是一种复杂的社会交往技能。

游戏是孩子儿童阶段的主导活动,游戏对幼儿健康人格发展的作用具有其他活动所不能替代的重要意义:游戏是幼儿活动和情感愉悦的精神寄托,游戏是促进幼儿认知发展和社会性发展的重要渠道,游戏是幼儿之间社会交往的最好园地,游戏是幼儿实现自我价值的最佳载体。

三、科学开展音乐舞蹈教学

(一)选择好的音乐

幼儿听到音乐,踏着节拍就能模仿舞蹈动作并力图独立完成表演,他们在入园之前就具备了再现和创造舞蹈动作的潜能。动作可以反映音乐的情绪,能加深幼儿对音乐情绪的体验。因此,好的音乐不仅能成为幼儿创造动作的背景,而且和动作紧密结合。对幼儿来说,所谓好的音乐就是那些符合幼儿年龄特点的,孩子喜欢的,能调动孩子表现力和创造力的,可以激发孩子随着自己喜爱的音乐翩翩起舞,可以用自己的肢体与动作表现的音乐。

(二)开放式的舞蹈教学

幼儿有自己的生活经验积累,好的舞蹈素材应从幼儿的生活经验中挖掘,因此,选择开放式教学模式比较好,可以充分重视幼儿自发、自主的学习。传统的舞蹈教学太过于本位主义，注重技能技巧的学习，内容和形式上脱离了幼儿的实际生活，孩子只是机械地模仿，无法调动孩子的积极性，让孩子对舞蹈的体验变得支离破碎。

因此，幼儿的舞蹈教学内容应该结合他们的主题活动，让他们在充分认识的基础上，自发自主地创造出身体语言。例如，在幼儿园大班教孩子学习蒙古舞蹈时，可以先让孩子通过观看录像、图片等了解蒙古族人民生活的地方和生活习性等，再通过欣赏歌舞《美丽的草原》、绘画《美丽的草原》等，让孩子对蒙古族有了系统的认识以后，再进行教学。还可以让孩子们穿上蒙古族服饰，打扮成一个个蒙古族的孩子，抓住蒙古舞的良好素材，启发孩子用动作表现蒙古族孩子骑马、挤奶、摔鞭等动作。这时候，孩子们很愿意用自己的动作去展现自己对蒙古族人民生活的理解，我们再根据孩子创造的动作确定主题，串编成一段又一段舞蹈，孩子不但喜欢，也乐于去表现。

幼儿艺术活动的能力是在大胆表现的过程中逐渐发展起来的，教师的作用应在于激发幼儿感受美、表现美的情趣，丰富他们的审美经验，使之体验自由表达和创造的快乐。舞蹈教育应允许孩子有相当的弹性和充分的自由来选择和创造自己喜欢的身体语言。在开放式的活动教育中是以幼儿为中心，教师作为辅导者。发挥幼儿的主动性和创造性，无疑在教学活动中占中心位置。

1. 丰富幼儿的生活经验

舞蹈和任何艺术一样，都以生活作为基础，必须从已经感知的事物中抽取有关内容，经过重新组合，通过观察理解，转换成自己的身体语言。基于这个基础，我们可以利用引导再现与引发期待的策略，让幼儿充分感受主题活动内容，形成一定形象积累。所谓的引发期待是让幼儿完整地欣赏舞蹈片断，让美好的音乐舞蹈艺术形象直接引起幼儿的兴趣，继而能主动学习，对学习产生期待。在教学中尽可能地调动幼儿的各种感官，让其了解周围的一切生活经验，并模仿其形象，这就是引导再现。如在“妈妈，请坐下”的舞蹈活动中，幼儿已通过各种活动感受到妈妈的辛苦，感受到妈妈对他们的爱护、关心，相当程度上激起了对妈妈无比的爱意。这个时候引导幼儿用身体语言来表达对妈妈的爱心，同时结合幼儿自己在家中的表现，幼儿由于有了一定的生活积累，很容易表现出来，而且动作生动、形象。如有的扶妈妈坐下，并倒上一杯水，有的给妈妈捶背，放皮包等，幼儿以各种各样的身体语言表达对妈妈的感情，教师无须讲解动作的变化，只要让幼儿表演在家中是如何做的就行了，这就是一支非常好的舞蹈了。

2. 营造创造的氛围和环境

我们应该保护和引发幼儿原始的创造力。教学中，教师要为幼儿创造积极的环境，提供表现的机会，适当增加意愿活动，减少模仿活动，利用一天中有效的环节，弹奏幼儿熟悉和喜爱的歌曲，播放节奏感比较强的乐曲，让幼儿自由自在、无拘无束地“舞蹈”，并鼓励他们按照自身的理解去参与舞蹈活动，或摇头晃脑，或左右摇摆，或如蝴蝶在花间飞舞。我们要给予及时肯定，用亲切的、相信的目光鼓励孩子们用身体自由地表达。当孩子的

“创作”被肯定、被表扬时,他们的创造欲望会更大,也会在这种氛围下,获得极大的乐趣,激发出最原始的创造力。

教育故事》

爱因斯坦刚出生时,后脑大得不同一般,他的头骨的这种异状后来永久性地成为爱因斯坦的特征。童年时代的爱因斯坦独来独往,时常故意躲开小伙伴、同学,即使同亲人在一起,他也只是一个沉默的听众。谁要是破坏了他独处的心境,一向沉静的他会突然爆发出激烈的情绪。但是不爱和人交往的小爱因斯坦偏喜爱那些需要耐心和坚韧的游戏,比如用薄薄的纸片搭房子,不成功绝不罢休。他还对音乐特别着迷。

爱因斯坦3岁的时候,有一天,他母亲坐在钢琴旁轻轻地抚弄琴键,优美动听的旋律像潺潺溪水,从母亲的手指下流出。小爱因斯坦全神贯注地倾听美妙的钢琴声。从此,不爱说话的小爱因斯坦对音乐入迷了,6岁起练习拉小提琴。几年后,爱因斯坦唯一的消遣就是音乐,在母亲的陪伴下,他很快就能演奏莫扎特和贝多芬的奏鸣曲。

按爱因斯坦的心理特征而言,如果他出生在文艺复兴时期,历史或许把他造就成为一个杰出的艺术家。但在19世纪末的德国,一种以科学发明去探索未知世界的热潮正在兴起,各种科学发明迅速改变着人们的感官世界,各种技术上的新鲜玩意给新一代人带来无穷的趣味,并吸引着他们,激起他们的求知欲。科学之光普照着大地,也照亮了小爱因斯坦成长的道路。爱因斯坦上学前的一天,他生病了,父亲拿来一个小罗盘给儿子解闷。爱因斯坦的小手捧着罗盘,只见罗盘中间那根针在轻轻地抖动,指着北边。他把盘子转过去,那根针并不听他的话,照旧指向北边。爱因斯坦又把罗盘捧在胸前,扭转身子,再猛扭过去,可那根针又回来了,还是指向北边。不管他怎样转动身子,那根细细的红色磁针就是顽强地指着北边。小爱因斯坦忘掉了身上的病痛,只剩下一脸的惊讶和困惑:是什么东西使它总是指向北边呢?这根针的四周什么也没有,是什么力量推着它指向北边呢?爱因斯坦67岁时仍然为童年时的“罗盘经历”感慨万千。

任务三　美术与潜能开发

教学情境》

小美今年5岁,长得小巧玲珑,十分可爱。小美的妈妈听幼儿园老师介绍幼儿绘画能够发展创造性思维,于是小美3岁时妈妈就给她报名参加美术班,但孩子明显不喜欢绘画,一直闹着去唱歌,小美妈妈认为孩子唱歌并不太好听,一直没有同意孩子的要求。

后来,在幼儿园老师的指导下,小美妈妈带着小美进行潜能测评,测评专家根据小美的测评结果,建议小美继续学习美术,因为小美具有绘画潜能。

可是为什么小美不喜欢去绘画呢?

课堂提问

1. 请你分析,为何小美不喜欢去绘画?
2. 请你上网查阅资料,说说幼儿兴趣是否需要进行测评。

小组活动

请小组讨论设计一堂美术课,并进行教学介绍,最后参照表 7－5 所示进行评价。

表 7－5　项目评价内容

评价项目	评价要点	权重
设计思路	体现以人为本的教育理念,充分结合学科或专业特点,体现鲜明的职教特色;设计思路清晰,每个板块的设计意图明确,教学容量适中;设计编写规范,内容完整	10
教材分析	能根据课程特点,对教材的地位、作用及前后联系阐述清楚、准确;教材内容处理恰当,符合教学实际	6
学情分析	了解幼儿对必备的基础知识(技能)的掌握状况和认知状况;了解幼儿对学习内容的认识和态度及学习动机;了解幼儿对学习的意志、信心和情绪	8
教学目标	目标确定准确、恰当、具体,并细分为可操作性目标。重难点、教学关键确定准确	10
教学方法	教学方法、教学手段、学习方法正确,符合幼儿的认知规律	5
教学资源	明确使用哪些教具、学具或电教媒体;运用信息技术突出教学重点、突破教学难点或者完成特定教学任务	4
时间分配	课时安排与教学内容相匹配	2
教学过程	教学设计科学,符合幼儿认知结构,流程清晰,教学环节之间过渡自然,突出重点和难点;设计的情景对后续教学有启发引导作用;教学活动内容充实,灵活多样,教师在教学过程中起组织者、指导者、帮助者和促进者的作用,所采用的教学方法有利于调动幼儿学习的主动性、积极性;设计的媒体启发性强,适时、适量;各教学板块完整且时间分配合理	40
板书设计	板书简明、精要、美观,符合美术教学需求	5
教学反思	对教学设计效果进行总结反思,教学结果的得失分析恰当,并提出有层次提升的改进意见	10

教学评价

请同学们填写表 7－6。

表 7-6　教学评价表

设计者 评价项目					
设计思路(10 分)					
教材分析(6 分)					
学情分析(8 分)					
教学目标(10 分)					
教学方法(5 分)					
教学资源(4 分)					
时间分配(2 分)					
教学过程(40 分)					
板书设计(5 分)					
教学反思(10 分)					
总分					
评审意见					

知识拓展》

一、美术教育的意义

美术教育有特定的内容与意义,是其他艺术形式无法取代的。

首先,美术可以从幼儿心理特征出发,通过绘画、设计、工艺制作等各种各样有趣的造型活动,培养儿童对美的感受力、想象力和创造力。幼儿美术教育把孩子们带到一个大美世界里,让孩子们感受造型美、色彩美,还可以让孩子们感受大自然的美和劳动创造的美。这一切会使儿童获得很好的审美感受。儿童美感的产生源于儿童对生活、对周围事物的真挚、美好的情感。所以美术能发展儿童美好的情感,提高他们的审美能力,从小陶冶他们的性情。

其次,幼儿美术教育有利于孩子们健康心智模式的建立。因为美术是一种"视觉艺术",能使儿童脑、眼、手并用,因而它能促进孩子们的身心全面发育。美术活动也有利于儿童思维能力和多方面能力的发展,利于发挥儿童的潜能与个性,培养儿童丰富的想象力和创造力。

最后,幼儿美术教育不仅仅是绘画技能的机械训练和模仿,更是一种创造;美术教育不单纯是为培养大画家,更重要的是为了培养德、智、体、群、美、劳全面发展的创造型新人。

人的大脑是一个整体，左半球重于抽象思维，右半球重于具象思维。对低龄幼儿来说，右半球比成人占较大优势，但随着年龄的增长，这个优势会逐步减弱。所以，我们应该抓住时机，重视幼儿美术教育，巩固和发展幼儿这个优势。

这里需要说明的是，不少人幼儿时期具有很强的美术能力，绘画能力强，但长大后真正成为美术工作者的为数并不很多。但是，许多医生、科学家、建筑师和画家的成才之路常与儿时爱画画有着密切的联系。这是因为幼儿美术最大的特点就是发展了幼儿的创造性思维。在幼儿时期通过美术活动培养这种创造性思维是非常有利的，为幼儿今后的成长打下了良好的基础。

美术教育除了可发展幼儿创造性思维外，还可以培养幼儿敏锐的观察力、灵活的动手能力和审美能力。这些能力一旦形成，将终身受益。因此，不管孩子是否有美术潜能，也不管孩子长大后是否成为美术工作者，我们都应该鼓励幼儿参加美术活动，加大美术教育的力度，提高幼儿美术教育的水平。

二、让孩子热爱绘画

很多父母给孩子报了美术学习班，素描、速写、国画、水彩等，但孩子是否适合？应该如何让孩子热爱绘画？这里介绍一些方法。

1. 关注绘画作品的意境

看到孩子的绘画作品，不应该关注孩子“画得好不好，像不像”等问题，而应该努力看懂孩子作品中反映的意境究竟是什么，想要表达什么样的情感和意义。孩子可能画得乱糟糟，但是作品背后往往隐藏着无限的意义，孩子的作品甚至可以准确反映出他们的心情，如烦躁、恐惧、担忧等。

孩子的世界很简单，他们会用简单的线条或者一个点、一个面来表示某个东西，比方说，他们会用一个圆圈代表温暖的太阳或者一个好吃的巧克力，这些都是孩子绘画作品背后的意境，需要我们去细细研读，慢慢欣赏。

2. 通过沟通引导孩子

孩子的想象力和创造力需要我们通过沟通不断激发。比方说孩子想要画一头大象的大概轮廓，我们可以从图片的整体结构上给孩子进行一个完整的分析，如大象有几条腿？粗粗的象腿像什么？大象的耳朵像什么？大象的头是个什么样的形状？有没有尾巴？这样的沟通有助于孩子发挥想象力和创造力，让他们成功地画出自己想画的东西。

3. 带孩子亲近大自然

所有的艺术创作都需要生活的滋润，美术创作也需要生活经验的积累，一个封闭环境下的孩子是永远不可能画出外面多彩的世界。因此，我们应该带幼儿出去走一走看一看，去体验不同的生活环境和生活方式，去感受大自然的魅力。巍巍的高山，潺潺的流水，波澜壮阔的大海,碧波荡漾的湖水。生活中的所闻所见所思都将成为孩子艺术创作的素材,丰富的生活经历也会让孩子变得富有创造力和想象力,让孩子画出优秀的作品。

三、杨景芝老师的建议

杨景芝教授于1960年毕业于北京艺术师范学院美术系,现任首都师范大学儿童文学艺术研究发展中心主任,长期从事少儿绘画研究,在不同场合中提出以下建议:

1. 通过绘画发展儿童感知能力

绘画主要通过视觉和触觉感受进行,感觉是人发展认识的前提,儿童的认知能力大多依靠形象思维获得。因此,发展感官,促进智力发展是绘画不可替代的优势。

2. 通过绘画培养丰富的情感

情感是学习的动力,绘画有利于儿童情感宣泄,使身心发展得到平衡。同时,美育又能陶冶情操,使儿童情感境界得到升华。

3. 通过绘画培养创造意识

创新意识和能力是未来社会的人应具备的最重要的心理品质,绘画创作可以培养孩子独立思考和解决问题的能力,丰富的联想与想象力以及周密的思考与计划能力等。

4. 通过绘画发展思维能力

儿童通过观察进行的视觉思维,是儿童早期的思维活动,他们通过创造视觉符号表现认识,发展智慧,提高形象思维能力,促进逻辑思维发展。艺术活动可以激发多种感知和思维方式。

5. 通过绘画促进个性发展

没有个性就没有真正的艺术创造。美术创造活动体现个体的自身价值,能够培养自尊、自律、合作动机和自我激励的品质,还能够培养自主意识和主动精神。

6. 通过绘画提高实践能力

绘画可以提高孩子运用媒材、技术进行实践活动的能力,因为绘画以动手操作为特征,新的媒材、技术不仅容易引起孩子的兴趣,而且可以培养孩子探索学习的习惯和尝试解决问题的新的可能和途径。

7. 通过绘画培养丰厚的文化修养

通过欣赏活动可以开拓孩子的文化视野,使其了解人类丰富的文化遗产和文化发展,了解艺术与生产、生活的关系,学习分析、综合和评价的思维技能,从而提高审美感受力和判断力。

8. 通过绘画促进全面发展

全面发展是教育的最终目的。绘画是一种综合性的基础教育,它通过感性与理性,动脑与动手、艺术与科技、智力与非智力因素等方方面面,促进孩子们的全面和谐发展。

教育故事

郑板桥是清朝一位书画家,从小热爱诗书画,刻苦学习,一生最杰出的成就,使他在诗书画方面独树一帜,堪称"诗书画"三绝。他的诗大都来自现实,来自生活,言之有物,读起来妙趣横生。他写的字大大小小,歪歪斜斜,好像乱石铺路,但是给人一种特别的美,自成一家,这就是他的"板桥体",至今还有不少人模仿他的书法呢!他的画也闻名于世。他特别喜欢画兰、竹、石,认为兰花四时不谢,竹子百节常青,石头万古不移,是值得歌颂的。

郑板桥在潍县当县令时,因那里闹灾荒,他私自开仓救济老百姓而被罢官。从此,他回家乡以卖画为生。他卖画所得的钱,大多数给穷人。听说,他身背一个长口袋,卖画的银子放在里面,一路散发给穷苦百姓,走到家,银子也发光了。

郑板桥活到73岁,他的一生给我们留下了许多宝贵的财富,永远值得我们怀念!

任务四　团队合作与时间管理

教学情境

幼儿园总有一些小朋友不能很快融入集体生活。琪琪就是这样的孩子,每次早上入园的时候,她就紧紧地搂着妈妈的脖子或抱住妈妈的大腿不让妈妈离开,吵着闹着让妈妈留下来陪伴自己,甚至晚上睡着了还喊着:妈妈,妈妈,我不去幼儿园!妈妈,不要走啊!

后来,幼儿园里的小伙伴得了口足病,传染给琪琪了。无奈琪琪的妈妈将琪琪接回家,让爷爷奶奶帮着带琪琪。幼儿园老师打电话询问琪琪的情况,建议琪琪回到幼儿园。然而,琪琪的爷爷奶奶说:"孩子在幼儿园里心情不好,身体不好,学不到什么东西,别去算了。"

课堂提问

1. 琪琪为什么不能很快适应幼儿园的集体生活?
2. 作为幼儿教育者,你应该如何劝导琪琪的爷爷奶奶和爸爸妈妈?
3. 如何帮助琪琪融入集体生活?

小组活动

请上网查询少儿融合、融入集体的训练方法,并组织一次融入训练活动。

教学评价

请同学们填写表7－7。

表7－7　教学评价表

评价内容 / 组织者	针对性强（30分）	创新性强（20分）	安全性强（20分）	提高团队协作能力（30分）	总分

知识拓展

一、培养小小发明家

1. 引导孩子自己动手

0—3岁的孩子开始用嘴、用手脚探寻这个世界。我们一定不能干涉孩子，更不能压制孩子。应该引导孩子自制玩具，让孩子综合运用折、剪、画、编、扎、钉、粘等方法做科学小试验，为孩子准备纸、布、线、胶水、木块、磁铁、各种小瓶、塑料小管等用具。

2. 给孩子提供各种材料

我们需要为孩子提供诸如积木、插塑、拼装玩具、橡皮泥、沙石等用具，同时，还可以给孩子准备一些废纸让他撕，买一些蜡笔教他画，准备积木、拼图、橡皮泥、七巧板等玩具，让孩子得到充分的释放，并进行自主探索。

3. 举办操作比赛

引导孩子一起参与动手项目，甚至可以举办一些小小的比赛。比如用筷子夹玻璃球、撕纸屑做图案等游戏，这些游戏不但孩子感兴趣，而且能促进他的小肌肉发展。

4. 指导孩子手工制作

可从教孩子玩折纸和剪贴开始，指导孩子制作手工。例如：对2—3岁的孩子，可从简单的一步折纸学起；3—4 岁的孩子，可学 2 至 3 步的折纸，并开始学拿剪刀，先学剪纸条，后学剪图形，可以用纸条贴成链条或方纸，还可贴成花篮；4—5 岁的孩子，可学更复杂的剪贴和图案，如制作汽车、轮船、大炮、飞机、小鸟等。

5. 鼓励孩子发明创造

孩子天生就是动手的行家，是个小小发明家，只要给他足够的空间，他就能玩出无穷的花样。因此，父母要从单一的价值观中走出来，让孩子多看、多听、多想、多玩，关键是多动手，只有这样，才能把孩子培养成为一个自信、乐观、有创意的人。

二、653 默写式脑力激荡法

选择 6 人参加一次训练，在 5 分钟内提出 3 个设想的方法。

1. 653 法的步骤

（1）开始进行前主持人提出问题，以 6 个人为一组，每人都必须在卡片上写出 3 个设想，并在 5 分钟内完成；

（2）五分钟一到，每个人都要把面前的卡片传给右边的参加者；

（3）一共 6 次，30 分钟为一个循环，根据计算，每一个循环得到 108 个构想。

2. 653 法的注意事项

（1）不能说话，思维活动可自由奔放；

（2）由 6 个人同时进行，可产生更高密度的设想；

（3）可以参考他人写在传送到自己面前的卡片上的设想，也可改进或加以利用；

（4）不因参加者地位上的差异以及懦弱的性格而影响意见的提出；

（5）卡片可以用 A4 纸或 A5 纸。

三、心智图法

以扩散思考方式组织不同的想法、观念，激发创意、改善记忆力和想象力的心智绘图技术。

1. 心智图法作法（Ⅰ）

（1）空白纸一张；

（2）白纸平放桌面上；

（3）在纸中间写或画上主题；

（4）用彩色图形表示主题；

（5）主要议题像书的章节般围绕主题周围；

（6）主题扩散到分支。

2. **心智图法作法**（Ⅱ）

（1）由主支衍生出第二阶层想法，线条较细；

（2）其他想法出现时加在第三、四层，用图样符号或关键字；

（3）在文字或图像上加上立体框框以显出重点；

（4）有关联的想法可用彩色线条围绕或符号箭头表示；

（5）美化并完成心智图。

四、PQ 提高时间管理能力

人生的每一件事情都跟时间有关。一谈到时间管理，多数人都会想到：一是在工作上如何有效地利用时间。这方面有很多相关图书及专家的建议，比如写工作计划，用 ABCD 列出每天要做的事的优先次序，然后遵照执行，提高工作效率，等等。二是在业余时如何有效地利用时间用于学习或工作。其实，这样理解时间管理这个工具是错误的。

时间管理涉及人生的八大领域：健康、工作、心智、人际关系、理财、家庭、心灵思考、休闲。时间管理归根到底就是如何耕耘自己，把有效的时间投资于你要成为的人或你想做成的事上面。你对什么进行投资就会收获什么，你投资于健康就会在健康上有所收获，你投资于人际关系就会在人际关系上有所收获。尽管我们总觉得时间管理应该主要与工作相关，但你的时间分配还是必须涉及八大领域的，这才是对你最好的结果。比如在休息日，你也许该在家庭、健康、休闲上有更多的时间分配，而不是用于工作。

关于如何在工作、学习这两个领域上进行时间管理，很多人可以轻而易举地找到非常有参照作用的原则和建议，不妨根据这些步骤执行或反思自己的时间管理，将会取得一定的成效。然而，有些人在时间管理上的最大误区是对时间管理目的性不清楚。时间是过去、现在、未来的一条连续线，构成时间的要素是事件，时间管理的目的是对事件的控制。

所以，要有效地进行时间管理，首先，必须有一套明确的远期、中期、近期目标；其次，要有一个价值观和信念；再次，根据目标制订长期计划和短期计划，然后分解为年计划、月计划、周计划、日计划；最后，要有相应的日结果、月结果、年结果及各结果的反馈和计划的修正。在时间管理中，必须学会运用 80∶ 20 原则，要让 20% 的投入产生 80% 的效益。从个人角度看，要把握一天中的 20% 的经典时间用于你的关键思考和准备，个人可以根据各自的生活状态、生物钟来确定单个的 20% 经典时间是哪个时候。

少儿时间管理能力与 PQ 有密切的关系。少儿时间管理是一件十分困难的事情，如何引导孩子管理好自己的时间呢？美国人埃德加·卡恩倡导一种有效的方法——设立时间银行。

选择时间银行引导孩子掌握时间管理的基本方法，需要将规则具体化。如表 7－8 所示，孩子节约了时间，就记加多少分，如果是支付了或是超过了时间，就减分。用这种方式还能培养孩子的数学概念。（一定要注意，如果时间银行用在作业写字方面，就要加上质量的考核，以防孩子为了存更多的时间，匆匆赶作业而没有质量。）

表 7－8　时间银行

时间	金币	存，支	备注
8.21	+10	存	早起床 5 分，奖 5 分
8.22	-5	支	语文作业超时

教育故事

琪琪的家长经过和幼儿园老师们的沟通，终于下定决心把琪琪交给幼儿园老师进行教育和引导。两周以后，琪琪有些适应幼儿园了，虽然还是不太爱和小朋友玩，但是这几天的表现逐渐在好转，一天比一天好。琪琪妈妈非常高兴。这两天老师都表扬琪琪，主动帮老师收拾东西，主动睡午觉，还主动向老师问好。

回到家，琪琪妈妈没事就打开幼儿园的网站，给琪琪看里面的图片，老师帮琪琪拍的照片对琪琪的触动很大，她很高兴。她每天早晨主动起床去上学，高高兴兴跟妈妈说："妈妈，再见！"

任务五　创新能力与娱商培养

教学情境

小文六岁了，喜欢玩乐器，特别是架子鼓，玩起来不知疲倦。然而，小文很难静下来阅读，因此，小文的父母很担忧，担心上学以后小文无法适应课堂教学，成绩不好，影响日后升学。他们找到幼儿园杨老师，杨老师根据自己对小文的了解，认为小文父母没有必要担忧。小文在乐器方面的特长让小文很自信，记忆力和学习能力很强，未来小文的创新能力也会因为他对架子鼓、对音乐的热爱逐渐提升。

事实证明，杨老师的判断是正确的。小文上小学以后，学习状态良好，成绩良好。

课堂提问

1. 请你分析 PQ 对孩子智力发展的影响。
2. 请你给小文父母提出建议，帮助小文处理好爱好与学习的关系。
3. 杨老师说："小文在乐器方面的特长让小文很自信。"你认为杨老师的观点正确吗？

小组活动

请小组讨论并设计一次文娱表演活动，要求具有创新性，可以提高幼儿团队协作能力。

教学评价

请同学们填写表 7－9。

表 7－9　教学评价表

评价内容 / 设计者	针对性强（30 分）	创新性强（20 分）	全员参与（20 分）	提高团队协作能力（30 分）	总分

知识拓展

一、PQ 与身心健康

健康是娱乐的前提条件和基础，没有健康的身体，人就无法从事受身体条件限制的娱乐项目。如果一个本来身体健康的人，在娱乐时毫无节制导致身体健康出现问题，那么他今后的娱乐也会因此受限制，还有可能引发疾病。现在很多小朋友无节制地看电视、玩游戏，导致视力高度近视，学习和生活都非常不方便。由此可见，良好的时间管理是娱商的基础之一。

（一）世界卫生组织确定的身体健康十项标志

（1）有充沛的精力，能从容不迫地担负日常的繁重工作；

（2）处事乐观，态度积极，勇于承担责任，不挑剔所要做的事；

（3）善于休息，睡眠良好；

（4）身体应变能力强，能适应外界环境变化；

（5）能抵抗一般性感冒和传染病；

（6）体重适当，身体匀称，站立时头、肩、臂位置协调；

(7) 眼睛明亮,反应敏捷,眼和眼睑不发炎;

(8) 牙齿清洁,无龋齿,不疼痛,牙龈颜色正常且无出血现象;

(9) 头发有光泽,无头屑;

(10) 肌肉丰满,皮肤富有弹性。

(二) 世界卫生组织确定的心理健康六大标志

(1) 有良好的自我意识,能做到自知自觉,既对自己的优点和长处感到自信,又不因自己的缺点感到沮丧。

(2) 坦然面对现实,既有高于现实的理想,又能正确对待生活中的缺陷和挫折,做到"胜不骄,败不馁"。

(3) 保持正常的人际关系,能克制自己,能接纳他人,包括他人的短处。在与人相处中,尊重多于嫉妒,信任多于怀疑,喜爱多于憎恶。

(4) 有较强的情绪控制力,能保持情绪稳定与心理平衡,对外界的刺激反应适度,行为协调。

(5) 处事乐观,满怀希望,始终保持一种积极向上的进取态度。

(6) 珍惜生命,热爱生活,有经久一致的人生哲学。健康的成长,具有一致的发展定向,有明确的生活目的。

(三) 娱乐的健康管理5W2H

What? 玩什么? 对我的健康有影响吗?

When? 什么时候玩?

Why? 为什么要玩这个内容? 为什么不玩别的内容呢?

Who? 和谁一起玩?

Where? 去哪玩? 地点危险吗?

How to play? 如何玩。

How long? 玩多久。

(四) 时间管理矩阵

时间管理矩阵主要是列出一天工作的全部内容及时间分配。

社会科学家做过研究,PQ高的人会合理分配时间,除去睡觉、吃饭等时间,将个人大部分(60%)的有效时间用于做重要、不紧急的事业,再分配20%的时间处理重要且紧急的事情,用19%的时间处理紧急、不重要的事情,他们只用1%的时间做人生中不重要、不紧急的事情。时间和生命是我们拥有的最宝贵资源,古语云,一寸光阴一寸金,寸金难买寸光阴,说的就是这个道理。提高时间管理能力,可以有效地帮助你提高做事效率,创造人生最大价值。

二、PQ 与个人胆略

娱乐需要勇气和胆略。娱乐精神是重在参与，但在面对挑战的时候，我们需要建立自信，敢于面对困难。胆略就是帮助个人建立自信、克服胆怯的一剂良药。

胆略不是匹夫之勇，不是蛮干。胆略是一种胸襟，能看淡得失成败；胆略是一种责任，能使人对事业负责；胆略更是一种见识，能使人把握大局。

决策的魄力，就是能够把握机遇，该出手时就出手，以最快的速度应对环境的变化。没有敢为天下先、勇于承担风险的胆略，何谈成就大业？大凡成功人士，都有着敢闯、敢试、敢干的过人胆略。创业者、企业家的胆略，在某些关键时刻，甚至决定企业的兴衰成败。

高胆略者的表现：

(1) 敢于面对逆境、困境，能够寻求突破。

(2) 敢于面对压力，能把压力变动力。

(3) 敢于面对变化，胆略高的人遇到变化很兴奋，善于从变化中找到机会。

(4) 敢于面对竞争，寻求创新。

(5) 该放弃的懂得放弃。

(6) 敢于承担责任，有担当。

三、PQ 与创造力

高 IQ 的推理能力、高 PQ 的模仿与灵感顿悟，都能产生出创意，可是要具有持久的创造力，需要 IQ、AQ 和 PQ 等综合发挥作用。

创意是指有创造性的想法、构思等。

创造力是指进行创造和发明的能力，包括敏锐发现问题的能力、预见和评价能力、寻求解决问题方向和途径的能力及完成某些操作和对设想进行检验的能力等。创造力的高低主要取决于经验、知识、方法和心理素质。

创造力来自遗传，也来自学习培养，是先天和后天交互作用的结果。

1. 促进创造力发展的方法

(1) 鼓励提问，允许不同意见产生；

(2) 进行多样性活动，提供多样刺激环境；

(3) 鼓励探索，允许失败，少做记忆性活动；

(4) 允许个别差异；

(5) 提供友善而无威胁的环境；

(6) 提出启发性问题；

(7) 重视原创，珍惜新观念；

（8）培养学生创造性思考的技能和研究方法。

四、创新能力与右脑思维密切相关

王华斌，哈佛大学博士后，开创了全脑学习理念和方法，他用一首小诗概括了全脑学习：

八个亲兄妹，一个少不了。
语言老大傲，数理老二娇，
内省老三美，身体老四俏，
视觉老五靓，人际老六笑，
音乐老七乐，观察老小刁。
哇——原来八仙在全脑！

右脑的形象思维是一种脱离语言躯壳，凭借头脑中储存的表象进行的思维。

左脑的逻辑思维和推理，依据现有知识并在现有理论的框架内得出结论，不产生新的知识。右脑的非逻辑思维则创造新的理论和观念，孕育新的知识。

一个典型的例子是，爱因斯坦这样描述他的思维过程："我思考问题时，不是用语言进行思考，而是用活动的跳跃的形象进行思考，当这种思考完成以后，我要花很大力气把它们转换成语言。"

这非常生动地描绘出了新思想诞生过程中左右脑是如何协同工作的，即右脑的形象思维产生了新思想，左脑用语言的形式把它表述出来。

另一位诺贝尔奖获得者李政道从二十世纪八十年代起，每年回国两次倡导科学与艺术的结合，请著名画家"画科学"。李政道的画题都是近代物理最前沿的课题，涉及量子理论、宇宙起源、低温超导等领域。艺术家们用他们擅长的右脑形象思维方式，以绘画的形式形象化地表现了这些深奥的物理学原理。今天我们再看这些画时无不为其磅礴的气势所震撼，并体会到这种以非语言形式描述宇宙本质的奥妙。

左右脑的分工决定了人的创新能力与右脑思维密切相关。

思考过程是左脑一边观察右脑所描绘的图像，一边把它符号化、语言化的过程，即左脑具有很强的工具性，它负责把右脑的形象思维转化为语言。现代社会强烈要求的创新能力或者说创造力是什么呢？它实际上是把头脑中那些被认为毫无关系的情报信息联结起来的能力。

这种并不关联的信息之间的距离越大，把它们联系起来思考就越新越奇。人的大脑是不能制造出信息的，所以创造能力是对已有信息的再加工过程。在这个过程中，如果右脑本身无大量信息存贮，创造力自然无从谈起。

创造性思维中的直觉首先要求右脑中直观的、综合的、形象的思维机能发挥作用，并且要求左脑很好地配合。因此，要想不断有崭新的思想、设想、设计、构思产生，必须充分使用右脑。

这里我们强调右脑的重要性，并不是要用右脑思维取代左脑思维，事实上右脑思维永远不可能取代左脑思维。左脑的作用是极为重要的，右脑储存的大量信息、它的知觉都必须经由左脑的语言描述和逻辑加工才具有最终的价值。只有我们左右脑通力合作，才能构成完整的思维活动。

教育故事

温斯顿·丘吉尔在《我与绘画的缘分》一文中谈他怎样开始学习绘画的经历："一个礼拜天，在乡村里，孩子们的颜料盒来帮我忙了。我用他们那些玩具水彩颜料稍一尝试，便促使我第二天上午去买了一整套油画器具。下一步我真的动手了。调色板上闪烁着一摊摊颜料；一张崭新的白白的画布摆在我的面前；那支没蘸色的画笔重如千斤，性命攸关，悬在空中无从落下。我小心翼翼地用一支很小的画笔蘸了一点点蓝颜料，然后战战兢兢地在咄咄逼人的雪白画布上画了大约像一颗小豆子那么大的一笔。恰恰那时候听见车道上驶来了一辆汽车，而且车里走出来的不是别人，正是著名肖像画家约翰·赖弗瑞爵士的才华横溢的太太。'画画？不过你还在犹豫什么哟！给我一支笔，要大的。'她把画笔扑通一声浸进松节油，继而扔进蓝色和白色颜料中，就在我那块调色板上疯狂地搅拌了起来，然后在吓得簌簌直抖的画布上恣肆汪洋地涂了好几笔蓝颜色。紧箍咒被打破了。我那病态的拘束烟消云散了。我抓起一支最大的画笔，雄赳赳气昂昂地朝我的牺牲品扑了过去。打那以后，我再也不怕画布了。"

看着丘吉尔开始学画画不敢下笔，约翰·赖弗瑞爵士那才气横溢的太太，真是才华横溢，只是恣肆汪洋那么乱涂了几笔，就打破了孩子的拘谨，给孩子一个想怎么画就敢怎么画的心理暗示，这种示范语言上的鼓励和教育更是有效。

多年以后，丘吉尔对此很感慨：" 这个大胆妄为的开端是绘画艺术极重要的一个部分，我的紧箍咒被打破了。"

项目八

少儿心理潜能开发

任务一　意志力培养

教学情境

幼儿园小班的孩子们正在吃早饭,3 岁的小燕端起盛牛奶容器往碗里倒牛奶,可是她的小手没有抓稳容器,牛奶洒了满桌满地。小朋友开始闹起来了。

"老师,小燕把牛奶弄洒了!"

老师跑到小燕身边,这时小燕拿着卫生纸正在擦拭桌子上的牛奶,看见老师,她怯怯地说:"老师,我 ……"

老师笑着说:"你会弄干净的,是吗? 好样的,老师去拿拖把,跟你一起干,好吗?"

课堂提问

1. 请你上网查询:意志力培养需要经过哪几个阶段?
2. 小燕的老师对小燕弄洒牛奶的处理正确吗? 这对小燕意志力的培养有什么意义?

小组活动

1. 头脑风暴:小组讨论"如何帮助少儿增强意志力?"
2. 请各组派代表发言。
3. 请制作手抄报,主题是如何增强少儿意志力。

教学评价

请同学们填写表 8 - 1。

表 8-1　手抄报评比表

评价内容 / 制作者	主题突出(30)	内容充实 可操作性强(40)	版面设计(30)	总　分

知识拓展

一、高 AQ 者的特质

1. 坚定不移

高 AQ 的人眼里只有目标没有困难,不是没有预见性,而是对自己的判断坚信不疑,坚持不懈。

2. 愈挫愈勇

马云曾经说过,很多人写书,写他如何如何成功,但马云希望自己能够写一本书《阿里巴巴一千零一个失败》。每一个成功者背后都隐藏着一个又一个失败的故事,只是他们不畏艰难,勇往直前而已。

3. 做逆境的主人

高 AQ 者是逆境的主人,不会成为逆境的奴隶,不会被逆境打倒。他们往往越战越勇,驾驭自己的命运。

4. 及时总结经验

学会反思,高 AQ 者善于总结经验,善于灵活变通。

法国著名作家巴尔扎克曾经说过:苦难对于天才是一块垫脚石,对于能干的人是一笔财富,对于弱者是一个万丈深渊。

二、AQ 的意志行动

意志是人们自觉地确定目的并支配行动得以实现预定目的的心理过程。

意志行动是指受意志支配的行动，意志行动的过程包括对行动目的的确立和对行动计划的制订，可以分为两个行动阶段，即准备阶段和执行阶段。

意志行动的准备阶段常常会出现许多动机的矛盾冲突，合理处理动机冲突是意志准备的关键。美国心理学家库尔特·勒温把动机的冲突分为四种形式。

(1) 双趋式冲突（都想要，但只能选其一）：两个具有同样吸引力的目标，两个动机同样强烈，但不能同时获得时所遇到的冲突叫双趋式冲突。

(2) 双避式冲突（都不想要，但只能避其一）：两个目标都想避开，但只能避开其中一个目标的时候，人们只好选择对自己损失小的目标，避开损失大的目标，这就是双避式冲突。

(3) 趋避式冲突（想要又不想要）：想达到一个目标，它对自己既有利又有弊时所遇到的矛盾心情体验就是趋避式冲突。

(4) 双重趋避式冲突：是指个体同时具有多个目标，每个目标对自己都有利，也都有弊，反复权衡拿不定主意时的矛盾心情体验就是双重趋避式冲突。

解决动机冲突并确立目标后，接着就是制订行动计划，然后通过对行动计划的执行，来实现预定目标。

执行计划过程中要不断地观察过程和形势的变化，当发现新的情况、遇到没有预料到的困难、遭受挫折时，都要及时地分析处理，找出克服困难和挫折的办法。如果计划有不合理的，要及时地修正，保证目标的实现。

帮助少儿学会确立目标、合理处理动机冲突，以及在计划执行阶段克服种种困难、挫折，学习修改目标计划，最终实现目标等，是每个引导者应尽的责任和义务。

三、意志力的培养过程

1. 意志力先从专注力开始

对少儿来说，意志力始终伴随其成长。我们仔细观察一个宝宝：一个月左右，宝宝就开始想尽一切办法将自己的手放在嘴里快乐地吸吮，妈妈将他的小手拿开，不停地说："脏、脏、脏。"宝宝愤怒抗议，大声啼哭。妈妈不停地安慰宝宝，宝宝又开始自己伟大的工作，他毫不犹豫地将小手放进自己的嘴里。

因此，在安全的条件下，千万不要干扰孩子的工作，他们在用自己的小嘴、小手、小脚和自己身体的器官感知这个充满好奇的世界。在自然的环境下，他的专注力渐渐培养起来了，他的意志力伴随着他的专注力，自然地生长。

2. 意志力需要兴趣相伴

随着孩子的成长，大约两岁后，孩子需要培养自己的兴趣了。2 岁至 6 岁，孩子大都按照自己的兴趣生活，到了 7 岁以后，孩子大部分时间都放在功课学习上，自然的属性越来越少，社会属性越来越多。因此，孩子的意志力真的是从小开始培养的。

孩子在众多事物中，选择那些与自己的智力和兴趣点相符合的事情，这就是意志力形成的最初阶段。孩子的意志力永远伴随着他的兴趣。因此，摧毁孩子的意志力，就要破坏他的兴趣；要想增强孩子的意志力，就要尊重他的兴趣。

3. 意志力源于选择

孩子每天都要面临着无数次选择，也要无数次下定决心去完成自己的选择。这个过程非常重要。这个过程的完成需要一个必要条件，那就是确保孩子的选择是自由的，符合孩子自己的意志。孩子可以自由支配自己的行为、意志、情感，这样的自由给了孩子下决心、做决定和实施他们意志的条件。

实际上，当孩子每天执行自己做出的决定，就意味着他每天都在练习如何让自己成为一个不同凡响的自己。相反，如果孩子每天在执行家长或者老师的决定，就意味着家长和老师的意志在孩子那里得到实施，孩子的意志被无情地搁置了，久而久之，孩子就丧失了成长的机会，孩子的意志力也就荡然无存了。

教育故事》

美国最伟大的总统

有一位美国人，走过一段不平凡的人生路：

他出生在一个困苦的家庭。

幼年时——在极其粗陋的茅舍里生活；

少年时——跑二三十里路上学，跑一百多里路去借书；

21 岁——生意失败；

22 岁——角逐议员落选；

23 岁——生意再度失败；

26 岁——爱侣去世；

27 岁——精神崩溃；

34 岁——角逐联邦众议员落选；

36 岁——角逐联邦众议员再度落选；

47 岁——提名副总统落选；

49 岁——角逐联邦众议员三度落选。

也许你不相信，这个出身低微、生活曾经难以为继、只受过一年学校教育、晚上靠燃烧木柴的火光看书、经历过诸多挫折的人，正是美国的第十六任总统亚伯拉罕·林肯。

困苦没有使他放弃追求，一次又一次的挫折，并没有使他泄气，也没有使他沉沦，反而激发起他向自己挑战的信心和勇气，更激发起他实现自己抱负的决心和斗志。终于，他在 52 岁那年，登上了总统的宝座，成为美国历史上最伟大的总统。

任务二　忍耐自控意识

教学情境

幼儿园大班最近有点不太平了，好几个男孩常常围着小立，兴致勃勃地听小立谈论最近接触到的网络游戏“盗墓笔记”。班主任杨老师很着急：“这是一款什么样的游戏啊？小立怎么会接触到这款游戏？”杨老师给小立的家长打电话询问。

从小立父母那里，杨老师了解到小立做完作业就到附近找堂哥玩，家长们没有关注他们玩什么，没想到他们在一起玩网络游戏“盗墓笔记”。

课堂提问

1. 网络游戏为何能够吸引少儿的注意力？有什么危害？
2. 杨老师该如何引导小立和其他小朋友？

小组活动

小组讨论并编写一则倡议书：不要让我们的孩子沉迷网络游戏。

教学评价

请同学们填写表 8－2。

表 8－2　教学评价表

评价内容／小组	主题突出（30）	措施具体可行（40）	文字流畅、无错别字（30）	总分

知识拓展》

一、AQ 敏感期

1. 挫折萌芽期

大约 1 岁的时候，孩子跌倒、爬起，再跌倒、再爬起……这段经历是孩子对挫折的启蒙。

2. 执拗敏感期

大约 3—4 岁，孩子思维先于行动，并且混淆思维与行动，具有不可逆性。此阶段的孩子特别任性。

3. 学习刻苦期

大约 7—12 岁，孩子以学习为主要目标，勤奋学习是孩子的主要任务。

4. 目标坚持期

这一时期孩子能够确立目标，沿着目标去努力了。孩子需要得到鼓励和肯定，需要坚持不懈。

伟大的成就常常是来自各种困难下的不懈努力的结果。想象如果是你，是否能坚持下去，不改初心？

司马迁著《史记》，所用时间 19 年；

曹雪芹著《红楼梦》，所用时间 10 年；

徐霞客著《徐霞客游记》，所用时间 34 年；

歌德著《浮士德》，所用时间 60 年；

哥白尼著《天体运动论》，所用时间 36 年；

达尔文著《物种起源》，所用时间 27 年；

马克思著《资本论》，所用时间 40 年；

列夫·托尔斯泰著《战争与和平》，所用时间 37 年；

……

二、AQ 与底线思维

“凡事预则立，不预则废。”这个“预”就是有备无患、遇事不慌。这是古人对底线思维高度凝练的概括。在现实生活中，有备无患的关键在于“备”。比如，在一些特别敏感问题的处置上，只有做到了“只要有百分之一的可能，就要做百分之百的准备”，才能有惊无险、化险为夷。这就是底线思维的辩证法。

底线思维的最大特点在于它是一种关注矛盾转化的思维和决策过程，着眼于负面后果，建立防范体系；在防范的同时，更在于积极转化，从坏处准备，向好处努力。因此，凡事做了最坏打算，最终结局经常是最好的收获。

1. 底线思维的操作计划，通常至少有3套

第一套计划是正常的A操作计划；

第二套计划是当A操作计划出现问题时的变更计划，是B计划；

第三套计划是当底线出现时的应对计划，是C计划。

2. 底线思维的使用时机

A. 决策判断时；

B. 对作出的决策心存忧虑时；

C. 需要对现状作出改变时；

D. 个体对现状感到不满足或不安定时；

E. 当个体在面临挑战和威胁时。

3. 正确认识底线思维的四种创新观念

A. 不创新是最大的风险；

B. 创新也有风险，没有风险就不是创新；

C. 要做好应对创新风险的各种准备；

D. 要尽可能地降低风险，获得高收益。

4. 底线思维的意义：

A. 勇敢自信地面对事实；

B. 接受出现的最差情况，反而可能收获最好的结果；

C. 给自己以底线的位置和危机感，促使个体和团队积极向上；

D. 事前预备，即使出现最差情况，也不会产生劫后余生的心理影响。

5. 底线思维的利益：

A. 对下一步的行动做到心中有数；

B. 更好地克服我们面对逆境时的恐惧心理；

C. 有更充足的时间摆脱内心的焦虑，看到美好的远景；

D. 实实在在而不是仅凭想象地猜测在某种环境下可能产生的最差情况；

E. 有多种替换方案和解决办法，获取更加开放的思维。

教育故事》

人生目标早确立

加拿大幽默大师史蒂芬·利柯库说过：“人生的进程实在很奇妙，孩童时常说，如果，我长大了，要如何、如何……；到了少年期则说，如果我会赚钱的话，要如何、如何……；成年之后又说，我结婚以后要如何、如何……。结婚以后呢？只有再延续下去，等我退休以后……。他终于退休了。当他回顾过去的景致时,只觉得一片朦朦胧胧,像冷风吹过,犹如轻烟弥漫一般,根本看不到他当初所界定的东西,待他领悟人生其实就是当日当时的生活连续的时候,他距离永远地离开这个世界的日子已经为期不远了。”

AQ 高的人能够坚持自己的目标,无论艰难困苦,不改初心。早期教育中,要及时捕捉孩子的思想火花,帮助孩子确立短期(1 周)、中期(2—3 个月)、长期目标(5—10 个月)和人生目标。

任务三　积极心态培养

教学情境

内向的小明

今天是周末,下午放学了,班上小朋友的家长都到幼儿园接孩子。可是小明的爸爸妈妈到晚上 6 点钟还没有来接孩子。班主任杨老师对这种情况真是司空见惯了,她像往常一样拨打小明妈妈的电话:“小明妈妈,今天周末,学校提前半小时放学,您忘记了吗?”

“没有,没有忘记。我正在路上呢,老师,对不起啊。”电话那头小明的妈妈显得很着急。

小明今年 4 岁了,由于爸爸妈妈工作很忙,无暇顾及小明在幼儿园里的情况,常常拖延接孩子的时间,在家里他们也很少与孩子沟通。杨老师发现小明的性格比较内向,不太主动与小朋友一起玩,有时会受到班上个别小朋友的欺负。

课堂提问

1. 任何一位少儿的积极心态均与其父母、身边的长辈对生活的态度密切相关,你如何理解家庭教育的重要性?
2. 积极心态有何意义?如何培养积极心态?
3. 假如你是杨老师,你该如何引导小明培养积极心态?

小组活动

角色扮演:积极心态引导者

1. 请找出少儿在生活中可能产生的消极心态和消极行为;
2. 角色扮演:请针对每一种消极心态和消极行为进行积极心态引导。

教学评价

请同学们填写表 8 - 3。

表 8-3　教学评价表

评价者 / 积极心态引导者	个人评价		小组评价		教师评价	
	效果	改进意见	效果	改进意见	效果	改进意见

知识拓展》

一、积极心态的意义

著名成功学大师安东尼认为，影响人生成功与否的最重要因素就是是否拥有积极的心态和良好的情绪。“世上最重要的人就是你自己，你的成功、健康、幸福、财富靠你如何应用你看不见的法宝——积极心态。”当危机降临，是沉沦还是突破，心态所起的作用往往是人们所无法想象的。积极心态的特点是乐观、自信、希望、坦诚、爱心、踏实、兴奋；消极心态的特点是悲观、逃避、冷漠、悔疚、自卑、自怜、偏激、欺骗、怨恨。积极的心态能使人即使面对最严重的危机，也能积极地面对“坏”事情，从而发挥潜能；而消极的心态则能夺走生活中的一切。

“倘若你想征服世界，你就得先征服你自己！”当一个人遭受挫折，面临危机时，首先要做的，就是要控制好自己的情绪，以确保心理上的积极向上。沮丧、紧张、急躁、愤怒、伤感、抑郁、恐惧、愁苦、焦虑等一切不良情绪只会误导人做出错误的决定。如果说信念是促使每个人采取行动的原动力，那么积极心态则是指引他不断前进的方向盘。

积极心态与消极心态是相对而言的，面对生活的压力与历练，若积极心态战胜了消极心态就会促进人的进步，激发人性的优点使之为善；若消极心态战胜了积极心态就会阻碍人的进步。

积极心态就是，面对工作、问题、困难、挫折、挑战和责任，从正面去想，从积极的一面去想，从可能成功的一面去想，积极采取行动，努力去做，也就是可能性思维、积极思维、肯定性思维。积极心态，也是一种生活态度，把生活中的一切当作一种享受的过程。

二、认知挫折的两重性

正确对待挫折，是判断一个人心智成熟的标准之一。

首先，挫折本身是坏事。因挫折是要求、愿望、需要得不到满足时所产生的一种心理状态，所以挫折的消极作用是它本身固有的，是普遍的，它给人以身体、心理上的打击、压力，给生活道路造成曲折，对于承受能力不强的人来说，更是一种灾难。

其次，挫折在一定条件下可以发挥积极作用。挫折的积极作用是相对的、有条件的，对于有能力承受挫折的人来说，挫折给人以压力，也可以激发起人们知难而进的勇气，积累经验，战胜困难，取得成功。

因此，挫折和世界上的许多事物一样都有两重性，本身是坏事，但在一定条件下可能转变成一件好事。正所谓“塞翁失马，焉知祸福”，能够正确对待挫折，说明你的思想比较成熟。

挫折，是促进孩子成长的必修课！对于人是一种挑战和考验，勇敢地面对挫折，必将成为生活的勇者，在挫折面前趴下，必将成为懦夫。正如巴尔扎克所说：“挫折和不幸，是天才的晋身之阶，信徒的洗礼之水，能人的无价之宝，弱者的无底深渊。”

三、AQ与挫折教育

挫折教育是指让个体在受教育的过程中遭受挫折、激发潜能，从而达到使个体切实掌握知识的挫折体验。大量事实证明，挫折教育可以极大提高孩子们的逆商。

我们知道，到达光辉顶点的人并不一定是最聪明的人，而是有很多在生活中遭受挫折的人。反而，很多自认为自己很聪明的人，往往会选择走一些所谓的“捷径”，这些“捷径”令他们丧失了很多非常有意义的锻炼机会，从而让他们与光辉顶点失之交臂；能深刻理解什么叫成功的人，往往是那些生活在逆境中饱经风霜的人。

挫折教育的启蒙老师应该是孩子的父母和幼儿教导者，开始于孩子独立行走期间。跌倒、爬起；再跌倒、再爬起……这是人生最初的挫折经历，是人生必不可少的宝贵财富。跌倒和爬起的过程，孩子会经历很多大人无法体会的体验：大腿肌肉的锻炼、身体与腿的协调能力、四肢的协调、运动与静止的平衡、身体统觉的体验感、心理接受能力的训练等等。

挫折教育不是对谁都有效的，气质内向的人不适用挫折教育。挫折教育对气质外向的人，能起到如下作用：

（1）激发个体的潜能；

（2）打击个体的骄傲情绪；

（3）使个体真正享受成功的喜悦；

（4）能够使个体更好地适应现代社会。

对于气质内向的孩子来说，如果再使用挫折教育，等于给孩子施加了叠加性压力，就会导致挫折后攻击行为的产生，不但没有好处，还会埋下很多后患。

挫折教育不能急于求成，应该分阶段循序渐进地进行，首先，要培养孩子的信任感，有信任才有沟通，有沟通才能产生自发行动，形成内驱力；接着，在孩子的幼儿阶段，要培养孩子的生活自理能力和心理的独立性；当孩子进入学前和学习阶段时，要逐步培养孩子解决问题的能力，要耐心地回答孩子提出的“为什么”；当孩子遇到挫折时，要鼓励或陪伴孩子正视挫折、克服挫折，并且从挫折中学到知识，获得成长。

在实施挫折教育中，应该注意以下事项：

（1）不要无端地给孩子设置挫折，更不要随便否定孩子，对待问题要就事论事，不可攻击人。

（2）父母要尽可能让孩子自己来解决问题、克服困难，培养孩子既体验到成功感，又感受到父母的关爱。

（3）父母不要包办生活中遇到的大大小小的“挫折”，要给孩子足够的时间去思考和探索，哪怕孩子拖拉时间。引导孩子学会总结和找原因，以便在下一次再遇到同样的挑战或挫折时，孩子就会主动积极地去面对。

（4）不应该过多运用物质奖励，以免扭曲孩子的成功体验。

教育故事 》

《丑小鸭和我》电影题材源自安徒生童话著作丑小鸭变天鹅的故事：一只名叫罗索的城市老鼠，很有经营头脑和表演天赋。他来自美国新泽西州，然而最近他时运不济，只能到处游逛，靠给路人逗逗乐以混口饭吃。在一个鸭子农庄，他得到一份新工作：保护一只大得出奇的无主鸭蛋，等待小鸭子出世。

当小鸭子破壳而出时，农庄里所有的动物都惊呆了，谁都没有见过如此丑陋的小鸭子，罗索的机智这时便有了发挥的空间，“丑样儿”两字脱口而出，从此这就成了丑小鸭的小名。随着丑小鸭渐渐长大，罗索也动开了脑筋。在他眼里，如果把这只世界上最丑的鸭子带上舞台，让他到处给人们献丑，那就意味着能够挣大钱啊。罗索说服了丑小鸭自己就是他的爸爸之后，丑小鸭就决定跟着罗索，形影不离。从此，一鼠一鸭走上了冒险之旅。

逐渐地，一心把丑小鸭当摇钱树的罗索开始认识到，丑小鸭对他来说不止如此，还包含了更多有意义的东西。而从童年成长到青春期的丑小鸭也慢慢更加了解了这个世界和自己，渐渐自信起来。

任务四　敢于担当与面对

教学情境

某幼儿园中班上午10点，杨老师正在给孩子们上绘画课，两位小朋友共用一个彩笔盒。有两个小男孩为了争抢一支画笔，开始扭打起来。杨老师连忙上前阻拦，但男孩小格还是伸手打了晓晓一巴掌，晓晓脸上留下一个红红的手印，刹那间大哭起来，班上的孩子乱作一团，大家纷纷指责小格，小格站在原地，任凭别人怎么说，一副不可欺的架势。

杨老师将小格领到园长办公室，将他交给园长处理，自己转身到教室继续上课。杨老师下课后到园长办公室找小格，园长告知已经通知家长带回家里反省了。

下午一上班，小格的爷爷奶奶领着小格来找杨老师。见到杨老师，直接问道："我孙子被别的孩子推倒了，你们不处理那位小朋友，还让我们接小格回家反省。我们已经了解情况了，我孙子没有打别人，他是被别人推倒了。"

杨老师耐心地询问："老人家，你们从哪里了解这些情况呢？"

"孙子告诉我们的，他从小就不会说谎的。"小格的爷爷奶奶大声说道，小格站在一边，仍然是一副不可欺的架势。

小格的爷爷奶奶看来真的并不了解具体情况。

课堂提问

1. 杨老师应该如何与小格的爷爷奶奶沟通，以达到教育小格的最佳效果。
2. 如何帮助小格承认自己的错误？
3. 如何帮助班上小朋友化解同学之间的矛盾？

小组活动

早期教育必须注重培养孩子的责任意识：为自己负责，表现为自尊、自爱、自立、自强、自控；对他人负责，表现为尊重、宽容、友善、共处；对家庭负责，表现为孝悌、感恩、回报；对工作负责，表现为尽职、忠诚、热爱；对社会和国家负责，表现为进取、守法、奉献等。责任意识培养对孩子自身品牌建立具有深远的意义。一个负责任的人，是一个成熟的人，是可以对自己负责、对他人负责、对家庭负责、对国家负责的人；一个不成熟的人往往逃避责任，推脱责任，不敢担当。请你指导孩子们做表8－4中的练习：

表 8-4　小组活动

逃避责任——不成熟的表现	勇于担当——成熟的标志
1）不关我的事。 2）关我什么事嘛。 3）我试试看吧。 4）我不去做，反正有人会做。 5）又没有人问过我。 6）又没有人告诉我。 7）为什么要找我？ 8）反正没什么所谓。 9）反正没有人知道。 10）反正不是我的事情，也不重要。 11）反正大家都是这么做的。 12）又不是我一个人，干吗总是说我一个人呀。 13）没有人叫我起床，所以我迟到了。 14）迟到几次算什么，至于发那么大火！ 15）大家都这样，我何必那么认真呢！	1）让我来吧！ 2）我能够从小事做起！ 3）我一定完成任务。 4）好的，我会完成的！ 5）放心吧，下次我一定会努力考好！ 6）对不起，我做了错事。 7）放心，答应别人的事情，我一定会完成！ 8）请您相信我！ 9）这是我自己的事情，请您不要太担心！ 10）对不起，老师批评我粗心大意。我以后会改正！

教学评价

请同学们填写表 8-5。

表 8-5　教学评价表

评价者 练习者	个人评价		小组评价		教师评价	
	效果	改进意见	效果	改进意见	效果	改进意见

知识拓展

一、学习习惯的养成

一般地，一年级、二年级的孩子学习很依赖父母，也是学习习惯养成的关键时期。

三四年级是孩子由依赖父母到自立能力增强的转型时期，这一时期孩子会开始主动积极地接受知识，很多机智的表现，会不时地让父母惊叹。

五六年级是孩子自主、全力吸收知识的时期，我们发现，这时候我们口头上能教给他们的东西已经不多了，作为家长，在这个阶段能做的，就是多给孩子提供优良的学习空间与条件，借助书本给孩子传递丰厚的知识。

如此看来，能够让家长的努力产生事半功倍之效果的也就是一二年级这个阶段了。一年级作为孩子学习生涯中的第一个转型期，孩子对于学习的态度、在课堂上的表现、在学校老师心目中的形象，都将直接影响到孩子性格特点的形成。

很多低年级的孩子，因为父母的不重视，没有及时意识到学习习惯的重要性，从而在课堂上出现注意力不集中、坐不住、喜欢打岔、不爱抬头、不懂得听课等表现，导致在开学后的第一次考试中就出现不理想的结果，再看到老师对优秀学生的表扬与称赞，孩子开始变得不自信，变得内向起来，而这种不自信一旦形成，不容易纠正。

早期教育应该注重联合家长培养孩子养成自我探究、自主学习的好习惯，尤其是找准孩子的兴趣点，帮助孩子树立克服困难的信心。

二、目标检验的必要性

卡耐基说过："快乐不在于你是谁，或者你有什么，它只在于你想的是什么。"

当孩子陷入困境，首先需要做的事情就是检验自己的目标。目标是人生的支点，是一种方向；没有目标，就没有动力。但这个目标必须是合理的，否则，即使再有本事，付出千百倍努力，也难以获得成功。

每次危机降临，就是人生的关键时刻。孩子往往很难独立做出决定，此时必须开发家庭能量，共同审慎事物，运用家庭的集体智慧，帮助孩子做出最正确的判断。

很多时候，有的人失败，不是没有本事，而是定错了目标。在危机出现的关头，正是检验目标正确性的最佳时机。当孩子做出决定的时候，应该积极鼓励；但如果孩子跌倒了，发现原来是走错了路，也就是说，孩子走的是一条不能发挥他的专长，不符合他性格特点的道路，这个时候，特别需要专业测评和专业的训练。

教育故事》

美国一位大学教授和他的学生来到黑人贫民窟搞调查，其中有一个课题是预测该地区的二百五十名黑人孩子将来的前途。学生们认真地做着报告，几天后，这份报告的结果出来了，但它令教授忧心忡忡。学生们在报告中预测，这二百五十名黑人孩子将来无所作为，只能成为社会的负担。

三十年后教授去世了，教授的一个同事从他的档案中发现了这份忧心忡忡的报告，在好奇心的驱使下，他来到了当年的贫民窟。他看到，事实并不像报告的结论那样令人沮丧，相反，发生的一切让这位同事佩服得五体投地。原来接受调查的二百五十名黑人孩子中，除了十八人离开故土，无最新消息外，其余的二百三十二人都成就斐然，他们当中有的成为银行家，有的成为大律师，有的成为企业家，有的成为著名球星、影星等。

教授的同事逐个采访了这二百三十二人，追问他们何以能成功。这些人说得最多的是："我们应该感谢我们的小学老师。"同事费尽周折找到了那位小学老师，此时，她已是白发苍苍的老人，说话不太清楚，可是有一句话同事能听懂："我爱这些孩子。"

一句话已足够表达生命的意义。我们做人到底拥有多少成功和快乐，取决于我们付出了多少爱，又有多少人在爱着我们。

任务五 劳动技能与逆商培养

教学情境

幼儿园的劳动课

某幼儿园根据孩子们成长的需要对小班、中班、大班的小朋友做了以下训练活动安排（见表8-6）。有的家长对孩子们的劳动颇有微词，有个家长在微信群里写道："我们送孩子到学校是学习的，可是现在老师们安排他们做那么多事情，扫地、拖地、搬桌子、洗碗筷和玩具、叠被子等，事情真的太多了。"

园长对此做了解释："劳动技能是孩子们生存的必备能力，我们幼儿园做出如此规定，完全是为了孩子们成长的需要，也是每个孩子能够做到的事情，请各位家长给予支持，并在家庭教育中配合学校完成相关劳动任务。"

有几个家长不满，提出一个方案："我们共同出钱请一位清洁工每天负责打扫教室卫生，让孩子们多一些时间锻炼身体和学习技能。"

园长以及各位老师经过讨论，没有同意这几位家长的要求。

表8-6 训练活动

名称	目标	内容实施说明	时间建议
常规礼仪	礼规培养，习惯养成	行礼问好，恭送家长	入园时间
静心养性	修心静心，不浮不躁	静心游戏，气稳神定	餐前、阅读前、户外活动以后、离园前
餐前感恩	学会感恩，爱惜粮食	餐前集体念感恩词	每次进餐前
生活能力	学会起居，自我服务	自己穿脱衣物、穿脱鞋子；正确如厕、盥洗、喝水、就餐、整理床铺等	日常生活中有机渗透
勤劳美德	日常洒扫，发扬美德	打扫卫生：全体幼儿开始打扫班级卫生，洒水扫地、擦桌椅、清洗玩具、晾晒小毛巾等（班级老师根据班级情况自由选择打扫项目）	餐前和餐后的打扫参与、下午定时的户外洒扫劳作
拳风剑气	拳术养生，剑艺修心	晨间晨练可舞"风骨拳"，课间操可舞"雅量剑"	晨练和课间时间

课堂提问

1. 你如何看待幼儿园孩子参加劳动这件事?
2. 你认为幼儿园应该如何解决家长提出的问题?

小组活动

1. 请分组讨论,并为小班、中班、大班的小朋友设计劳动技能课程。
2. 各组派代表说明你们的课程安排。

教学评价

请同学们填写表 8-7。

表 8-7 教学评价表

内容 小组	合理性(60 分)	创新性(20 分)	可操作性(20 分)	总分

知识拓展

一、AQ 培养需要从小事做起

一个人的服务沟通能力主要通过后天的教育和训练所获得。早期,孩子从家庭的教习中建立起服务意识和服务能力,有自我服务(独立生存)和服务家人两大内容。

在德国,有明确的法律规定,6~10 岁的孩子要帮助父母洗餐具,收拾房间,到商店买东西;10~14 岁的孩子要在花园里劳动,给全家人擦皮鞋;14~16 岁的孩子要擦汽车和在花园里翻地,16~18 岁的孩子要完成每周一次的房间大扫除。

在美国，1 岁多的孩子基本上都是自己吃饭，几乎看不到父母端着饭碗追着孩子喂饭的情景。移居美国的中国人说，经常会有人按门铃，打开门后看到的是一个稚嫩的面孔，他说：请问你家需要请人割草吗？很多美国的孩子靠在自家或邻居家修剪草坪等杂工赚取零花钱。日本家庭从小就培养孩子自主、自立的精神，大部分家庭要求孩子做家务劳动，包括吃饭前后的帮忙、烧饭，让孩子收拾整理自己的房间及身边的东西。

从小就能够服务家人，学会独立，将来更容易积极主动地投入社会服务事业当中，如果一个人对家人不闻不问、不关心、不付出，那么很难设想，他对其他陌生人会主动付出、热情服务。

二、劳动创造价值

“为人民服务是无限的，我要把有限的生命投入无限的为人民服务中去。”这是雷锋日记中的一段话。一个人的价值取向决定了他的人生奋斗目标，也是人生进步的力量源泉。雷锋的价值观朴实而崇高：恪尽职守，竭尽全力，干好每件分内之事。当下不少家长可能会认为这是愚者的价值观，自己的孩子不应该吃苦，自己的孩子应该从小享受优越的生活条件，自己的孩子一定要把精力放在学习上，没必要花费时间参加劳动，那些体力劳动是没有价值的。

其实，世界上唯有劳动才能创造真正的价值。每个人的价值就像小草，渺小但能成就辽阔无垠的草原，就像水滴，柔弱却能滋润万物，汇成波澜壮阔的海洋。如果我们每个人都在各自平凡的岗位上实现了普通的价值，那么，无数个平凡就成了伟大。

父母长辈艰苦奋斗，给孩子们留下财富，确保孩子一生无忧。然而，这种别人给予的幸福感不会长久，因为缺乏价值感。如果孩子从小懂得劳动，就可以在劳动中掌握事物发展的规律，在劳动中增强克服困难的信心，在劳动中不断创造价值，提高个人的价值感。智商高的孩子不一定创造高价值，只有勤劳的人才能实现最大的人生价值。

教育故事》

大国工匠的成长之路

大国工匠彰显大国风范，大国工匠托起巨龙腾飞。央视播出的宣传片《大国工匠》，用奋斗在生产一线的一群杰出劳动者的聪明才智、敬业勤勉，书写了一部劳动者之歌。他们毕生追求职业技能的完美和极致，他们专注和坚守自己的岗位，他们传承和钻研职业的技能。他们是国宝级的顶尖技工，他们是一个领域不可或缺的人才。他们用无可挑剔的技能书写着人生的平凡与不平凡，他们用自己的双手为时代为社会奉献着人生。他们的技艺让人们为之震惊，为之叹服，为之激动，为之点赞。他们是事业的脊梁。

53 岁的高凤林被称为火箭的“心脏”，他的工作没有几个人能做得了。他曾说过：“每每看到我们生产的发动机把卫星送到太空,就有一种成功后的自豪感,这种自豪感用金钱买不到。”火箭的“心脏”,他的作为,让中国“神舟”系列飞船顺利升空,也让中国科技发展达到了令人仰视的高度。微不足道的技能发展,同样蕴藏着较高的智慧含量,我们把微小的工匠精神,做精、做美、做到极致,“品质从99%提高到99.99%”,同样是一种巨大的事业成就、国家成就。

“航空手艺人”胡双钱,工作30多年来,创造了打磨过的零件百分之百合格的惊人纪录。在中国新一代大飞机C919的首架样机上,有很多老胡亲手打磨出来的“前无古人”的全新零部件。胡双钱凭着他对航空事业的热爱和对民机梦想的执着,兢兢业业、任劳任怨,始终奋战在民机制造的第一线。胡双钱用实际行动诠释了对品质的极致追求,用他自己的话说:“加工出一流质量的飞机产品,是我一生的追求!希望自己能再干十年、二十年,为中国大飞机多做一点贡献。”

工匠们的工作是平凡的,但他们每天做着平凡的事情,十几年、几十年如一日,他们变得不平凡起来,成为令人敬佩的佼佼者。

Reference

参考书目

1. 韩诚:《6Qσ 综合素质教育手册》,北京交通大学出版社 2014 年版。
2. 林崇德:《发展心理学》,浙江教育出版社 2002 年版。
3. 雷雳:《发展心理学》,中国人民大学出版社 2013 年第 2 版。
4. 史献平:《幼儿心理学》,高等教育出版社 2009 年版。
5. 金洪源:《学习行为障碍的诊断与辅导》,上海教育出版社 2005 年版。
6. 星汉:《做一个懂教育有方法的好家长》,华夏出版社 2009 年版。
7. 许建成:《积极教育:每一个孩子都是精英》,中国华侨出版社 2009 年版。
8. 盖伦斯著,易新蕾译:《做孩子最好的潜能开发师:打造最强大脑的 600 个早教方案》,电子工业出版社 2014 年版。
9. 金洪源:《天才个性教育与潜意识的高校干预》,光明日报出版社 2014 年版。
10. 雅宁:《小故事大道理十年精选》,辽海出版社 2009 年版。